KÖLN
Der Andere Stadtführer

Martin Stankowski

KÖLN

Der Andere Stadtführer

Unterstützung und wissenschaftliche Beratung

Irene Franken

Köln-Service

Heinz Marx

Kölner Volksblatt Verlag

„Der Laie staunt und der Fachmann ärgert sich." In Abwandlung dieser neudeutschen Spruchweisheit (AdR, 968, 262ff) bitten Autor und Verlag die Fachhistoriker unter den Lesern, etwaige Unrichtigkeiten, falsche Daten oder Schreibweisen, weiterführende Literaturhinweise oder sonstige Ergänzungen dem Verlag (Sachsenring 2-4, Köln 1) mitzuteilen. Anregungen und Kritiken finden in den kommenden Ausgaben Berücksichtigung.

CIP-Kurztitelaufnahme der Deutschen Bibliothek:
Stankowski, Martin:
Köln — der andere Stadtführer / Martin Stankowski. — Köln : Kölner Volksblatt-Verl.
Bd. 1. Altstadt, Innenstadt, Dom. — 1988
ISBN 3-923243-81-2

Titelgestaltung: Jan Ü. Krauthäuser
Grafik und Karten: Diane Roemers
Fotografie: Axel Krause / Gernot Huber, Schwarz-Weiß Verlag, Köln
Lektorat: Frank Möller
Satz: H.-D. Günther Verlag, Studio für Ästhetik-Fotosatz, Köln
Lithos: Iller GmbH, Köln
Druck: Prima Print Druck und Verlag GmbH, Köln

ISBN 3-923243-81-2
Printed in Germany
2 3 4 5 92 91 90 89 88

Inhalt

Die Wanderungen

Stichworte

Vorwort

Irgendwann Mitte der siebziger Jahre – die ersten Bürgerinitiativen waren gerade entstanden, und ich arbeitete bei einer Stadtzeitung – war für mich das Maß voll. Die Art und Weise, die Arroganz, mit der in dieser Stadt oft auf Kritik reagiert wird, machte mich wütend. ,,Was wollt ihr denn? Nicht mit Rheinwasser getauft, Imis oder sogar von der *schäl Sick*, und dann an unserer schönen Stadt herummeckern?"

Ich begann, mich intensiver für die Geschichte Kölns zu interessieren, vor allem für die Leute, die früher schon gemeckert hatten und alles anders haben wollten. Die gab es. Sogar massenhaft.

Ich schaute hinter das offizielle Köln-Bild mit Dom, romanischen Kirchen, mit Altstadt, Rathaus, Rhein und Hohe Straße, suchte selber bekannte und vor allem unbekannte Plätze, Straßen, Gebäude, Ecken, Mauerreste auf und bemühte mich um die Rekonstruktion von Geschichte, die in dieser Art bislang nicht zusammenhängend beschrieben worden ist. Mein Hauptaugenmerk war dabei weniger auf die Anliegen der Minderheiten in Rathaus, Kirche und Salon gerichtet, mir ging es um die Nebensachen der Mehrheiten: um Sozialgeschichte, um die Heidentümer im Christentum, um Radikale der Vergangenheit wie die Katharer, die Beginen, die Wiedertäufer, Jakobiner, Hexen und aufständischen Handwerker, um die Arbeiterbewegung und um die soziale Opposition – und natürlich um aktuelle Stadtpolitik, Stadtplanung und den Kölschen Klüngel.

Vor fünf Jahren habe ich damit begonnen, die Ergebnisse meiner ,,Spurensuche" interessierten Kölnern, Zugereisten und Touristen bei Führungen durch Köln zu zeigen. Aus diesen Touren sind nun zehn nachlesbare und nachvollziehbare Wanderungen entstanden: die ersten vier im Zentrum der alten Stadt finden sich in dem vorliegenden Band, sechs weitere entlang des Rheinufers, der Ringe, in der Neustadt und um Ebert- und Chlodwigplatz folgen in einem *zweiten* Band. Die Wanderungen orientieren sich an den geographischen Gegebenheiten, wie sie sich uns heute darbieten und sind nicht nach Sachgruppen (z.B. *die* romanischen Kirchen) ausgerichtet. Beim Schreiben hatte ich überdies zwei Benutzergruppen im Auge: die neugierigen Kölner und die kritischen Touristen.

Die Stadtgeschichte zu Anfang des Buches versucht, als Ergänzung zu den Detailinformationen und Einzelgeschichten der Wanderungen, Zusammenhänge herzustellen und aus einer Perspektive ,,von unten" die zweitausendjährige Vergangenheit Kölns zu interpretieren. Dieser Essay kann vor oder nach den Wanderungen gelesen werden; er steht für sich.

Die Wanderungen sind auch abschnittweise oder in einzelnen

Punkten nachvollziehbar, und ich habe sie so angelegt, wie ich mir selber als Tourist in anderen Städten die Stadtführer wünsche: mit Informationen über den Ort und der Freiheit, ein- oder umzusteigen, wo ich gerade bin und wo es mir gefällt. Deshalb ist ein Wechsel zwischen den einzelnen Wanderungen auch problemlos möglich.

Der von Heinz Marx verfaßte Köln-Service auf den farblich abgehobenen Seiten mit dem separaten Register zu Beginn versucht, vor allem für Köln-Fremde die wichtigsten Fakten und Informationen zusammenzustellen. Auch hier waren unsere eigenen Bedürfnisse in einer fremden Stadt der Maßstab für die Auswahl; Bedürfnisse nach Essen, Trinken, Schlafen, nach Verkehrsmitteln und Kontakten, nach Museen und Grünanlagen und vor allem nach Daten, Zeiten und Preisen, die auf dem letzten Stand sind.

Die Sachregister im Anschluß an die Wanderungen entsprechen einem häufig – vor allem von Lehrern – geäußerten Interesse, Stadtgeschichte auch unter Einzelthemen und -aspekten erfahren und erforschen zu können. Wer will, kann also auch unter „Kirchen“, „Heidentümer“, „Legenden“, „Frauen“, „Juden“ und „Köln zwischen 1933 und 1945“ nachschlagen und die dort angegebenen Punkte in den einzelnen Wanderungen aufsuchen.

Ohne die Mitwirkung und Unterstützung durch zahlreiche historisch Interessierte vor allem aus der neueren Geschichtsbewegung hätte der „Andere Stadtführer“ nicht entstehen können, wobei mein Dank vor allen anderen Irene Franken vom Kölner Frauengeschichtsverein gilt. Ein Buch wie dieses lebt von Ergänzung, Korrektur und Kritik, von Anregungen und Verbesserungsvorschlägen. Ich wünsche sie mir.

Köln, im Juni 1988 Martin Stankowski

Soldaten, Priester, Händler

Zweitausend Jahre Stadtgeschichte von den Römern bis zur Gegenwart

Es ist erstaunlich, daß es in Köln keinen Platz gibt, kein Gebäude an herausragender Stelle, nicht einmal eine Säule, die nach der Gründerin dieser Stadt, nach der Frau Julia Agrippina, benannt wäre. Lediglich ein Teilstück der Rheinuferstraße, das Agrippina-Ufer, abseits hinter der alten Universität gelegen, weist auf sie hin; aber weil hier fast niemand wohnt, taucht der Straßenname auch selten als Adresse auf einem Brief auf. Vielleicht wäre das anders, wenn Agrippina eine stille, liebevolle und bescheidene Kaisergattin gewesen wäre; doch sie war eine starke Frau, die mit den Mitteln der Zeit ihren Herrschaftsanspruch durchzusetzen wußte.

Am 6. November 15 n. Chr. wird sie in Köln als Tochter Agrippinas der Älteren, einer Enkelin des Kaisers Augustus, geboren. Ihr Vater Germanicus ist römischer Feldherr, damit gehört sie der römischen Oberschicht an. Mit dreizehn Jahren wird Agrippina das erstemal verheiratet. Aus dieser Ehe stammt ihr Sohn Nero, der spätere verrufene Kaiser. Sie heiratet ein zweites Mal und beim dritten Mal den eigenen Onkel, den amtierenden Kaiser Claudius. In dieser Ehe wird Agrippina zur eigentlichen Regentin Roms, was selbst nach Urteilen ihrer Gegner der Stadt nach langer Zeit wieder eine stabile Regierung beschert. Folgt man den Chronisten, besteht ihr einziger Mangel darin, kein Mann zu sein. Tacitus klagt noch 150 Jahre später: ,,Von nun an war das Reich völlig umgedreht, alles gehorchte einer Frau". Die Vorstellung von Agrippina wird bis heute mit Begriffen wie Machtgier und Zügellosigkeit, mit Mord, Totschlag und sexuellen Ausschweifungen in Verbindung gebracht. Nach dem Tod ihres Mannes wird sie von dem eigenen Sohn und neuen Kaiser Nero nach und nach politisch ausgeschaltet und auf seinen Befehl im Alter von 44 Jahren ermordet.

In der Zeit der Ehe mit Claudius erhielt die römische Siedlung am Rhein die Stadtrechte, womit Agrippina ihren Geburtsort quasi adelt. Der Name ,,COLONIA CLAUDIA ARA AGRIPPINENSIUM« (CCAA) enthält ein knappes Entstehungsprogramm Kölns und bedeutet: eine Stadt nach römischem Muster (COLONIA) wurde eingerichtet zur Zeit des Kaisers Claudius (CLAUDIA); sie hat bereits einen Altar (ARA) und Agrippina hat dies alles veranlaßt (AGRIPPINENSIUM). Bis ins 5. Jahrhundert hießen auch die Einwohner „Agrippinenser", bevor sich allmählich der Name Colonia und später Köln durchsetzte.

Julia Agrippina, Kaiserin in Rom und im Jahre 38 Stadtgründerin Kölns – die Frau mit dem schlechten Image.

Die Siedlung am Rhein und die römischen Ambitionen im Norden des Reiches sind jedoch älter als die Stadtgründung selbst. Bereits drei Generationen vor Agrippina, um das Jahr 53 v. Chr., hatte Cäsar die linksrheinischen Gebiete in der Eifel und der Kölner Bucht entvölkert und die hier lebenden Eburonen entweder vertrieben, versklavt oder umgebracht. Deren Doppelfürsten hatten sich bereits verabschiedet: der eine durch Selbstmord, der andere, Ambiorix, durch die Flucht. Die ursprüngliche Absicht der Römer bestand darin, auch die rechtsrheinisch gelegenen germanischen Gebiete zu unterwerfen. Dazu wurden Militärstützpunkte entlang des Rheins angelegt. „Köln" war topografisch und strategisch nicht schlecht gewählt. Der Rhein floß seinerzeit als wilder Strom dahin, mit zahlreichen Nebenflüssen, toten Armen und Überschwemmungsgebieten. Ein Areal von etwa einer Quadratmeile ragte daraus wenige Meter empor, und der römische General Agrippa (übringens der Großvater der Agrippina) ließ hier um das Jahr 39 v. Chr. ein Lager anlegen. Der Höhenunterschied von etwa zehn Metern ist heute noch im Stadtbild auszumachen: im Verlauf der römischen Stadtmauer, ganz deutlich zum Rhein hin neben dem Römisch-Germanischen Museum, dem Rathausturm und hinter Maria im Kapitol. Hier führen immer noch Treppen ,,hinab".

In dem Areal wurden zwei römische Legionen stationiert und ein römertreuer Germanenstamm, die Ubier, angesiedelt. Diese stammten aus der Gegend der heutigen Wahner Heide und dem Gebiet südöstlich bis Siegburg und hatten sich, anders als ihre Vettern, auf die römischen Fleischtöpfe eingelassen. Es entsprach der römischen Eroberungspolitik, die unterworfenen Völker entweder als Verbündete zu befrieden oder sie als Gegner auszuschalten. Zum damaligen Zeitpunkt bestand die Absicht, auch das rechtsrheinische Germanien dem Weltreich einzuverleiben. Die neue Siedlung Köln war in diesem Imperium als Provinzhauptstadt vorgesehen, und erst als sich nach vielen vergeblichen Anstrengungen um mehr Einfluß und einigen militärischen Niederlagen der Rhein als natürliche Grenze herausstellte, wurde Köln zur Grenzstadt und erhielt einen römischen Stadthalter, einen Prätor. In dieser Zeit, Mitte des ersten Jahrhunderts n. Chr., entstand die römische Stadtmauer, weil die Siedlung als Bollwerk befestigt werden mußte.

Die römische Stadt
Von 15 bis zur Ermordung Silvanus und der Eroberung durch die Franken 355

Der Grundriß Kölns war einfach. Ein römisches Lager im Norden der Provinz, das heutige Xanten, eines im Süden, Mainz, und Köln in der Mitte wurden durch eine Militärstraße verbunden, die mitten durch die Garnison hindurchführte; beim nördlichen Tor herein und im Süden wieder heraus. Die heutige Hohe Straße folgt noch dem Verlauf dieser ersten römischen Straße. Die Achse Bonner Straße — Severinstraße — Hohe Pforte — Hohe Straße und weiter nach Norden Marzellenstraße — Eigelstein — Neusser Straße zieht sich bis heute als schnurgerade Linie durch die Stadt. Etwa in der Mitte ging rechtwinklig eine zweite Hauptstraße ab, heute die Schildergasse. Die wichtigsten Landstraßen lassen sich ebenfalls auf römischen Ursprung zurückführen: die Aachener Straße führte über Aachen nach Boulogne, einen römischen Seestützpunkt; über die Luxemburger Straße erreichten die Römer ihre Siedlungen in Zülpich und Trier. Die römische Zeit ist wahrscheinlich die einzige Bauepoche Kölns, die auf eine konsequent geplante Stadtentwicklung verweisen kann: mit regelmäßigen Häuserblöcken, breiten Straßen und Plätzen, einer großen Frischwasserleitung aus der Eifel und mächtigen Abwasserkanälen, von denen einer mit über hundert Metern Länge noch in der zweiten Tiefebene unter dem Rathaus erhalten und zugänglich ist. Gewerbebetriebe wurden am Rand der Stadt angesiedelt und, wenn sie störten, auch außerhalb entlang der Ausfallstraßen. So hat man im Süden, Westen und Norden vor den römischen Stadtmauern Reste von Ziegeleien, Glasfabriken und Töpfereien gefunden, die wegen der Brandgefahr — damals wurde in erster Linie mit Holz gebaut — ausgesiedelt wurden; und auch Leimsiedereien befanden sich vor der Stadtmauer, wohl wegen der Geruchsbelästigung. Die Ausfallstraßen hatten neben den Funktionen für Gewerbe und Transport noch eine weitere wichtige Bedeutung in der römischen Stadtanlage, die für die mittelalterliche Stadt entscheidend werden sollte. Die Römer begruben ihre Toten nicht auf Friedhöfen innerhalb der Städte, sondern legten die Gräber entlang der Hauptstraßen an, jeweils mit Gedenksteinen und Grabmälern, die die Vorbeikommenden an die Toten erinnern sollten. Die Reichen lagen vorn, oft mit großen Steinen (wie das Poblicius-Denkmal, am Chlodwigplatz gefunden und jetzt im Römisch-Germanischen Museum zu besichtigen), und die Armen weiter hinten, meist ohne Stein. So entstanden im Laufe der Generationen große Friedhöfe im Norden um den Eigelstein, im Süden entlang der Severinstraße, aber auch im Westen und in der Gegend des heutigen Friesenviertels. Weil die Römer eine liberale Religionspolitik praktizierten, wurden hier Dionysos-Anhänger neben Isis-Priesterinnen, Gläubige der Mithras-Gemeinde neben Matronen-Verehrerinnen, Christen oder Juden beerdigt. Soldaten und Händler brachten aus dem weiten römischen Reich die verschiedensten Kulte in die Stadt. So wurden Gräber und Altäre von römischen und orientalischen, von keltischen und germanischen, von Mysterien- und von Hochreligionen gefunden, daneben Statuen von allgemein bekannten Göttern und auch von zahlreichen Göttinnen. Natürlich entdeckte man auch viele christliche Gräber. Sicherlich hat es auch Märtyrer oder Märtyrerinnen gegeben, deren Gräber verehrt wurden. Die Christen hatten ohnehin die Sitte, über den Gräbern ihrer Toten religiöse Erinnerungsfeiern abzuhalten. Dafür wurden Räume geschaffen, praktisch Friedhofskapellen, die im Laufe der Zeit vergrößert und erweitert wurden. Die Konsequenz davon war — ich überspringe einige Jahrhunderte —, daß gegen Ende des ersten Jahrtausends auf den meisten der vormals römischen Grabfelder christliche Kirchen standen. Bedeutende romanische Bauten wie St. Ursula, St. Gereon oder St. Severin lassen sich auf solche früheren römischen Friedhöfe zurückführen.

Das römische Köln war zur Zeit seiner größten Ausdehnung eine Großstadt mit rund zwanzigtausend Einwohnern. Man darf sich den Begriff „römisch" nicht als Kennzeichnung einer italie-

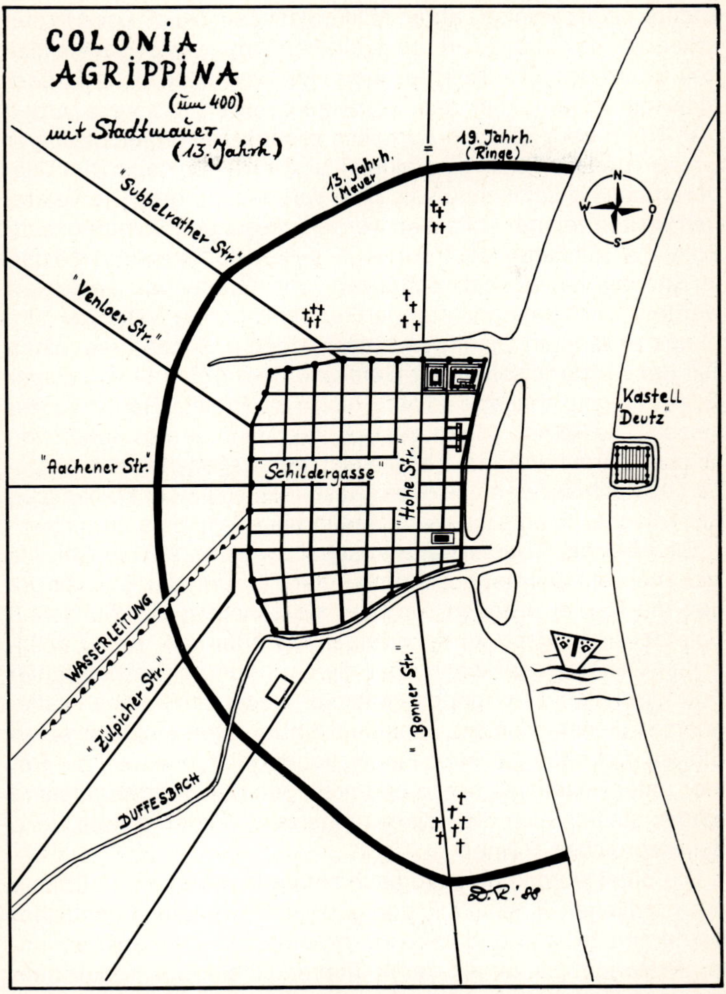

nischen Stadt vorstellen, sondern als Beschreibung einer von außen geprägten Lebensweise und Politik. Tatsächlich bildeten die Kölner, und dies ganz sicher nach einigen Generationen, eine bunte Mischung aus germanischen, keltischen, fränkischen sowie römischen Einflüssen. Nur die herrschende Oberschicht der Stadt, die Militärführung und die politischen Repräsentanten, kamen direkt aus Rom. Die Stadt kannte selbstverständlich Klassenunterschiede, soziale Auseinandersetzungen, Sklaven und Freie, Armut und Reichtum. Schon aus dem Jahre 14 n. Chr., also noch vor der Erteilung der Stadtrechte, ist ein erster Aufstand überliefert. Zwar handelte es sich dabei um einen Soldatenaufstand, immerhin hatte er aber eindeutig soziale Ursachen. Die Masse der römischen Soldaten rekrutierte sich aus den städtischen Unterschichten Roms und aus den verarmten Bauern und Landpächtern, die von den Grundbesitzern vertrieben worden waren. Die ,,Habenichtse" wurden mit dem Versprechen geködert, nach zwanzig Jahren Militärdienst ein Stück Land in den eroberten Kolonien zu erhalten, eine Abfindung oder gar ein kleines Staatsamt. Die Zusicherungen konnten aber nicht darüber hinwegtäuschen, daß das Soldatenhandwerk schwere Arbeit war. Nach dem Tod des Augustus erhoben sich gleichzeitig in Ungarn und am Rhein die Soldaten und forderten neben der Wiedererrichtung der Republik soziale Verbesserungen. Die Veteranen wollten zeitiger entlassen werden, die jungen Soldaten mehr Sold, die Schikanen der Hauptleute sollten aufhören und die harte Knochenarbeit beim Schanzen- und Grabenbau erleichtert werden. Der kommandierende Germanicus, der Vater der eingangs erwähnten Stadtgründerin Agrippina, schaffte es, einen Teil der Aufständischen mit Geld und dem Angebot vorzeitiger Entlassung zu spalten und den Rest in die Provinz Rätien zu versetzen. Die Kölner, sofern man für die damalige Zeit schon von solchen sprechen kann, werden sich herausgehalten haben, gehört es doch seit den ubischen Quislingen zu einem Wesenszug der kölschen Mentalität, sich Streitereien vom Hals zu halten.

Ein weiteres Beispiel dafür findet sich im Jahre 70 n. Chr. Als sich mehrere Germanenstämme unter Führung der Bataver gegen die Römer erhoben, konnten sie zunächst die römischen Soldaten militärisch zurückdrängen. In Köln kam es zu politischen Geheimgesprächen über die Gründung eines gallischen Sonderreiches. Die Agrippinenser vermieden indes eine Festlegung in diesem Konflikt. Diplomatisch leisteten sie zwar einen Eid auf das neue gallische Reich, kaum rückten jedoch die Römer unter Vespasian heran und schlugen den Bataveraufstand nieder, stellten sich die Kölner umgehend wieder auf die Seite der siegreichen Römer.

Die Stadt wurde nach und nach zur bedeutendsten Metropole am nördlichen Rhein, mit dem Zuwachs weiterer öffentlicher Bauten im zweiten und dritten Jahrhundert, einem ausgedehnten Prätoriumspalast auf dem mittleren Rheinhügel (unter dem heutigen Rathaus), der Händlervorstadt auf der Rheinhalbinsel (das heutige Martinsviertel), einer ersten steinernen Rheinbrücke (310 n. Chr.) und vielen Tempeln, Thermen und Villen für die besseren Leute. Die meisten Häuser und Gebäude waren aus Holz, und nur was in den Fundamenten aus Stein erhalten blieb, konnte später ausgegraben und archäologisch gesichert werden. Von dem Rest und von dem römischen Alltag wissen wir sehr wenig.

Im Jahr 355 kam es zu einem dramatischen Ereignis, welches das Ende der römischen Herrschaft einläutete. Der römische Kaiser schickte im Sommer den fränkischen Feldherrn Silvanus nach Köln, um germanische Angriffe abzuwehren. Der aber nutzte die Gelegenheit und ließ sich, was häufiger vorkam, am Rhein selber zum Kaiser ausrufen. Daraufhin erschien aus Rom ein Untersuchungsausschuß, der sich als Richter und Henker zugleich betätigte und den Silvanus umbrachte. Silvanus hatte sich auf der Flucht vor seinen Mördern in einen christlichen Versammlungsraum („conventiculum ritus christiani") im Prätoriumsbereich retten wollen, was ihm zwar nichts nützte, uns aber den ersten Hinweis auf einen christlichen Kult beschert. Die fränkischen Stammesbrüder waren über den Tod des Silvanus so empört, daß sie mit Unterstützung der Alemannen und Sachsen im November desselben Jahres über den Rhein vordrangen und Köln eroberten und plünderten. Es dauerte dann zwar noch ein Jahrhundert, bis es mit der römischen Colonia völlig zu Ende ging, aber dieses Ereignis ist ein Beleg dafür, wie wenig die ferne Zentralmacht Rom zu dieser Zeit noch in der Lage war, ihre Vorposten wirkungsvoll zu schützen.

Die offene Stadt der Franken
Von 355 bis zur Ernennung Hildebolds zum Chefkleriker Karls des Großen im Jahre 791

Aus der fränkischen Zeit Kölns ist wenig zu berichten, nicht etwa, weil sich weniger ereignete, weil es keine Armen und Reichen, keine Christen und Heiden, keine Männer und Frauen und ihre Differenzen und Konflikte gegeben hätte, sondern weil weniger überliefert ist. Die Franken hatten keine geschulten Historiker wie die Römer.

Köln war in dieser Zeit eine Art „offene Stadt". Die noch existierende römische Stadtmauer hatte kaum noch eine militärische Funktion; die Steine wurden wie aus einem Steinbruch für andere Bauten entnommen. Lokaler und regionaler Güteraustausch war an die Stelle des Fernhandels getreten, das Leben wurde vorwiegend durch agrarisch-ländliche Existenz bestimmt, kurzum: man brauchte keine Städte als Metropolen. Die Einwohnerzahl wird in dieser Zeit zurückgegangen sein und das Umland an Bedeutung gewonnen haben. Damals entstanden auch die fränkischen Höfe rund um Köln, manche davon sicher auf alten römischen Ansiedlungen. Sie sind in einigen Fällen auch heute noch an den Ortsnamen zu erkennen; wenn sie z. B. auf -heim enden (Mauenheim), auf -ingen oder -steden (Knechtsteden), auf -lar (Liblar) und auch auf -dorf (Junkersdorf). Viele dieser Höfe wurden später zum Siedlungskern kleiner Dörfer rund um die Stadt, und manche davon sind heute Kölner Vororte. Zum Teil sind sie auch noch in den Straßenanlagen oder dem geschlossen Siedlungscharakter zu erkennen, wie in Immendorf, im Süden Kölns, um die Kirche herum; in der alten Ortsanlage von Esch im Norden, das noch heute eines der geschlossensten dörflichen Ensembles aufweist; oder auch in Buchheim, dessen Burg Herl ein fränkischer Königshof war, von dem aus eine „Honschaft" (Verwaltungsbezirk) des sogenannten Deutzgaues verwaltet wurde.

Köln war in diesen Jahrhunderten auch immer wieder Herrschaftssitz der regierenden Familien, wobei hierunter nicht eine feste Niederlassung wie in der römischen oder später der hochmittelalterlichen Zeit zu verstehen ist. Fürsten, Herrscher und Herrscherinnen dieser Jahrhunderte — wie Brunhilde oder Plectrudis — waren eine Art „Wanderkönige“ mit wechselnden Aufenthaltsorten und einem kleinen Verwaltungsstab, der mit Soldaten und Priestern unterwegs war, um ständige Machtpräsenz zu garantieren. Eine der ersten fränkischen Herrscherfamilien waren die „Ripurarier“ oder auch „Uferfranken“, die aus der heutigen Schweiz ins Rheinland eingewandert waren und die die Verehrung ihres Haus- und Hofheiligen „Gereon“ aus dem früheren Siedlungsgebiet mit nach Köln brachten. Die Legendenbildung um Gereon setzte erst später ein, machte aus ihm einen urkölschen Heiligen und verlegte die Geschichte seines pazifistischen Martyriums an den Rhein.

Die merowingischen Könige waren die nächsten Regenten Kölns, deren Name sich auch im „Chlodwigplatz“ noch erhalten hat. Aus ihrer Zeit stammen Gräber einer Fürstin und ihres Sohnes, die unter dem Dom ausgegraben worden sind. In den Funden liegt nicht nur ein Hinweis auf die Stellung Kölns für die fränkische Königsfamilie, sondern auch ein möglicher Beleg für die Theorie von den „starken Plätzen“. Gemeint ist damit, daß bestimmte Orte durch die Jahrhunderte hindurch immer wieder eine starke Anziehungskraft ausgeübt haben. In der Tat ist es schon erstaunlich, daß quer durch die Kulturen und Religionen einige wesentliche Stellen in einem doch nicht kleinen Stadtgebiet die herrschenden Kreise besonders angezogen haben, insbesondere dort, wo heute der Dom steht, beim Rathaus oder bei Maria im Kapitol. Vielleicht ist dies aber auch nur ein banaler Hinweis darauf, daß man sich — ganz konservativ — nicht von den repräsentativen Plätzen der jeweiligen Vorgänger lösen mochte. Ein zweites im Kern auch römisches Gebäude, das die Franken faszinierte, war St. Gereon. Auch hier vermuten die Archäologen Königsgräber, haben jedoch noch keins gefunden; vielleicht deshalb nicht, weil die Kölner schon seit fast tausend Jahren in der Erde graben und dabei genau um den Wert der archäologischen und religiösen Reliquien wissen.

Die eigentliche dominante Rolle in der Stadt wuchs zu Zeiten der Merowinger Kirche und Bischof zu. In dem Maße, wie das frühmittelalterliche Christentum an die Stelle der römischen Staatsreligion trat, übernahm es auch oft dessen Kultformen und religiöse Orte. Viele Tempel und sogenannte „heidnische“ Kultstätten wurden von den Christen einfach umfunktioniert, wie z. B. Maria im Kapitol, das auf den Grundmauern des Tempels der kapitolinischen Göttinnen Minerva und Juno sowie des Gottes Jupiter steht. Die christliche Kirche usurpierte die juristischen Besitztitel und die praktische Stadtherrschaft. Die spätrömischen Grundherrschaften gingen häufig in die Hände der fränkischen Könige, ihres Dienstadels und vor allem der Kirche über. Die Spitze erreichten die Karolinger, die sogenannten „Hausmeier" (Chefbeamten) der Merowingerkönige, als sie diese in der Herrschaft ablösten. Einer unter ihnen gelangte zu besonderem Ruhm und hat auch für Köln eine wichtige Rolle gespielt: Karl „der Große". Bevor er an die Macht kam, hatte es schon lange

Mit der Niederwerfung der Sachsen durch die fränkischen Könige beginnt im 9. Jahrhundert der neue Aufschwung für Köln. Die Reliquien zweier „Missionare", die beim Sachsenfeldzug erschlagen wurden, verehren die Kölner noch heute in St. Kunibert: die Brüder Ewaldi.

Zeit Kriege und Kämpfe zwischen den westlichen Franken und den östlichen Sachsen gegeben. Dabei ging es nicht nur um wechselseitige Eroberungen, sondern auch um Konflikte verschiedener Gesellschaftsformen: die Franken hatten sehr rasch die feudalen Strukturen ihrer römischen Vorläufer übernommen, während sich unter den Sachsen bis ins 10. Jahrhundert noch Reste der alten Bauernfreiheiten und des kollektiven Landbesitzes erhalten hatten. In der allmählichen militärischen und politischen Unterwerfung der Sachsen durch die Franken kam der Kirche eine entscheidende Rolle zu: sie konnte die Okkupation als Christianisierung verkaufen. Hier spielte sich, bei aller Vorsicht im Vergleich so unterschiedlicher Epochen und Tatsachen, etwas ähnliches ab wie später bei der spanischen Conquista und der Rolle der Kirche in Mittel- und Südamerika. Der entscheidende Sieg gelang in einem 30jährigen Krieg Karl dem Großen, der damit auch die Herrschaft des Kölner Erzbischofs erweiterte. 795 wurde Köln zum Erzbistum und damit Mittelpunkt einer Kirchenprovinz, die im Westen Lüttich und Utrecht einschloß. Nach der Niederwerfung der Sachsen wurden 804 neue Bistümer in Münster, Minden, Osnabrück und Bremen eingerichtet und zum Erzbistum Köln geschlagen, das damit praktisch vom südlichen Belgien bis vor die Tore Hamburgs reichte. Überreste dieses Teils der (Kirchen-) Geschichte sind bis heute in Form von Reliquienknochen in einigen Kirchen vorhanden. Dort werden die als Heilige verehrt, die bei dem Versuch ums Leben kamen, die unwilligen Sachsen zu taufen. Auf die Reliquien eines gewissen Agilolf kann man z. B. im Dom stoßen, auf die Reste der Brüder Ewaldi in St. Kunibert. Agilolf starb als Diplomat im Dienste Karl Martells, und die beiden Brüder wurden bei der Sachsenmission in Dortmund-Aplerbeck erschlagen.

Mit der Unterwerfung der Sachsen wurde die Grundlage für die territoriale Herrschaft des Kölner Erzbischofs und des späteren Landesfürsten geschaffen. Freund und Mitstreiter Karls in diesen bewegten Zeiten war Hildebold, der von Karl 787 zum Kölner Bischof und vier Jahre später zum Oberpriester am kaiserlichen Hof gemacht wurde, zum sogenannten ,,Archicapellanus". Die Kölner Legendenbildung hat hierfür wieder eine Geschichte parat, die den Glanz der großen Welt mit der Bescheidenheit der Heimat verbindet: Der Kaiser jagte ohne Begleitung und anonym in den Wäldern vor Köln und stieß dabei auf einen Priester, der ihm zwar die Messe las, dafür aber erstaunlicherweise kein Geld haben wollte. Das war so ungewöhnlich für den Klerus seiner Zeit, daß Karl diesen Einsiedler Hildebold zum Bischof in Köln erhob, als sich Geistliche und Bürger der Domstadt nach dem Tod des Vorgängers auf keinen Nachfolger einigen konnten. Hildebold dankte es dem Gönner und Freund und wurde dessen wichtigster politischer Berater — eine Liaison, die es fortan häufiger geben sollte, denn dem Machtstreben der Bischöfe waren durch die eigene Kinderlosigkeit quasi natürliche Grenzen gesetzt.

Unter Bischofszepter und Schwert
Von 791 bis zum ersten Aufstand der Bürger gegen Erzbischof Anno 1074

Mit Hildebold begann eine Reihe mächtiger Territorialfürsten, die nebenbei noch die Herren der Stadt Köln waren. Fast immer hatten sie auch die Funktionen von kommandierenden Generälen, Außenministern oder Chefideologen der regierenden Könige oder Kaiser. Nach dem Mainzer wurde der Kölner Erzbischof der ranghöchste Kirchenfürst. Er genoß das Recht, den König in Aachen zum Kaiser zu salben und durfte direkt neben dem Papst sitzen. Im 11. Jahrhundert führten die Kölner Erzbischöfe schließlich den Titel ,,Erzkanzler des römischen Reiches". Dadurch, daß Köln mit der Eroberung Sachsens wieder zum Mittelpunkt eines weiten Umlandes wurde und nicht länger Grenzort war wie in den Jahrhunderten der römischen und fränkischen Zeit, setzte ein neuer ökonomischer Aufschwung ein. Ausdruck davon ist auch der Bau einer neuen Bischofskirche als Vorgängerbau des heutigen Doms durch Hildebold.

In dem ausgehenden ersten Jahrhundert gewann der überregionale Handel an Bedeutung, und der Gütertausch gegen Geld kam auf. Köln bot durch die Lage am Rhein günstige geografische Bedingungen für den Austausch von Waren. Der Fluß wurde zu einer Wasser- und Handelsstraße, an der sich gute Geschäfte machen ließen. Den ehemaligen Seitenarm des Rheins vor der Römermauer im Gebiet des heutigen Alter Markt schüttete man zu, und davor, auf der früheren Halbinsel im heutigen Martinsviertel, entstand eine neue Händler- und Kaufmannssiedlung. Hier unmittelbar am Rhein wurden Hafenanlagen, Lagerschuppen und Kaufhäuser gebaut. Dieser Stadtteil wird auch als erster im Jahre 940 eingemeindet. Die alten römischen Stadtmauern — jetzt wieder in Funktion — werden im Süden und Norden bis zum Fluß hin verlängert und die Händlervorstadt in den Schutz der Stadtmauern miteinbezogen.

Ein nächster Entwicklungsschritt wird mit neuen Palastbauten für die Mitglieder des erzbischöflichen Hofes im Bereich der Hohe Straße sowie mit weiteren kirchlichen Großbauten vollzogen: St. Andreas, Groß St. Martin und St. Pantaleon werden um die Jahrtausendwende begonnen oder eingeweiht. In der Entwicklungslogik folgte den Siedlungsschwerpunkten der Menschen der Kirchenbau. Der entscheidende Stadtherr dieser Epoche war Bruno, ein Bruder Kaiser Ottos I. In seine Regierungszeit fällt die erste Stadterweiterung.

Für die Stadtentwicklung wird ideologisch wie ökonomisch ein weiterer Umstand bedeutsam: die Gründung der Stifte an den uralten kirchlichen Verkehrspunkten, hervorgegangen aus den Kapellen und Kirchen auf den ehemaligen römischen Friedhofsfeldern. Wer den Tod verwaltet, hat immer schon gut gelebt (eine Erfahrung aller Hochreligionen).

Die nach bestimmten Regeln (Canones) zusammenlebenden Männer- oder Frauengruppen werden im Hochmittelalter bald zu den einflußreichsten und unabhängigsten Gruppen in der Stadt. Zu Stiften zusammengeschlossen, haben sie innerhalb und außerhalb großen Landbesitz, sind juristisch und teilweise auch politisch unabhängiger in ihrer eigenen Immunität und selbständiger gegenüber der kirchlichen Hierarchie als die Klöster. Es gibt ausgesprochen edle Stifte, wie z. B. St. Maria im Kapitol, ein Frauenstift, in das überhaupt nur Damen aus den allerbesten Kreisen, häufig nur aus höchstem Adel, aufgenommen wurden.

Parallel zu dieser kirchenwirtschaftlichen Entwicklung verläuft die ideologische Legendenbildung. Das Christentum verändert sich durch zahlreiche Brüche und Vermischungen zu einer Religion, bei der der Kult im Vordergrund steht und wichtige theologische Aussagen verlorengehen oder vor dem kirchlichen Fußvolk verborgen gehalten werden, so daß magische rituelle Praktiken an Boden gewinnen. Dazu gehört an erster Stelle die weit verbreitete Reliquienverehrung, die von einer Art materieller Ausstrahlung der Körperteile, Kleidung oder Besitzgegenstände des Religionsstifters und seiner engsten Vertrauten ausgeht. Alles was Jesus, Maria und der engste Kreis der zwölf Apostel berührt oder besessen hatten, alle Gegenstände und die sterblichen Reste der Verehrten, sollen eine positive Wirkung haben. Die Besitz-

Beim ersten Aufstand der Stadtbürger 1074 konnte der Erzbischof Anno durch einen Geheimgang unter der Mauer fliehen. Die Archäologen haben den Stollen unter der Domplatte freigelegt.

aneignung solcher Reliquien (wie Talismane oder Fetische) wird zu einem Hauptprogramm der Zeit, in der der Mensch als sündhaft gilt und eine Art reinigende „Strahlung" kaufen möchte. Es entstehen die zahlreichen Heiligenlegenden, die die religiöse Aura um die verehrten Personen spinnen, wobei die Kölner eine besondere Fähigkeit entwickeln, nicht nur zahlreiche Heilige und ihre Überreste, sondern auch deren enorme Begleitscharen in der Stadt zu versammeln. Aus der bretonischen Königstochter Ursula und ihren elf Freundinnen, die vor Köln ermordet worden sein sollen, werden eltfausend, und dem römischen Kriegsdienstverweigerer Gereon gesellt die Legende bald eine ganze Legion hinzu. Dieser Hang zur großen Zahl ist leicht erklärbar, wenn man an die ausgezeichneten Absatzchancen von Reliquien rund um die Stiftskirchen denkt. In Zeiten absoluter Wundergläubigkeit und frommer Heiligenverehrung machte es auch kaum einen Unterschied, ob es sich bei den entsprechenden Knochenfunden um die Überreste eines römischen Legionärs oder einer heiligen Jungfrau aus Ursulas Schar handelte. Jeder Schädel bekam seinen Namen, wurde kostbar verhüllt und in einem wertvollen Reliquiar, einem „frommen" Schatzkästlein, geborgen, was wiederum Kirche, Handwerk und Handel zu immer neuen Umsatzsteigerungen verhalf. So wurde die Basis für das „hillige Cöln" gelegt und durch kostbare von außen importierte Reliquien noch untermauert, wie etwa durch die Ketten und den Bischofsstab des heiligen Petrus, die der Kölner Erzbischof Bruno aus Rom besorgt und die noch heute in der Domschatzkammer dem staunenden Publikum vorgeführt werden, und natürlich an erster Stelle durch die Heiligen Drei Könige. Im ausgehenden ersten Jahrtausend gingen nach und nach weitere Hoheitsrech-

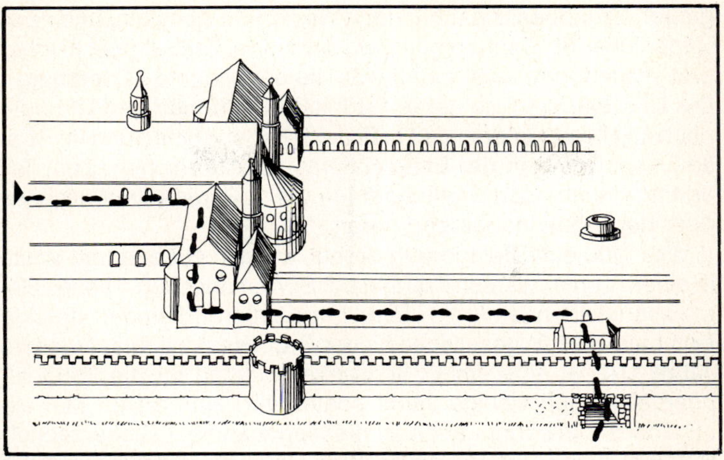

Der Fluchtweg Annos führte durch den Dom und durch die Schlafsäle der Kleriker an der Mauer entlang ins Freie.

te, die vorher allein dem Kaiser zustanden, auf die Territorialfürsten und die Erzbischöfe über: die Gerichtsbarkeit, das Markt- und Befestigungsrecht, die Münzhoheit, das Recht, Zölle zu erheben und das sogenannte Judenprivileg zu kassieren. Als Gegenleistung mußte der Stadtherr dem Kaiser hundert gepanzerte Reiter für seine Kriege stellen, was nach damaligen Wertvorstellungen nicht wenig gewesen sein dürfte. Gegen Ende des 11. Jahrhunderts kam es schließlich zu den ersten sozialen Konflikten mit der neuen Schicht der Kaufleute und Händler, die ihren Reichtum vermehrt, politisch aber noch nichts zu melden hatten. Die erste überlieferte Stadtrevolte datiert aus dem Jahre 1074. Der als Kirchenstifter und Kunstmäzen bekannte Stadtherr und Erzbischof Anno hatte ein Kaufmannsschiff beschlagnahmen lassen, was offensichtlich wie der Funke im Pulverfaß wirkte. Es kam zu einem Aufstand, den Annos Truppen zwar niederschlagen konnten, aber fortan gab es in beinahe jeder zweiten Generation handfeste Konflikte zwischen Bürgern und Bischof.

Die Kaufleute erweitern die Stadt: Köln bürgerlich
Vom Annoaufstand 1074 bis zum Raub der Heiligen Drei Könige in Mailand 1164

Wie stark das bürgerliche Element neben dem kirchlichen die Zukunft der Stadt bestimmen sollte, belegt die zweite Stadterweiterung aus dem Jahre 1106. Damals wurden nach allen drei offenen, also nicht am Rhein gelegenen Himmelsrichtungen große Gebiete einbezogen: nach Norden der sogenannte Niedrich, in dem, bisher noch vor der Stadt, die Stifte Kunibert, Andreas und Ursula lagen und wo reiche Bürger und städtische Korporationen großen Grundbesitz hatten; nach Westen St. Aposteln; und nach Süden über St. Georg hinaus, wo ein Viertel der Schiffer, Fischer und Weberinnen entstanden war, die sogenannte „Oversburg". Die Umwallung folgte dabei natürlichen Talrinnen und ist heute noch im Niveauunterschied z. B. beim Perlengraben und im Straßenverlauf etwa in der Eintrachtstraße auszumachen. Zum Teil erinnern auch noch Straßennamen wie z. B. die Alte Wallgasse oder der Katharinengraben daran.

Weil 1106 eine Belagerung drohte, wurden Gräben und Wälle in einem gemeinsamen Kraftakt der Bürger angelegt. Dieses Gemeinschaftshandeln zum Schutz vor äußeren Feinden drückte sich bald auch in gesellschaftlicher Repräsentanz aus. Aus dem Jahre 1112 ist eine erste „Schwurvereinigung für die Freiheit" überliefert, und wenige Jahre später wird zum ersten Mal ein „Rathaus" erwähnt, ebenso die sogenannte „Richerzeche", wörtlich: eine „Zeche der Reichen", eine Vereinigung mit der Aufgabe, Handel und Handwerk zu kontrollieren. Dies alles sind Vorformen bürgerlicher Selbstverwaltung, die auch dem Zweck dienten, der kirchlichen Herrschaft nach und nach wirtschaftliche und politische Rechte abzutrotzen. Zweimal kam es in diesem Jahrhundert noch zu Aufständen und Erhebungen. Dabei fochten jedoch — im Unterschied zur ersten Stadtrevolution — die Bürger zusammen mit dem Erzbischof gegen den Kaiser, der ebenfalls versuchte, die erstarkenden bürgerlich-autonomen Kräfte zurückzudrängen. Einen gewissen Abschluß dieser Entwicklung bildet der Bau der großen mittelalterlichen Stadtmauer, die im Jahre 1180 begonnen wurde und deren Fertigstellung rund fünfzig Jahre dauerte. Ein für damalige Verhältnisse riesiges Gebiet wurde jetzt eingeschlossen und geschützt; übrigens nicht nur militärisch, sondern auch ökonomisch, denn „Stadt" hat im Mittelalter immer auch bedeutet, den Zuzug vom Land zu kontrollieren und den Weggang von handwerklichem Wissen zu verhindern.

Zunächst wurde der Mauerhalbkreis auf der Landseite mit etwa 5,5 km Länge und zwölf Toren gebaut; später auch eine Befestigung entlang des Rheinufers auf einer Länge von knapp 3 km mit über dreißig Eingängen. Drei der alten Stadttore gibt es heute noch, und auch der genaue Verlauf der Mauer läßt sich an den inneren Wallstraßen verfolgen: vom Severinswall im Süden, über Kartäuser- und Pantaleonswall bis zum Thürmchenswall im Norden. Köln wurde mit dem Bau der Mauer und rund vierzigtausend Einwohnern die größte Stadt nördlich der Alpen. Mit einem Gebiet von über vierhundert Hektar Fläche war sie groß genug, bis ins ausgehende 19. Jahrhundert Reserveflächen für Wohnungen und öffentliche Bauten bereitzustellen, sowie umfassende landwirtschaftliche Nutzung, Weinbau, Gemüsefelder und Gärten innerhalb der Stadtmauern zu ermöglichen.

Trotz aller Größe und Mächtigkeit ist der Begriff „Stadt" für diese Zeit dennoch kaum mit heutigen Vorstellungen zu füllen; nicht

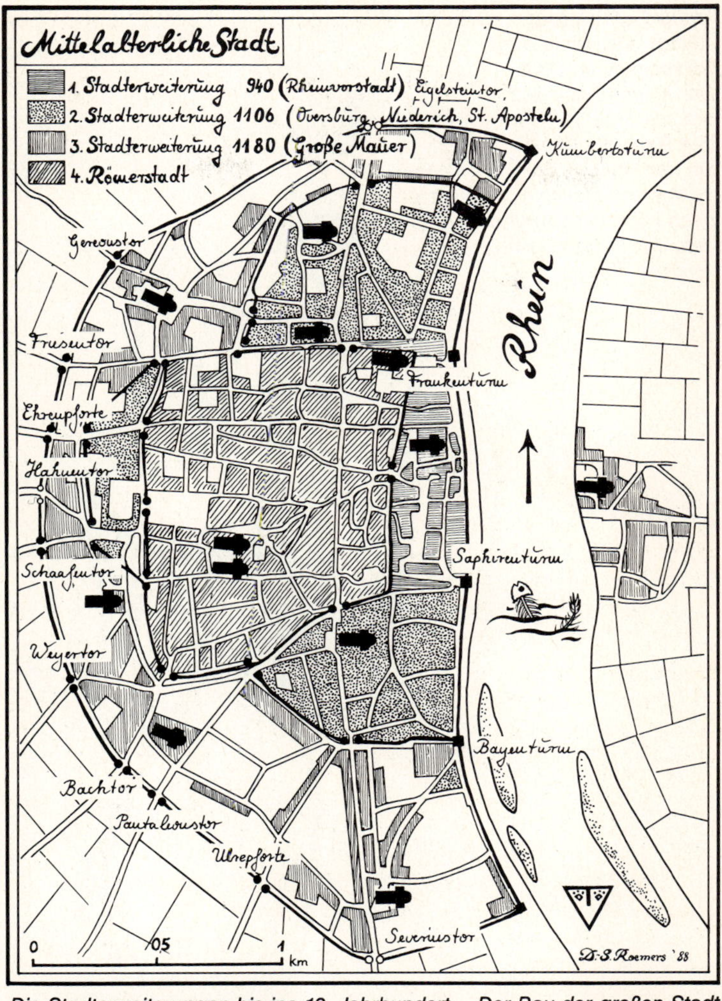

Die Stadterweiterungen bis ins 13. Jahrhundert – Der Bau der großen Stadtmauer ab 1180 schlug einen Halbkreis von fast sechs Kilometer Länge.

nur deshalb, weil es kaum zentrale Versorgungseinrichtungen im Mittelalter gab — keine öffentlichen Wasserleitungen, keine Abflüsse, keine Abfallbeseitigung — auch das ganze Sozialsystem war auf die freiwillige oder karitative Leistung Einzelner oder klösterlicher Einrichtungen angewiesen.

Karitativem Verhalten einerseits entsprach andererseits die Verfolgung von Minderheiten in dieser Zeit. Im 11./12. Jahrhundert kommt es zu den ersten Pogromen gegen Juden und zur Verfolgung der Ketzer. Im Jahre 1096 sammelt sich in Köln unter den Aufrufen des Peter von Amiens ein Kreuzfahrerheer aus fast fünfzehntausend marodierenden Rittern und Soldaten. Auf dem Weg nach Jerusalem und zur Befreiung des Heiligen Landes aus den Händen der „Ungläubigen" richtet sich ihr Haß zunächst gegen die „Ungläubigen" im eigenen Land — die Juden. Mord,

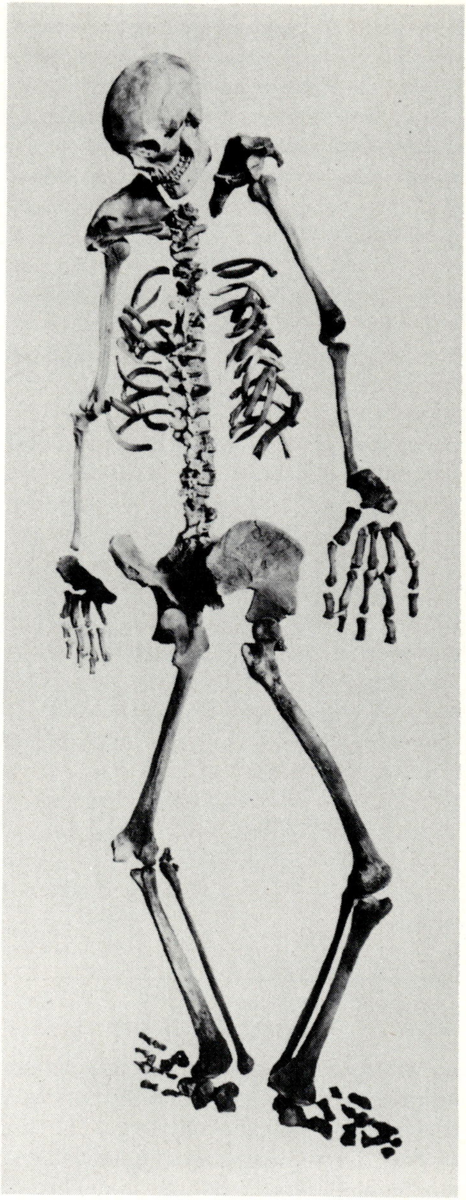

Reinald von Dassel, Röntgenaufnahme des Sarkophags im Dom. Der Kölner Erzbischof brachte 1164 durch einen Raub die Überreste der Heiligen Drei Könige von Mailand nach Köln und begründete damit das Pilgerzentrum West.

Zerstörung und Vertreibung waren das Ergebnis des religiösen Fanatismus.

Jüdische Bürger hatte es schon seit den spätrömischen Tagen in der Stadt gegeben. Sie hatten sich im 10. Jahrhundert in der Gegend des heutigen Rathauses angesiedelt. Das Schild „Judengasse" und der Platz vor dem Rathaus erinnern noch an diese Bewohner/innen. Nach den ersten Pogromen entsteht Anfang des 12. Jahrhunderts die jüdische Gemeinde neu, wird aber eine Generation später wiederum verfolgt und unterdrückt.

Ähnlich ergeht es auch den anderen „Ungläubigen", den sogenannten Ketzern. So wenig die heimische Kirchengeschichte auch von ihnen weiß, das wenige, was überliefert ist, deutet doch auf eine rege Ketzerbasis in Köln hin. Schon einer der ersten populärsten Kölner Bischöfe, Severin, mußte sich auf einer Synode in Köln im Jahre 346 gegen seinen Vorgänger Euphrates durchsetzen, der Anhänger der „Irrlehre" der Arianer war. Die nächste Ketzernachricht stammt aus dem 12. Jahrhundert von den sogenannten „Katharern". Sie waren vor allem in Südfrankreich und Norditalien verbreitet, hatten aber in fast allen europäischen Städten mit entwickelten Arbeitsformen und Produktionsstrukturen ihre Anhänger. Man kann den Katharismus über die theologischen Differenzen hinaus auch als Protest des fortschrittlichen Stadtbürgertums gegen die Fesseln des traditionellen Katholizismus verstehen. Städte wie Köln mit ihrer sozialen und wirtschaftlichen Sprengkraft waren der ideale Nährboden für die Ketzerei. Hinzu kommt noch, daß religiöse Häresien oft der einzig mögliche Ausdruck unterdrückter Schichten waren. Insbesondere für Frauen bot sich in der Ketzerei eine Möglichkeit der Religionsausübung, an der sie mit ihrer spezifischen Spiritualität teilhaben konnten, die in der römischen Männerkirche ausgegrenzt war. Die Ketzer trafen sich, wie eine zeitgenössische Quelle berichtet, in „Kellern und Weberstuben und unterirdischen Häusern", wohlwissend, was ihnen drohte, wenn die herrschende Kirche sie in die Hände bekam. 1143 z. B. wurde eine Gruppe erwischt und in Anwesenheit des Erzbischofs verhört und verbrannt. Sie nannte sich „pauperes Christi" und vertrat das Ideal eines asketischen Lebens und der Besitzlosigkeit.

Genau zwanzig Jahre später, 1163, brennen wieder für vier Katharer die Scheiterhaufen auf dem sogenannten „Judenkirchhof" im Süden der Stadt — heute das Gelände des Bahnhofs „Bonntor", im Mittelalter einer der Hinrichtungsplätze Kölns. Die Ketzerei war offensichtlich so virulent in der Stadt, daß man später sogar einen abgefallenen Ketzer und berühmten Inquisitor, Petrus Martyr, zum Schutzpatron der mächtigen Zunft der Brauer machte. Vielleicht brauchten die Etablierten gegen das Gift der Ketzerei ein anständiges Gegenmittel.

Das Jahr 1164 hat — nicht nur — für die Kirchengeschichte Kölns ganz besondere Bedeutung. Der Kölner Erzbischof Reinald von Dassel war als Oberkommandant der kaiserlichen Truppen mit Friedrich Barbarossa nach Italien gezogen, um die auf ihre Freiheit bedachten oberitalienischen Städte niederzuwerfen. Auf einem dieser Raubzüge wurden die Mauern und alle Steingebäude Mailands — ausgenommen die Kirchen — geschleift. Bei der Plünderung der Stadt stand Reinald als Feldherr die wertvollste Beute zu. Er raubte die Gebeine der Heiligen Drei Könige und brachte sie heimlich nach Köln. Das war insofern eine entscheidende Zäsur für die Domstadt, weil schon bald dieser Heils-Schatz im Christentum eine weltberühmte Rolle spielte.

Von nun an riß der Strom der Pilger und Touristen nicht mehr ab, der den Sarg der drei Könige besichtigen und die Stadt Köln besuchen wollte. Nach Jerusalem und Rom war Köln damit zur bedeutendsten Stadt des Abendlandes aufgestiegen.

Köln als Großbaustelle: Die romanischen Kirchen
Von 1164 bis zum Stapelrecht 1259

Während des 12. und 13. Jahrhunderts muß man sich die Stadt Köln als riesige Großbaustelle vorstellen. Innerhalb weniger Jahre und Jahrzehnte wurden nahezu alle romanischen Kirchen erweitert, um- oder ausgebaut und die großen Baukörper in der noch heute dominierenden Gestalt errichtet: 1065 Maria im Kapitol, 1135 St. Ursula, 1150 St. Pantaleon, 1188 St. Georg, 1210 Maria Lyskirchen, 1215 St. Kunibert, 1219 St. Gereon, 1237 St. Severin und 1240 Groß St. Martin. Dazu kamen neue private Wohn- und Repräsentationsbauten und die Stadtmauer. Allein für den Mauerring und die Tore schätzt man, daß die gewaltige Steinmenge von vierhunderttausend Kubikmetern verbaut wurde — das sind mehr als 1 Million Tonnen an Gewicht . Diese Masse konnte mit Schiffen bis an das Rheinufer transportiert werden und mußte dann auf Karren oder von Lasttieren zu den Baustellen geschleppt werden. Das Baugewerbe mit Steinbrucharbeitern, Steinmetzen, Architekten, Baumeistern und Transportarbeitern erklomm bald nach den Tuch- und Nahrungsmittelproduzenten den dritten Platz auf der Bedeutungsskala heimischer Gewerbe. Die großen Mengen an Eisenwerkzeugen vermehrten die Zahl der Arbeitsplätze in den Schmieden, und schließlich wurden auch Zimmerleute gebraucht, da Holz nicht nur für Schiffe und Wagen, sondern auch für Wege, Brücken, Gerüste bei den Großbauten und vor allem als Fachwerk für die Häuser benötigt wurde.

Eine ganz andere Erwerbsquelle neben den handwerklichen Berufen wurde der fromme Tourismus. Die große Fülle an prächtigen und wertvollen Reliquien sprach sich herum, der Besuch bei den Heiligen Drei Königen oder den elftausend Jungfrauen wurde fast zur lebensnotwendigen Reise im christlichen Abendland, wie für den Mohamedaner die Wallfahrt nach Mekka. Im Köln des hohen Mittelalters wimmelte es nur so von Pilgern. Den wirtschaftlichen Effekt dieses frommen Brauches werden die Stadtbürger und -bürgerinnen zu schätzen und zu pflegen gewußt haben, denn Gastronomie, Hotellerie, Restaurants, Nahrungsmittelproduktion, die Herstellung von Geschenkartikeln durch Goldschmiede, Buchmaler, Brokatweber oder Goldfadenspinnerinnen nahmen einen enormen Aufschwung; desgleichen übrigens auch die Prostitution. Es gab Berichte, denen zufolge sich an den bedeutendsten Fest- und Feiertagen bis zu einhunderttausend Besucher in der Stadt aufhielten und das bei rund

Heiligenschrein in St. Severin hinter dem Hochaltar. Früher standen viele Reliquiensärge auf Stelzen, so daß Prozessionen darunter durch gehen konnten. Man glaubte an die wundersame Aura der heiligen Knochen.

vierzigtausend Einwohnern! Es muß ein Gedränge und ein Rummel geherrscht haben, als ob ständig Rosenmontag wäre. Im Dom war das Geschiebe so groß und der Taschendiebstahl so einträglich, daß sich der Erzbischof im Jahre 1248 entschloß, den alten Hildeboldom abreißen und einen neuen bauen zu lassen. Dieser sollte alles Bekannte in den Schatten stellen. Historisch orientierte man sich jetzt nicht mehr an den romanischen Kirchen der monumentalen Gottesherrlichkeit, sondern nahm sich

Der Bayenturm, hier auf einer Fotografie um 1930, war das wichtigste Bollwerk der Stadtbefestigung. Wer ihn einnahm, besaß die Stadtmacht.

die französischen Königskathedralen zum Vorbild. So wurde der neue Dom nach der lange dominierenden Epoche der Romantik zum ersten und zugleich größten Bauwerk der Gotik in Köln. Seine Ausmaße waren für damalige Verhältnisse derart gewaltig angelegt, daß man mit wiederkehrenden ästhetischen und bautechnischen Elementen arbeiten mußte; eine Art Normbauweise entstand, die wiederum für die beteiligten Handwerker den Zwang der Spezialisierung mit sich brachte und eine arbeitsteilige Produktionsweise förderte.

Politisch ist diese Zeit durch neue Auseinandersetzungen zwischen Bürgern und Erzbischof geprägt. Die früheren Revolten waren nicht folgenlos geblieben, auch wenn sie im ersten Anlauf nicht zum Erfolg geführt hatten. Als die Erzbischöfe nun versuchten, die städtische Selbstverwaltung wieder rückgängig zu machen, kam es erneut zu bewaffneten Auseinandersetzungen, erst mit Erzbischof Konrad von Hochstaden, dann vor allem mit Engelbert II. von Falkenburg. Zwischen 1262 und 1271 findet eine Reihe von Revolten statt, bei denen sich die befestigten Stadttürme als entscheidendes militärisches Unterpfand für die Herrschaft herausstellen: Wer die Türme besetzt, hat die Stadtmacht.

In der Ikonographie um den Bayenturm, ein fast burgähnliches Bauwerk als südöstlicher Eckpunkt der Stadtmauer, ist dies in Bildern und Zeichnungen vielfach überliefert. Im Jahre 1262, beim Sturm auf den Bayernturm, sollen die Kölner übrigens zum ersten Mal den legendären Schlachtruf „Kölle Alaaf" ausgestoßen haben, der dann nach der Schlacht von Worringen 1288 erst wieder von dem preußischen König Friedrich Wilhelm IV. im Jahre 1842 beim Weiterbau des Domes aufgenommen wurde und seitdem an jedem Montag vor Aschermittwoch in den Straßen der Stadt erschallt.

Mit der Schlacht von Worringen, in der die Kölner auf der Seite der Sieger standen und der Erzbischof zu den Verlierern gehörte, ist der fast 200jährige Kampf zwischen Bürgern und Bischöfen endgültig zu Ende: der Erzbischof mußte die Stadt verlassen, wohnte seitdem in Bonn, Brühl oder im Sommer in Zons und durfte Köln nur mit Genehmigung des Rates betreten. Von seinen alten Herrschaftsrechten innerhalb der Stadt blieb ihm das Privileg der blutigen Gerichtsbarkeit, d. h. das Vorrecht, Todesurteile zu verhängen.

Ein anderes Privileg jedoch, das ihm die Kölner schon 1259 abgehandelt hatten, erwies sich langfristig von wesentlich entscheidenderer Bedeutung für das Wirtschaftsleben der Stadt: das sogenannte Stapelprivileg. Ursprünglich zur Versorgung der fränkischen Wanderkönige und ihres Hofes eingeführt, war es auf die Territorialfürsten übergegangen, die es jetzt an die Stadt abtraten. Das Stapelprivileg bedeutete das Recht, alle auf dem Rhein vorbeigeschifften Waren und Produkte in Köln ausladen, „stapeln" und für drei Tage hier zum Kauf anbieten zu lassen, wobei die Kölner Kaufleute und Bürger das Vorkaufsrecht genossen. Die Folge war ein nahezu risikoloses Handelsmonopol, das wesentlich zum ökonomischen Höhenflug Kölns in Handel und Transport und zu seiner Stellung als internationaler Hansestadt beitrug. Für die Kölner ein Privileg, war das Stapelrecht aus der Sicht fremder Kaufleute und Produzenten eine Art lizensierten Raubrittertums.

Die Zünfte bestimmen die Stadt: Köln reich
Von 1259 bis zur Vertreibung der Juden 1424

Während sich die zu Geld gekommenen Kaufleute und Handelsherren noch mit dem Erzbischof herumschlugen, entwickelte sich unter der sichtbaren Oberfläche der Stadtbürgerschaft schon eine neue Schicht, die den Keim der nächsten Revolten in sich trug. Ökonomisch schon seit Generationen potent, waren die Kaufleute mit ihren politischen Erfolgen immer mehr zu einer in sich geschlossenen Clique geworden, die peinlich darauf achtete, keine andere Gruppe an der Macht zu beteiligen. Die sechzehn allerfeinsten patrizischen Familien führten sogar ihre Genealogie bis auf den römischen Feldherrn Agrippa zurück. Nach wenigen Generationen trieben sie es nicht viel anders als die Kirchenherren, die sie zuvor verjagt hatten.

Die Soziologie einer hochmittelalterlichen Stadt kennt noch kaum die Gruppe, die wir heute als Mittelschicht bezeichnen. Die Gesellschaft war überwiegend geprägt von dem Gegensatz: sehr arm und einflußlos — sehr reich und mächtig. Es waren schätzungsweise vierzig Herrenfamilien mit rund vierhundert Angehörigen — also 1 % der Bevölkerung —, die in Köln im 13. Jahrhundert das Sagen hatten. Einige Tausend Kölner lebten in Stiften und Klöstern, etwa die Hälfte waren Handwerker — unterschieden in wenige Meister und viele abhängige Gesellen —, und Tausende, ja Zehntausende waren Arme, wirtschaftlich Mittellose, Fremde, Tagelöhner und Dienstboten oder vegetierten vom Betteln.

Der Reichtum der Patrizier war ungeheuer. Sie finanzierten auch schon zu Zeiten ihrer politischen Differenzen die Feldzüge des Kölner Erzbischofs, verliehen Geld in alle Welt, hatten großen Immobilienbesitz, spekulierten im Fernhandel und profitierten von zahlreichen technischen Neuerungen. Nur ein Beispiel hierfür: Das Industriegebiet der Stadt erstreckte sich im 12. und 13. Jahrhundert bis auf den Rhein. Hier schwammen zwei bis drei Dutzend Wassermühlen, in denen Getreide gemahlen, Tuche gewalkt, Leder gegerbt, Eisenhämmer angetrieben wurden und Mahlwerke zur Bierproduktion liefen.Die Besitzer der Anlagen waren Kaufleute, die für jede Tätigkeit kräftige Gebühren kassierten. Um ihr Monopol zu sichern, wurde sogar in den Privathäusern der Betrieb von Getreidemühlen und das Walken von Tuch unter Strafe gestellt.

Die politischen und Selbstverwaltungsgremien wie die Richerzeche, das Schöffenkollegium oder der Stadtrat, der im Jahre 1216 das erste Mal genannt wird, waren selbstverständlich auch ausschließlich mit männlichen Vertretern der Kaufleute und Patrizierfamilien besetzt. Einkommen und Reichtum durch Handel war jedoch nur die eine Seite der Stadtökonomie. Zunehmend rückte eine neue Gruppe in der Hierarchie nach vorn, die sich durch ihrer Hände Arbeit ernährte und zu Wohlstand kam: die Handwerker. Diese Unterscheidung der Erwerbsquellen ist nicht unerheblich, wenn es stimmt, daß auch damals das gesellschaftliche Bewußtsein von der ökonomischen Existenz bestimmt war oder einfacher gesagt: „das Bewußtsein vom Sein".

Die Handarbeiter schlossen sich in Gemeinschaften, sogenannten ,,Zünften“ zusammen, die zwei verschiedene Wurzeln hatten. Eine bestand in den laienreligiösen Bruderschaften, die es schon seit dem 10. Jahrhundert gab. Weil Gemeinschaftsbildung des Handwerks zunächst nicht gestattet war, verlegten sich die Bruderschaften auf eine gemeinsame religiöse Praxis, die in Prozessionen, Lichteropfern und der Organisation ihrer Begräbnisse ihren Ausdruck fand. Sie sorgten aber auch für die Hinterbliebenen und praktizierten so etwas wie soziale Fürsorge. In Köln sind einhundertfünfzig Bruderschaften nachgewiesen, die jeweils ihr eigenes Patronat bzw. Matronat und spezielle Feiern und Bräuche hatten. Die erste Zunfturkunde aus dem Jahre 1149 gebraucht noch den Begriff der ,,fraternitas“ oder kölsch ,,broiderschaft“ zur Bezeichnung des Zusammenschlusses, und erst ab dem 14. Jahrhundert tauchen die Begriffe ,,Amt“ oder ,,Gaffel“ auf. Als zweite Wurzel der Zünfte ist die handwerkliche Tradition anzusehen, sind kooperative Arbeitsformen, Organisation der Wissensweitergabe und später auch der Schutz des jeweiligen Berufszweiges zu nennen. Mit dem Übergang von der romanischen zur gotischen Zeit und wesentlich durch die Kirchenbauten und die Bauhütten bestimmt, entsteht für die Handwerker eine Umbruchsituation. Verfügten sie anfangs noch über ein breites Spektrum an Wissen, das die Kenntnis verschiedenster Arbeitsmittel, Geräte und Techniken einschloß, setzte jetzt eine größere Spezialisierung ein, die darauf gerichtet war, größere Mengen in kürzerer Zeit zu produzieren. In der Tuchindustrie z. B., für lange Jahrhunderte der bedeutendste Wirtschaftszweig Kölns, kamen neue Webstühle auf, mit denen meterlange Stoffe gewebt werden konnten, während die Tuche vorher meist nur körperlang waren und am Stück verarbeitet wurden. Erst mit der neuen Technik entstand z. B. der Beruf eines Gewandschneiders. Die Erweiterung der Technik und der handwerklichen Fähigkeiten zog eine Zunftgliederung nach sich, die exakt festlegte, was der eine noch machen durfte und wo das Handwerk des anderen begann. Die Zunftordnungen sind voll von Bestimmungen, die die Art der Ausübung des Handwerks und der Wissensweitergabe regeln. Ende des 14. Jahrhunderts zählt man in Köln 42 Zünfte. Die größeren waren die der Wollweber, Schmiede, Goldschmiede, Bäcker, Metzger, Brauer, Schneider, Schuhmacher, Gürtler, Kürschner und Steinmetze; kleinere die der Glaser, Papiermacher, Seifensieder oder Kerzenmacher, um nur einige zu nennen.

Im Laufe dieser Entwicklung kamen auch die Handwerker zu Geld und drängten dementsprechend in die politischen Positionen, die ihnen bis jetzt verschlossen waren. Es wiederholte sich etwas ähnliches wie vorher zwischen Kaufleuten und Erzbischof. Da die Patrizier nicht freiwillig auf einen Teil ihrer Macht verzichteten, kam es erneut zu Aufständen und Revolten. 1370 ist das Jahr des sogenannten ,,Weberaufstands“, nach unseren Begriffen vielleicht der ersten Revolution überhaupt in Köln. Das Weberhandwerk war nicht nur der größte Arbeitgeber der Stadt, sondern kannte auch die am weitesten entwickelte Arbeitsteilung. Etwa dreihundert Weberwerkstätten gab es in Köln, und wenn man alle damit zusammenhängenden Tätigkeiten hinzurechnet, waren fast sechstausend Menschen dort beschäftigt, da zu einem Webstuhl rund dreißig Männer und vor allem Frauen gehörten. Der unmittelbare Auslöser des Weberaufstandes war ein neuer Rheinzoll am Bayenturm, von dem vor allem die auf Export und Handel mit dem Oberrhein angewiesenen Handwerker, insbesondere die Weber betroffen waren. Der Aufstand weitete sich bald zu einem politischen Konflikt aus, in dem die Ausschaltung der stadtbeherrschenden Richerzeche und die Beteiligung der Handwerker am Rat verlangt wurde. Fast zwei Jahre lang konnten die Weber das Stadtregiment bestimmen, dann unterlagen sie einer Koalition aus Patriziern, Kaufleuten und dem Kaiser. Am 20. November 1371 kam es zu einer blutigen Schlacht in der Nähe des Waidmarktes und der Bäche, an denen die Werkstätten hauptsächlich lagen. ,,Die Straßen färbten sich vom Blut der Weber", so heißt es in einer Chronik über die Weberschlacht. Viele wurden erschlagen, der Rest vertrieben, der Besitz eingezogen.

Der ,,Erfolg" war allerdings nur von kurzer Dauer, denn schon zwanzig Jahre später kam es zu einer weiteren Kraftprobe, diesmal aber begleitet von Streitereien unter den Patriziern selbst. Das Jahr 1396 ist mit dem Sturz der ,,Geschlechterherrschaft" ein entscheidendes Datum in der lokalen Verfassungsgeschichte. Jetzt trat der sogenannte ,,Verbundbrief" in Kraft (der heute noch hinter einem kleinen Vorhang im Stadtmuseum ausgestellt ist), in dem sich alle Zünfte und Gaffeln zum Rat der Stadt Köln ,,verbanden". Die Schicht der Handwerker rückte damit in die Selbstverwaltungskörperschaft der Stadt ein, und die alten patrizischen Familien wurden teils entmachtet und teils vertrieben. Als man wenig später, im Jahre 1407, den Ratsturm als stolzes Symbol städtischer Freiheit errichtete, wurde lange erzählt, er sei mit dem Geld der verjagten Geschlechter finanziert worden.

Manche Stadtpatrioten preisen bis heute den ,,Verbundbrief" als erste demokratische Verfassung Kölns. Das war er ganz sicher nicht. Nach wie vor gab es keine politische Vertretung aller Kölner oder auch nur aller gesellschaftlichen Gruppen; die Herrschaft über die Stadt teilten sich statt ein Prozent jetzt vielleicht 10 Prozent der Bürger. Rund viertausend Zunftangehörige konnten in den Organen der Stadtverfassung mitwirken. Neben dem vollberechtigten männlichen Bürger gab es aber weiterhin unmündige Bürgerinnen, Geistliche und Beginen, Gesellen und Mägde, Juden und Jüdinnen, Tagelöhner und Dienstbotinnen, Knechte und Arme. Sie alle waren als Vertreter/innen in diesen Organen nicht vorgesehen.

Die ersten, die die neue Stadtmacht zu spüren bekamen, waren die Juden. Die neue Schicht war kaum an der Macht, da setz-

1424 wurden die Juden aus Köln vertrieben, eine Epoche war zu Ende. Erst die Bomben des 2. Weltkriegs legten die Fundamente des Judenviertels um das Rathaus herum wieder frei.

te sie alles daran, die lästige ökonomische Konkurrenz aus der Stadt zu vertreiben. Religiöse Vorurteile waren dabei eher der ideologische Schein über den wirtschaftlichen Interessen. Nach den ersten Pogromen im 11. Jahrhundert hatte sich die jüdische Gemeinde im 12. Jahrhundert neu organisiert und war wieder in die gutbürgerliche Wohngegend um das spätere Rathaus herum zurückgekehrt. Zunächst noch integrierter Bestandteil der besseren Bevölkerung, lebten Juden als Kaufleute und wandten sich dann mehr und mehr dem Geldgeschäft zu. Der Grund dafür lag einmal in der Weigerung der Zünfte, Juden aufzunehmen, und zum anderen im sogenannten ,,Zinsverbot" für Christen, denen Geldgeschäfte untersagt waren. Um das Rathaus herum entstand ein jüdisches Gemeindezentrum mit Synagoge (die erste von 1012 war zerstört worden), Frauensynagoge, Backhaus und dem Reinigungsbad ,,Mikwe" (das heute wieder unter dem Rathausvorplatz zu besichtigen ist). Das Judenviertel war von den umliegenden Wohngebieten der christlichen Kölner nicht abgeschlossen. Erst um 1300 wurden Ghettotore gebaut, die die jüdische Siedlung vor den Christen schützen und sie abtrennen sollte; wenig später wurde der Judenbezirk räumlich definiert. Von diesem Zeitpunkt an durften die christlichen Kölner an ihre jüdischen Mitbürger keinen Grund und Boden mehr verkaufen.

Am 23. August 1349 kommt es in der sogenannten ,,Bartholomäusnacht" zu einem furchtbaren Pogrom. Es war die Zeit der Pest, in der fast die halbe Bevölkerung dahingerafft wurde, wofür man einen ,,Schuldigen" suchte. Es war wohl leichter, einen Sündenbock zu finden, statt die Hygiene in der Stadt zu verbessern oder die Ratten totzuschlagen, was schon damals einige kluge Leute erwogen hatten. Wie immer bei unerklärlichen Seuchen gewann der Irrationalismus: die Juden — Frauen, Männer und Kinder — wurden in ihren Häusern überfallen, totgeschlagen, verbrannt. Niemand entkam. Wenige Jahre später kamen Juden unter dem Schutz des Erzbischofs noch einmal zurück in die Stadt, die an den Einnahmen aus dem sogenannten ,,Judenregal" interessiert war, der Gebühr fürs Wohnen und Arbeiten. 1424 aber war es endgültig vorbei: die Juden wurden erneut vertrieben, und bis zur französischen Revolution durfte kein Jude mehr Bürger in Köln sein. Für den Zeitraum von fast vierhundert Jahren finden sich keine Spuren jüdischer Kultur und jüdischen Geisteslebens in Köln, womit für lange Zeit ein wesentliches Moment intellektueller Innovation ausgeschlossen war. Die Auswirkungen dieses Ausschlusses versteht man erst Jahrhunderte später und vielleicht auch erst dann, wenn man das Köln der Neuzeit mit Städten wie Frankfurt, Prag oder Amsterdam vergleicht, wo sich eine stark von Juden geprägte Kultur und Urbanität entfalten konnte.

Eine Besonderheit in der Ökonomie des Mittelalters sind die Klöster und Konvente. Als autarke Selbstversorger waren sie auch in der Stadt unabhängig von der allgemeinen Entwicklung, oft waren sie ihr weit voraus. Das geistliche und handwerkliche Wissen konnte ungehindert vom Zunftzwang weitergegeben werden, und in den Klöstern fand die erste Akkumulation von Kapital statt. Eine Sonderstellung kommt in Köln den Frauenklöstern bzw. -konventen zu, hier insbesondere der Gemeinschaft der Beginen. Zunächst eine laienreligiöse Bewegung von Frauen, die vom Betteln leben und als Predigerinnen herumziehen, breitete sie sich im 12. und 13. Jahrhundert vor allem in Belgien, Holland und dem Rheinland aus. Köln wurde zu einer Hochburg der Beginen, die als Frau-

Die Grabsteine des Judenfriedhofs wurden nach der Vertreibung der Juden zum Bau des Rathauses verwendet. Im 20. Jahrhundert waren sie nach dem Krieg plötzlich wieder als Ausstellungsstücke zu sehen.

enwohngemeinschaften zusammenlebten und kaum von der Kirche kontrolliert werden konnten. Die meisten Konvente waren durch Patrizier/innen gestiftet worden, die so ihre Chance, in den Himmel zu gelangen, aufzubessern gedachten. Das wichtigste Prinzip der Beginen war es, sich durch eigener Hände Arbeit zu ernähren. Als die wohl einzig legitime Form der Selbständigkeit, vor allem von ledigen Frauen, werden in Köln und Umgebung über zweitausend Beginen, das sind 6 % der Bevölkerung, gezählt und bis zum ausgehenden 15. Jahrhundert rund einhundertsiebzig Konvente. Die Distanz zur Kirche und die wirtschaftliche Sebständigkeit der Beginen führte auch zu einer enormen ideologischen und schwärmerischen Begeisterung. Eine eigene Frauenmystik mit bedeutenden Vertreterinnen entwickelte sich in Konventen und Klöstern, die erst heutzutage allmählich von der feministischen Theologie wiederentdeckt wird.

Zum Konflikt zwischen Frauengemeinschaften und Stadtbürgern kam es schließlich über die handwerkliche Produktion.

Frauen arbeiteten billiger, oft auch besser und bedeuteten eine massive Konkurrenz für die Zünfte. In dem Maße, wie sich der Aufstieg der Zünfte vollzog, unterdrückten sie durch Gesetze und Übergriffe die Arbeit der Beginen, bis diese im 15. Jahrhundert praktisch ausgeschaltet sind (An die Männerklöster haben sich die Handwerker übrigens nie in derselben Weise herangetraut, und diese konnten trotz aller verbalen Proteste bis zur Auflösung in der Säkularisation produzieren). Später wurden die Beginen wegen ihrer theologischen und kirchenkritischen Elemente immer stärker ausgegrenzt und teilweise sogar von der Inquisition verfolgt. Die Lutherischen lehnten sie wegen ihrer Ehe- und Kinderlosigkeit ganz ab.

Köln auf dem Gipfel: Der häßlich Riese
Von 1424 bis zur Einstellung der Dombauarbeiten 1560

Im 15. Jahrhundert hatte Köln seinen Gipfel an Macht, Reichtum und Einfluß erreicht. Um das darzustellen, wurde das Rathaus mit der noch erhaltenen Renaissance-Laube prächtig ausgebaut, schließlich 1441 der Gürzenich als städtische Fest- und Feierhalle errichtet und mit dem Bau repräsentativer Zunfthäuser begonnen. Häufig war der Kaiser in dieser Zeit zu Besuch, was nicht nur ein Hinweis darauf ist, daß es unter den herrschenden Kreisen Europas „in" war, in Köln zu verkehren, sondern auch aufschlußreich hinsichtlich der Kapazitäten der heimischen Gastronomie, die für lange Wochen die Luxusgäste samt Anhang versorgen und verwöhnen konnte. Am 5. Januar 1531 versammelten sich die Kurfürsten des Heiligen Römischen Reiches Deutscher Nation im Kölner Dom, um in Anwesenheit des Kaisers dessen Bruder Ferdinand zum „römischen König" zu wählen. Die Stadt bestellte aus diesem Anlaß bei dem Wormser Holzschneider Anton Woensam eine Stadtansicht, die dem Kaiser und der Festversammlung übergeben wurde, und die — bis heute unzählige Male reproduziert — eine wirkungsvolle Bildpropaganda der wunderbaren Größe Kölns darstellt.

In derselben Zeit nahmen wieder politische Differenzen und soziale Konflikte zu. 1481/82 kam es zum ersten Mal nach drei Generationen wieder zu einem Aufstand gegen den Rat, dem Ämtermißbrauch, Korruption, überhöhte Steuern und Geheimpolitik vorgeworfen wurde. Offensichtlich ist es eine Art „Gesetzmäßigkeit", daß wenige, meist nur drei Generationen nach einer erfolgreichen Revolte die Verhältnisse wieder so versteinert sind, daß neue Aufstände an der Tagesordnung sind. Keine hundert Jahre nach dem Sturz der Geschlechter hatte sich eine neue Spitzenschicht, diesmal aus Zünften und Kaufleuten, etabliert und die Ämter unter sich aufgeteilt. Am 18. Februar 1482, am Karnevalsmontag, wurde das Rathaus gestürmt — aber erfolglos. Schon am Aschermittwoch wurden die Anführer enthauptet. Der nächste Aufstand, dreißig Jahre später, 1512/13, hatte mehr Er-

1520 wurden die Schriften Luthers, ein paar Jahre später, 1529, zwei protestantische Prediger verbrannt. Reformation fand in Köln nicht statt.

folg. Die Vorwürfe, Steuerdruck und Klüngel, waren geblieben, und es gab eine lange Liste von 153 Artikeln mit Klagen, Angriffen und Verbesserungsvorschlägen. Rathaus, Stadtmauer und Türme wurden besetzt, die führenden Herren festgenommen und zehn von ihnen sofort enthauptet. Das politische Ergebnis war die Erweiterung des alten Verbundbriefes durch eine angehängte Urkunde, den „Transfix-Brief". Jetzt ist zum ersten Mal in der Kölner Revolutionsgeschichte das „Volk" direkt beteiligt, das immer wieder durch Forderungen, Drohungen, Aufläufe und Demonstrationen die Zunftvertreter unter Druck gesetzt hatte.

Der nächste Aufruhr im Jahre 1525 gegen den Klerus, die Reichen und den Rat war ganz eindeutig ein Volksaufstand, beeinflußt durch die Utopien und Forderungen der großen deutschen Bauernrevolution von 1524/26. Die Losung hieß: „Teilen mit den Geistlichen und den Reichen". Zunächst konnten sich die radikalen Unterschichten durchsetzen, aber die Zünfte beteiligten sich nur halbherzig, und nicht zuletzt unter dem Eindruck der blutigen Niederlagen der Bauern mußten die Kölner Revolutionäre zurückweichen. Die Anführer wurden verhaftet und am 2. März umgebracht. Ihre Namen: Paul Kulp, Gerhard Kreuwel, Jakob von Biest, Ludwig von der Straßen und Tilmann Rebein.

Neu bei den Aufständen von 1512 und 1525 waren die Angriffe gegen Klerus und Kirche sowie gegen deren Privilegien und Reichtum. Es war das Zeitalter der Reformation, und die Kirchenkritik lag in der Luft. In Köln hat sie sich indes nie groß ausbreiten können. Der Stadtklerus war meist absolut rom- und papsttreu, Universität und theologische Fakultät reaktionär, und Rat und Geschäftsleute hielten sich heraus.

1529 wurden zwei lutherische Prediger, Adolf Clarenbach und Peter Fliesteden, öffentlich verbrannt und damit jedem deutlich vor Augen geführt, daß Protestanten in der katholischen Reichsstadt nichts zu melden hatten. Nur wenn es ums Geld ging, traten religiöse Bedenken rasch in den Hintergrund. In der zweiten Hälfte des 16. Jahrhunderts, als in den Niederlanden die Calvinisten blutig verfolgt wurden, war Köln zeitweilig Zufluchtsort für die reichen protestantischen Kaufleute. Sie mußten zahlen, aber sie erhielten Asyl. Zumindest solange, bis der auswärtige Druck auf den Rat zunahm; dann wurden auch die evangelischen Flüchtlingen der Stadt verwiesen. Selbst der Papst intervenierte seinerzeit gegen die „Geusen", wie die Protestanten in Ableitung des spöttisch gemeinten „gueux" (Bettler) genannt wurden. 1570 überreichten Klerus und Universität eine lange Liste mit 109 Häusern, in denen verdächtige Fremde lebten, um die sich der Rat kümmern sollte. Auf diese Denunziation geht auch der Auftrag für den berühmtesten Stadtplan Kölns, den sogenannten „Mercatorplan" aus dem Jahre 1571 zurück. Der Rat wollte den Überblick über die Stadt behalten und ließ aus kriminalprophylaktischen Erwägungen von dem damals berühmten Kupferstecher Arnold Mercator einen genauen Stadtplan mit Straßen und Grundrissen anfertigen, der jedes Haus, jedes Gebäude, jede Mauer, jeden Brunnen, alle Höfe, Gassen, Hinter- und Anbauten verzeichnete. Aus der Vogelperspektive hatten Polizei und Politik jetzt einen Überblick über die ganze Stadt. (Nach diesem Plan ist übrigens später das große Modell im Stadtmuseum gefertigt worden, das einen guten Eindruck nicht nur von der mittelalterlichen Stadt, sondern auch von dem Überblick des Mercatorplans verschaffen kann.)

Im 17. Jahrhundert ist es schließlich endgültig mit der vorübergehend liberalen Religionspolitik vorbei. Schon 1562 konnte nur noch ein Katholik Ratsherr werden und hatte zum Beweis seiner Konfession ein Beicht- und Kommunionprotokoll seines Pfarrers vorzulegen. Von den zweitausend Protestanten, die um 1600 noch in Köln lebten, waren hundert Jahre später kaum dreihundert übriggeblieben.

Noch übler ging es allerdings den Andersgläubigen, die mit ihrer Kritik an Kirche und Klerus auch soziale Forderungen verbanden. Im Zuge der Reformation existierte die radikale Gruppe der sogenannten „Wiedertäufer", die ein sozialutopisches Programm der völligen und faktischen Gleichkeit aller Menschen vertraten und 1534 für ein kurzes Jahr in Münster sogar eine ei-

1560 wurde der Weiterbau des Doms eingestellt. Die Kassen waren leer, und der Geschmack hatte sich geändert.

gene Republik errichten konnten. Sie wurden geschlagen, zu Hunderten ermordet und ausgerottet, ihre Ideen aber lebten im Untergrund fort. In Köln, wo die Ketzer wie immer viele Anhänger hatten, wurden bis zum Beginn des Dreißigjährigen Krieges 320 Täufer bekannt, von denen mehr als die Hälfte verhaftet und dem bischöflichen Gericht übergeben wurde. Neun wurden ermordet und über fünfzig verbannt.

Entscheidenden Anteil an der Durchschlagskraft der Gegenreformation hatten die Jesuiten. 1544, schon ein Jahr nach der Gründung des Ordens in Rom, setzte der erste Jesuit seinen Fuß auf deutschen Boden und ließ sich ausgerechnet in Köln nieder. Petrus Faber hieß der Mann, der hier den Orden installierte und mit dem „Tricoronatum", dem Dreikönigsgymnasium eine Schule übernahm, die fortan eine der ideologischen Rüststätten im Geiste der reaktionären Gegenreformation werden sollte.

An den barocken Kunstgeist dieser Epoche erinnern indes nur wenige Bauten und Werke in Köln. Vollständig erhalten ist eigentlich nur die Jesuitenkirche Mariä Himmelfahrt neben dem ehemaligen Gymnasium. Für die geringe Verbreitung des Barock in Köln sind zwei Gründe ausschlaggebend. Zum einen gab es keinen absolutistischen Stadtherrn, der nach seiner feudalen Kunstvorstellung die „alten" Kirchen hätte abreißen, umgestalten lassen oder auch eine entsprechende Palastarchitektur bauen können. Zum anderen herrschte Ebbe in den Kassen der Stadt. Die großen Jahre mit Geld, Gewinn und Kommerz waren vorbei. Neues wurde in der Domstadt nicht mehr ersonnen, die großen Geschäfte anderswo gemacht. Die Entdeckung der Neuen Welt hatte vor allem die früher begünstigte Lage der Flußhandelsstädte relativiert und den Seehäfen zum Aufstieg verholfen. Die Millionenumsätze flossen jetzt in Lissabon und Antwerpen,

Im 30jährigen Krieg schafften es die Kölner, die Stadt aus den Kämpfen herauszuhalten und mit allen Seiten Waffengeschäfte zu treiben. Nur ein Pulverturm explodierte 1632 in Deutz – durch Selbstentzündung.

in Amsterdam und London. So entsprach es nicht nur dem Trend der Zeit, sondern auch der Kölner Kassenlage, daß im Jahre 1560 der Dombau eingestellt wurde. Seitdem ragte ein halber Turm mit einem ganzen Chor wie ein Torso in den Himmel.

Köln alt und häßlich
Von 1560 bis zum Einmarsch der Franzosen 1794

Die folgenden zweieinhalb Jahrhunderte sind zwar eine lange Zeit in der Stadtgeschichte, umfassen aber nur wenige berichtenswerte Ereignisse. Während die Kölner des 15. und 16. Jahrhunderts sich immerhin noch auf den alten Lorbeeren ausruhen konnten, waren 17. und 18. Jahrhundert eine Zeit der Stagnation und des Niedergangs. In diese Epoche kam eine konturenlose und spannungsarme Mentalität zum Tragen, deren geschäftsmäßiger Ausdruck der „kölsche Klüngel" ist: Man geht kein Risiko ein, setzt auf die Beziehung statt auf die Auseinandersetzung, legt sich nicht fest und versucht, den größten Vorteil mit der geringsten Kraftanstrengung zu erreichen — eine Art Naturgesetz der lokalen Politik.

Im 30jährigen Krieg schafften es die Kölner immerhin, sich aus allen kriegerischen Händeln herauszuhalten, obwohl halb Europa in Trümmern und Asche lag. Nur einmal flog ein Pulverturm in Deutz in die Luft, und das auch nur durch Selbstentzündung und nicht durch Feindeinwirkung. Die Stadt machte währenddessen mit allen Seiten ihre Geschäfte.

Die Zünfte, die früher wenigstens teilweise der Selbstverwaltung und dem Schutz der Handwerker gedient hatten, regredierten in dieser Zeit zu starren Regelverwaltern, verhinderten und verboten alle technischen Neuerungen und untersagten Änderungen des Althergebrachten. Sie verkamen zu Männerbünden, deren wichtigste öffentliche Tätigkeit darin bestand, über die Moral zu wachen und die Heiratsregeln für ihre Mitglieder festzulegen. In Köln wurden kaum noch technische Neuerungen bekannt oder, wie z. B. das Garnrad für die Zwirnerinnen, verboten. Die Entwicklung ging an der Stadt vorbei. Dagegen wurden Ämterpatronage, Bestechung, Erpressung und Klüngel in Rat und Verwaltung sprichwörtlich. Es war schließlich ein intimer Kreis von zwölf Dutzend reicher Familien, deren männliche Mitglieder alle Ämter, vom Bürgermeister über die Ratsposten bis zu den Schöffen, unter sich aufteilten und das Verbot der sofortigen Wiederwahl aus dem alten Verbundbrief dadurch umgingen, daß sie sich die Posten überkreuz zuschoben: ein Jahr Schöffe, ein Jahr Bürgermeister.

1680 kam es noch einmal zu einem Aufstand unter Führung des Bandwarenhändlers Nikolaus Gülich gegen den Rathaus-Klüngel. Gülich erreichte mit der Unterstützung seiner Zunft die Einrichtung eines Untersuchungsausschusses, der nach und nach selbst die politische Macht in der Stadt übernahm, zahlreiche Honoratioren absetzte, verhaftete und einen gar enthaupten ließ. Für eineinhalb Jahre zwischen 1683 und 85 konnten Gülich und seine Genossen selber das Stadtregiment ausüben, ehe es ihren Gegnern gelang, den Kaiser auf ihre Seite zu ziehen, dem das revolutionäre Treiben in der fernen, aber grenzpolitisch wichtigen Stadt Köln nicht gleichgültig sein konnte. Er verhängte den Bann über Gülich, was soviel bedeutete, wie heutzutage zum Terroristen gestempelt zu werden. Gülich wurde verhaftet und zusammen mit seinem Freund Abraham Sax am 23. Februar 1686 in der nicht zu Köln gehörenden Gemeinde Mülheim enthauptet. Denn nur die besseren Leute genossen das Privileg, innerhalb der Stadt hingerichtet zu werden. Revolutionäre, Ketzer oder Kriminelle wurden vor den Toren erledigt, in der Regel auf Melaten oder dem Judenbüchel.

Melaten ist auch ein Ort , der für die Frauengeschichtsschreibung der Stadt eine bedeutende Rolle spielt. Hier wurden die sogenannten „Hexen“ verbrannt. Dabei wird Köln häufig nachgesagt, es habe hier nicht so viele Hexenprozesse gegeben, die Liberalität der Stadt habe die wüstesten Exzesse verhindert. Doch das ist wiederum nur zum Teil richtig. Zunächst war Köln schon seit den frühesten Tagen eine ideologische, weil theologische Hochburg des Hexenwahns, eine Art theoretisches Zentrum.

Zwei Kölner Dominikaner, Heinrich Institoris und Jakob Sprenger, sind die Autoren des „Hexenhammers“, der 1487 zum ersten Mal erschien, in seiner Zeit eine rasende Verbreitung fand und zum Standardwerk der Frauenverfolgung avancierte.

Beide Autoren waren Inquisitoren und verfügten über Erfahrung bei der Verfolgung von Andersgläubigen und Ketzern. Sprenger war Prior des Kölner Dominikanerklosters, Theologieprofessor an der Universität und später sogar Dekan und gilt als Experte der Marienverehrung. Institoris erlitt als Inquisitor in Tirol zunächst Schiffbruch und tat sich deshalb mit dem Kölner Ordenskollegen zusammen, um verbindliche Regeln zur Erkennung und Verfolgung der „Hexen“ zu verfassen. Ihr „Hexenhammer“ definiert nicht nur, was Zauberei ist und wie man die Untaten der „Hexen“ erkennt, sondern er gibt auch Anleitung zum Verhör, zur Folter und zur Verurteilung. Beide Verfasser stammen aus dem Dominikanerorden. Die offizielle Kirchengeschichtsschreibung erinnert heute lieber an zwei andere Söhne aus diesem Hause: an die ebenfalls in Köln tätigen Albertus Magnus und Thomas von Aquin. Sie verschweigt indes auch deren geistesgeschichtlichen Beitrag zur abendländischen Frauenverfolgung. Der große Albert hat sich ausdrücklich mit der „Zauberei“ beschäftigt und den irrationalen Glauben seiner Zeit verstärkt. Ebenso Thomas, von dem so fundamentale theologische Untersuchungen existieren wie die über den Geschlechtsverkehr mit dem Teufel. Beide waren keine Inquisitoren und haben auch keine Feuer angesteckt, aber sie haben den frauenfeindlichen Irrationalismus gefördert, auf dessen Boden die Hexenverfolgung sich erst ereignen konnte. Aus dem Jahre 1446 ist der erste Hexenprozeß in Köln überliefert, aber bis Anfang des 17. Jahrhunderts kam es nur zu wenigen Verurteilungen und knapp zehn Hinrichtungen. Meistens wurden die Frauen an den Pranger gestellt, „ermahnt“ und der Stadt verwiesen. Die Kölner, der Stadtrat und die herrschenden Kreise haben die Hexenverfolgung zunächst nicht aktiv betrieben. Ihre Interessen waren am Handel orientiert und durch die alte Konkurrenz mit dem Erzbischof gebunden. Eine Änderung trat erst in der Krisenzeit des ausgehenden 16. Jahrhunderts, also in der Neuzeit ein und während des 30jährigen Krieges. Von 1627 bis 1630 kam es zum Höhepunkt der Hexenverfolgungen, der Prozesse und Hinrichtungen. Während des gesamten 16. und 17. Jahrhunderts sind 96 Hexenprozesse in Köln verzeichnet. In 90 % der Fälle richtete sich die Anklage gegen Frauen. 37 wurden ermordet, zehn von ihnen waren Hebammen. Die Urteile wurden auf dem Domhof gesprochen, die Frauen anschließend auf einen Henkerskarren zu Melaten gefahren und dort bei lebendigem Leib verbrannt oder, wenn der Henker „gnädig“ war, vorher stranguliert.

Hexenverfolgung nur als irrationalen Wahn abzutun, wäre zu kurz gegriffen. Letztendlich ging es dabei auch um die — sehr rationale — Einschüchterung von Frauen und ihre Verdrängung aus dem öffentlichen Leben. In Köln hatten die Frauen im 14. und 15. Jahrhundert, im Unterschied zu den meisten spätmittelalterlichen Städten, in Handel und Gewerbe eine relative Selbständigkeit erlangt. Kaum ein Wirtschaftszweig existierte, in dem Frauen nicht vertreten waren, und nur wenige Zünfte legten weiblichen Mitgliedern Beschränkungen auf. Es gab sogar einige eigene Frauenzünfte wie die der Garnmacherinnen, der Goldspinnerinnen, der Seidenspinnerinnen und vor allem der Seidenweberinnen. Solange die Wirtschaft prosperierte, ging das gut, aber unter nachlassenden Gewinnmargen, der Einschränkung des internationalen Handels und damit der Absatzkrise vieler heimischer Produkte wurden — wie so oft in der Geschichte — als erstes die Frauen aus dem Wirtschaftsleben verdrängt. Die Frauenzünfte wurden im ausgehenden Mittelalter eingegrenzt und später aufgelöst; die „gemischten" Zünfte erließen Zugangsbeschränkungen; das Witwenrecht wurde eingegrenzt, Arbeitsverbote ausgesprochen. Bei der neu eingeführten Wanderschaft der Gesellen schloß man die Mädchen schließlich ganz aus. Auf politischer Ebene konnten sich die Frauen nicht einmal wehren, denn in der Rechtsstellung und Politik waren sie nie gleichberechtigt gewesen und durften die Schwelle des Rathauses nicht überschreiten, um dort ihre Interessen zu verfechten. So fallen Wirtschaftskrise, Hexenverfolgung und die Vertreibung der Frauen aus der Erwerbsarbeit in dieselbe Epoche. Ein Zufall?

Köln französisch und preußisch
Von 1794 bis zur großen Eingemeindung am 1. April 1888

Am 6. Oktober 1794 übergaben Abgesandte des Rates vor dem Hahnentor den heranrückenden französischen Truppen die Schlüssel der Stadttore. Für etwa zwanzig Jahre bestimmten jetzt die Franzosen in Köln, die ihre Staatsgrenze bis zum Rhein ausgedehnt hatten. So kurz diese Zeit auch war, sie hat Entscheidendes verändert. Zugespitzt könnte man sagen: Die Franzosen haben Köln vom Mittelalter in die Neuzeit gestoßen. Nur eine kleine Gruppe rheinischer Jakobiner hat sie indes als Befreier empfangen, und nur wenige Kölner haben die Revolutionsparolen von Freiheit, Gleichheit und Brüderlichkeit auch laut vertreten.

Als erstes schafften die Franzosen die alte ständische Ordnung ab, lösten die Zünfte auf, gestatteten die Gewerbe- und Niederlassungsfreiheit, erlaubten Juden und Protestanten, sich in Köln niederzulassen und Bürger zu werden. Diese brachten als moderne Geschäftsleute aus anderen Städten häufig Geld und Wissen mit und stiegen zu den führenden Unternehmern und Frühkapitalisten Kölns auf. Neben der Abschaffung der überkommenen ständischen Ordnung beseitigten die Franzosen auch die zum Teil vorhandenen Feudalrechte, verboten den

Die französischen Revolutionstruppen enteigneten nach ihrem Einmarsch 1794 die Kirche. Auf dem Neumarkt pflanzten sie einen Freiheitsbaum und verbrannten daneben die „hölzernen Götzenbilder" aus dem Dom – die Kunstgeschichte trauert!

Zehnten und — das allerwichtigste, was bis heute ihren schlechten Ruf in Köln bestimmt — sie enteigneten die Kirche! Die katholische Kirche war die größte Grundherrin des Abendlandes, in Köln schätzte man ihren Besitz auf 40 – 50 % des Grund und Bodens. 11 Stifte existierten zur Zeit des Einmarsches der Franzosen, 58 Klöster, 19 Pfarrkirchen und 49 Kapellen. Über 2.500 Kleriker, Mönche und Nonnen lebten in der Domstadt. Die kirchlichen Einnahmen schätzt man doppelt so hoch wie den gesamten Stadtetat. Mit der Säkularisation ging der größte Teil in Staatsbesitz über: Kirchen, Grundstücke, Klöster und alle Kunstschätze und Bibliotheken gelangten auf den „freien Markt". Und die neuen Unternehmer hatten umgehend die nötigen Hallen und großen Gebäude zur Verfügung, indem sie frühere Kirchen zu Fabriken und Manufakturen umfunktionierten. Die Säkularisation wurde so zur Voraussetzung für die frühe Industrialisierung. Eine zweite indirekte Wirkung können wir heute noch im Wallraf-Richartz-Museum bewundern, denn ohne die Enteignung wären die Kunstschätze nicht in den Handel gekommen, und der Universitätsrektor und Priester Franz Wallraf hätte sie nicht kaufen und sammeln können. Nur ausgewählte Pfarrkirchen blieben im Gegensatz zu Stiften und Klöstern von der Säkularisation ausgenommen. Die alten romanischen Stiftskirchen wurden daher alsbald zu Pfarreien umdefiniert und sind auf diese Weise erhalten geblieben. Seit damals ist auch der Dom eine Pfarrkirche.

Schließlich ordneten die Franzosen die Verwaltung und schufen eine einheitliche Justiz, organisierten die Anfänge einer städtischen Armenfürsorge, richteten einen Zentralfriedhof auf der ehemaligen Hinrichtungsstätte Melaten ein und machten sich

Gedanken zur Hygiene und Straßenbeleuchtung. Eigentlich alles weitsichtige Entscheidungen, und trotzdem hat die kurze Zeit französischer Herrschaft bis heute weitgehend ein negatives Image.

1814 ging die Stadt kampflos an die Preußen über, und wie immer richteten sich die Kölner moderat auf die neuen Herren und Verhältnisse ein. Noch nach der militärischen Niederlage Frankreichs hatten sie am 16. Dezember 1813 den Geburtstag Napoleons gefeiert, als sei nichts geschehen; wenige Monate später begingen sie am 3. August 1814 freiwillig und feierlich den Geburtstag des preußischen Königs Friedrich Wilhelm III. (der auf dem Heumarkt wieder als Reiterstandbild zu bewundern sein wird).

Für die Preußen hatte Köln besondere Bedeutung als westliche Grenzbastion, und sie bauten die Domstadt sehr schnell zu ihrer größten Festung am Rhein aus. Am Neumarkt errichteten sie eine große Infanterie- und in Deutz eine Kavallerie-Kaserne. Zahlreiche militärische Einrichtungen und Depots wurden in früheren Kirchen und Klöstern untergebracht und die altehrwürdige Stadtmauer als neues Festungswerk hergerichtet. Ein breiter Gürtel militärischer Forts und Anlagen wurde landseitig in einem großen Halbkreis um die Stadt herum gelegt, mit Gräben, Sperren, Kasematten und was die Festungstechnik sonst noch alles zu bieten hatte. Das südlichste Fort trug die Nr. I (heute das Hindenburgdenkmal in der Südstadt). Die Numerierung setzte sich dann bis zum Fort X am nördlichen Stadtrand fort, das nahe dem Ebertplatz liegt und als einziges noch vollständig erhalten ist.

Auch öffentliche Bauten und zentrale Verwaltungseinrichtungen ging man rasch an: ein neues Gericht am Appellhofplatz (1823/25), ein Theater, das Regierungspräsidium in der Zeughausstraße und ein Zentralgefängnis am Klingelpütz (1836/38), das nun alle Gefangenen aufnahm, die zuvor in Toren und Türmen der Stadtmauer eingesperrt waren. Die Stadtbevölkerung verdoppelte sich bis zur Mitte des Jahrhunderts, und in den 30er Jahren setzte ein fieberhafter Wohnungsbauboom ein. Köln hatte seit dem Hochmittelalter immer noch ausgedehnte landwirtschaftlich genutzte Reserveflächen innerhalb der Mauern, die jetzt von geschickten Spekulanten aufgekauft, parzelliert und bebaut wurden. Peter Joseph Weyer, bis 1844 Stadtbaumeister und Chef der kommunalen Planung, war maßgeblich an der Spekulation beteiligt. Finanziert wurde das lukrative Geschäft von dem Privatbankhaus Schaaffhausen. Fast zweitausend Häuser entstanden in nicht einmal zwanzig Jahren. Das war rund ein Viertel des alten Bestandes. Eine ähnlich explosive Bautätigkeit hat es seitdem nie mehr gegeben. Entsprechend stiegen auch die Grundstücks-, Kauf- und Mietpreise. Ein Objekt in der Bobgasse, das 1810 noch für 675 Taler verkauft worden war, stieg über 2.400 Taler im Jahre 1821 auf 10.000 Taler 1843. Es hatte damit seinen Preis in gut dreißig Jahren um rund 1.500 % gesteigert und erbrachte im folgenden Jahr, als es parzelliert wurde, noch einmal

Die frühen Industrien konnten sich in der ersten Hälfte des 19. Jahrhunderts noch im Süden und Norden der alten Stadt ansiedeln – hier „Felten & Guilleaume" an der Ulrepforte.

mehr als das Doppelte.

In der Wirtschaft der Stadt spielten bald die Banken die erste Geige. Berühmte private Bankhäuser wie Sal. Oppenheim, Herstatt, der erwähnte Schaaffhausensche Bankverein oder das Bankhaus Stein wurden in dieser Zeit gegründet. Die Kölner Bankiers gehörten zu den bedeutendsten Finanziers des preußischen Frühkapitalismus und trugen entscheidend zur schnellen Erschließung des Steinkohlebergbaus im Ruhrgebiet, zur Rheinschiffahrt und zum Eisenbahnbau bei. Im frühen 19. Jahrhundert errangen sie eine Position im Finanzgeschäft, die sie bis weit in die 40er Jahre unseres Jahrhunderts, bei der Finanzierung der Industrie im 3. Reich und auch noch nach dem zweiten Weltkrieg mit der ökonomischen Absicherung der Adenauerschen Politik nicht mehr aus den Händen gegeben haben. Wichtig wurden auch die Versicherungsgründungen, von denen die Agrippina, die Colonia oder die Kölnische Rück bis heute existieren.

Die Industrialisierung in der Stadt selber vollzog sich zunächst langsam, beschleunigte sich aber ab der Jahrhundertmitte. Die Dampfmaschine brachte einen Entwicklungsschub. 1828 hatte die Getreidemühle der Gebrüder Jacobi die erste 28 PS starke Anlage angeschafft. Sechs Jahre später setzte die Textilfabrik F. W. Brügelmann die zweite ein. 1846 gab es 26 Dampfmaschinen in Köln, 1858 waren es schon 154 und drei Jahre später 224.

Mit zunehmendem Wohlstand stiegen die Ansprüche, das ermunterte manchen vermögenden Handwerker, sich zum Fabrikanten zu mausern. So begann 1843 der Konditor Stollwerck, Brustbonbons und Kekse mit Hilfe der neuen technischen Möglichkeiten in Massen herzustellen. Heinrich Pallenberg begann seine Laufbahn noch als Schreinerlehrling, später stellte er feine Möbel für gehobene Ansprüche her. Schon 1822 hatte sich der Seilermeister Theodor Felten mit seinem Schwiegersohn Carl Guilleaume zusammengetan und produzierte fünfzehn Jahre später Drahtseile für den Bergbau. Daraus entstand die Firma F & G, deren bekannter Name erst heute aus dem Kölner Fabrikantenleben verschwindet, weil sie vom luxemburgischen Arbed-Konzern aufgekauft worden ist.

Die industrielle Entwicklung ist auch an den Beschäftigtenzahlen abzulesen. 1849 waren noch elftausend Menschen im Handwerk tätig, und in der Industrie arbeiteten mit rund viertausend sogar noch weniger als im Bereich Handel, Banken, Versicherungen und Verkehr. Dagegen gab es über zehntausend Tagelöhner und sogenanntes Gesinde, die erheblich von Konjunktur und Krise abhängig und zum Teil auf die öffentliche Armenpflege angewiesen waren. Die meisten Fabrikarbeiter und -arbeiterinnen waren in dieser Zeit in der Textilbranche beschäftigt, ferner eine größere Zahl in den Zuckerraffinerien des reichsten Kölners, Carl Joest. Die Arbeitslosen setzte die Stadt beim Bau des Hafens ein. Um die Jahrhundertmitte wurde ohne soziale Absicherung und Urlaub bis zu sechzehn Stunden täglich gearbeitet und das an sechs Tagen in der Woche. Das Jahreseinkommen der Fabrikarbeiter, Handwerker, Gesellen und Tagelöhner lag im Schnitt bei einhundertundfünfzig Talern. Im Revolutionsjahr 1848 verdienten aber mehr als zehntausend Bürger nicht einmal das. Ihr Jahreseinkommen lag zwischen achtzig und einhundert Talern, Frauen erhielten 50 % davon und Jugendliche je nach Alter und Geschlecht 10 bis 50 % des Männereinkommens. Carl Joest versteuerte in diesem Jahr sechzigtausend Taler und der zweitreichste Kölner, der Bankier Friedrich Johann David Herstatt, immerhin noch dreißigtausend Taler.

Dem durchschnittlichen Jahresverdienst von einhundertfünfzig Talern bei den Lohnabhängigen stehen jährliche Ausgaben von etwa zweihundert Talern für Miete und Nahrungsmittel gegenüber, so daß Kinderarbeit unumgänglich wurde. Im Tabakgewerbe etwa waren 50 % der Beschäftigten Kinder zwischen neun und dreizehn Jahren, die bis zu zehn Stunden täglich arbeiten mußten. Die große Agrarkrise der Jahre 1846/48 verschärfte die ohnehin schon desolate Lage des neuen Proletariats. Es gab enorme Preissteigerungen bei den Grundnahrungsmitteln Kartoffeln und Getreide, und die Reallöhne sanken.

Zur Zeit der ersten nationalen Revolution in Deutschland, 1848, war Köln ein Ort mit zahlreichen Aktivitäten. Aus allen wichtigen politischen Lagern der Reformkräfte, dem sozialistischen, dem liberalen und dem katholischen, gab es starke Gruppen in der Stadt, die sich aber nur höchst selten einig waren. Alle standen unter dem faktischen Druck des massenhaft anwesenden Militärs, das hier in der größten preußischen Festung konzentriert

In Köln gab es während der Revolution von 1848 keine Straßenkämpfe. Einmal packte die Kölner allerdings die Wut über die Berichterstattung der „Kölnischen Zeitung". Sie stürmten am 22. November 1848 die Redaktion.

war. So blieb Köln eine Stadt mit zahllosen Aufrufen, Protestkundgebungen, Großdemonstrationen, Flugblättern, Appellen und Aufläufen, doch ohne bewaffnete Kämpfe. Einmal, am 25. September 1848, wurden nach der Verhaftung der Führer der sozialistischen Bewegung zwar Barrikaden am Alter Markt gebaut, aber abends gingen die Revolutionäre wieder nach Hause, und preußische Soldaten sowie städtische Arbeiter räumten alles wieder weg. Es war nichts geschehen. Einmal nur kam es zum Sturm auf die „Kölnische Zeitung“, die Vorläuferin des heutigen „Kölner Stadtanzeigers“, deren einseitige Berichterstattung die Wut der Demokraten entfacht hatte.

Im Frühjahr 1848 kommen Friedrich Engels und Karl Marx von Brüssel nach Köln und geben hier das wichtigste Organ der Revolutionszeit, die „Neue Rheinische Zeitung“ heraus. Der Name erinnert an einen älteren Versuch von Marx, der schon 1841/43 als Chefredakteur der „Rheinischen Zeitung“ in der Domstadt gewesen war, die seinerzeit vom liberalen Kölner Großbürgertum finanziert, von der preußischen Regierung aber verboten worden war. In der 48er Revolution agierte eine ganze Reihe wichtiger Frauen und Männer in Köln, die zum Teil hier geboren waren oder lebten, und die später an ganz anderen Orten wichtige Rollen spielten, doch in Köln in Vergessenheit gerieten; so z. B. Franziska Anneke, eine der ersten politischen Feministinnen, die nach Amerika auswanderte; ihr Mann Fritz Anneke, der als Offizier bei den letzten badischen Kämpfen im Frühjahr 1849 beteiligt war; August von Willich oder der Armenarzt Andreas Gottschalk; der spätere Oberbürgermeister Hermann Becker (der „Rote Becker“); der Zigarrenhändler Franz Raveaux, der mittlerweile völlig unbekannte und vergessene erste Kölner Abgeordnete in der Paulskirche und dort einer der führenden Köpfe des linken Flügels.

Die Revolution ging verloren und die Reaktion rächte sich 1852 mit dem großangelegten „Kommunistenprozeß“, bei dem u. a. Marx in Abwesenheit zum Tode verurteilt wurde. Viele ehemals Beteiligte wanderten aus. Sie flohen vor der preußischen Reaktion und vor Elend, Hunger und Arbeitslosigkeit.

Über die Stadt kam nach 1860 eine erneute Bau-, Spekulations- und Industrialisierungswelle. 1859 wurde eine Eisenbahnbrücke über den Rhein eingeweiht und ein zentraler Bahnhof neben dem Dom errichtet, der die bisher getrennten rechts- und linksrheinischen Eisenbahnlinien verknüpfte. Der Straßenbau erschloß alle Teile der alten Stadt dem Verkehr und der Besiedlung. Zunächst wurden die radialen Ausfallstraßen erweitert und zu Geschäftsstraßen ausgebaut; quer dazu entstanden die Wohnstraßen. In den 60er Jahren folgte noch einmal ein Boom beim innerstädtischen Wohnungsbau. In dieser Zeit werden zwei extreme Faktoren für die Stadtentwicklung wesentlich bestimmend; zum einen die neue Kriegstechnik, zum anderen die Expansion der Dörfer draußen vor der Stadt. Mit dem alten Festungsring um die Stadtmauern hatten die Preußen einen sogenannten „Rayon“ verbunden, einen etwa 600 m breiten Streifen, der als Schußfeld frei bleiben mußte und nicht bebaut werden durfte. Auf dem jüdischen Friedhof in Deutz sind heute noch die liegenden Grabsteine zu sehen, deren Lage absichtlich so gewählt war, damit sich kein Feind im Rayon unbemerkt anschleichen konnte. Als die Waffentechnik aber verbessert wurde

Am 11. Juni 1881 wurde die erste Bresche in die mittelalterliche Stadtmauer gesprengt – sie stand der Stadterweiterung und der Spekulation der Grundstücksbesitzer im Wege.

und Kanonen weiter schossen, begannen die Preußen, weit außerhalb der Stadt im Abstand von vier bis sechs Kilometern neue Forts und Festungsanlagen zu errichten. Diese wurden durch eine Straße verbunden, den „Militärring", auf dessen alten Grundstücken heute wieder die Militäreinrichtungen von NATO und Bundeswehr liegen. Der deutsch-französische Krieg 1870/71 machte den inneren Festungsring dann völlig überflüssig, und die preußischen Militärs boten der Stadt an, die mittelalterliche Mauer zurückzunehmen. Zehn Jahre später war es so weit, daß unter dem Jubel der Kölner am 11. Juni 1881 die erste Bresche in die Mauer gesprengt werden konnte. In einem breiten Streifen um die Stadt herum wurde auf dem Gebiet der Stadtmauer und des preußischen Festungswerks eine neue Stadt gebaut, die „Neustadt". Planmäßig und systematisch wurde sie in nicht einmal zwanzig Jahren hochgezogen, wieder begleitet von heftiger Grundstücksspekulation. Die Erschließung begann mit den Ringen, die zwischen 1881 und 1886 als erstes fertiggestellt wurden.

Daran schlossen sich Wohngebiete bis zur Eisenbahn an, wobei die Lage der Quartiere von Anfang an entsprechend den gesellschaftlichen Klassen geplant wurde: für die Oberschicht zwei Villenviertel, im Norden am Rhein und im Süden am Volkspark; für die bürgerlichen Mittelschichten die großen vier- bis fünfstöckigen Wohnhäuser der Gründerzeitepoche im Dreikönigsviertel am Ebertplatz, im Hansa- und im Belgischen Viertel, um den Barbarossaplatz herum und in der Südstadt am Römer- und Hindenburgpark; und für die Unterschichten schließlich die Reste im Norden zwischen Schlachthof und Eisenbahnknotenpunkt am Gereonsgelände und im Süden zwischen Ring, Wasserwerk und Eisenbahn.

In der alten Stadt selber wurde der letzte Meter Gartenland umgenutzt, wurden Wohnhäuser oder Gewerbebetriebe errichtet. Nach und nach wuchsen die Gewerbe über die Mauergrenze hinaus nach Süden. Bayenthal wurde der erste Industrievorort Kölns. Andere Stadtteile oder Umlandgemeinden nahmen eine eigenständige Entwicklung; z. B. Mülheim, das seit jeher eine freie Stadt war und zum Herzogtum Berg gehört hatte. Hierher waren im 18. Jahrhundert die protestantischen Kaufleute und andere Menschen ausgewandert, die im katholischen Köln nicht leben, atmen und arbeiten konnten. Ihr Geld und ihr unternehmerisches Geschick verhalfen Mülheim schon lange vor Köln zur Industrialisierung. Ein weiteres Beispiel ist Ehrenfeld. Als die innerstädtischen Gewerbegebiete immer teurer wurden, schlossen sich einige Kaufleute aus der Ehrenstraße (daher der Name „Ehren"feld) zusammen, um auf dem platten Land vor der Stadt systematisch Siedlungen und Fabriken zu bauen. Ursprünglich war eine genossenschaftliche Verwertung geplant, aber auch hier setzten sich die Privatspekulanten durch, nachdem der neue Ort 1860 systematisch und blockweise erschlossen wurde. Die Planung ist heute noch an den rechtwinkligen Straßenrastern zu erkennen. Ähnliches gilt für Nippes, Lindenthal, Sülz, Klettenberg oder Zollstock. Andere Orte wie Müngersdorf, Niehl, Bickendorf, Ossendorf oder Mauenheim sind aus zum Teil sehr alten dörflichen Siedlungen hervorgegangen.

Nach dem Schleifen der Festung und dem Bau der Neustadt dauerte es keine sieben Jahre, bis von der alten Stadt Köln aus ein riesiges Gebiet geschluckt wurde. 1886 erlaubte ein Ministererlaß der preußischen Regierung die Eingemeindung der umliegenden Orte, um erstens eine einheitliche Infrastruktur zu ermöglichen und um zweitens eine geschlossene polizeiliche Kontrolle der Arbeiterbewegung zu garantieren. Am 1. April 1888 war es so weit: Ein neues, größeres Köln entstand. Linksrheinisch verlief jetzt die Stadtgrenze etwa entlang der Militärringstraße, rechtsrheinisch kamen Deutz und Poll zu Köln. Die Stadtfläche wurde damit von eintausend auf über elftausend Hektar verzehnfacht und die Einwohnerzahl auf über 260.000 mehr als verdoppelt. Köln war damit — wie schon im Mittelalter — die flächenmäßig größte Stadt in Deutschland. 1910, 1914, 1919 und zuletzt 1975 kamen noch einmal durch Eingemeindungen größere Gebiete dazu, die das alte Stadtgebilde wieder „abrundeten". Doch die entscheidende Veränderung des fast zweitausend Jahre alten Stadtkörpers geschah in diesem Jahr 1888.

Der Gott Verkehr
Städtebau und Stadtplanung im Bereich der Alten Stadt von 1888 bis heute

Wollte man in gleicher Weise wie bis hierhin die Entwicklung der Stadt weiter beschreiben und dabei die sozialen, politischen, kunstgeschichtlichen und wirtschaftlichen Faktoren berücksichtigen, so würde das nicht nur den Umfang sprengen, sondern es müßte eine Perspektive eingenommen werden, die auch alle Teile der Stadt in den sogenannten „Vororten" gleichberechtigt miteinbezieht. Daher werden im folgenden Stadtplanung und Stadtentwicklung nur noch kursorisch im Bereich der alten Stadt, innerhalb von Eisenbahn und innerem Grüngürtel, dargestellt.

Mit dem Bau der Neustadt änderte sich zunächst wenig in der alten Stadt. Der Ring wurde zum Boulevard mit öffentlichen und kulturellen Einrichtungen, seit den 20er Jahren auch zunehmend mit Geschäften und Ladenlokalen. 1918 gab es mit der deutschen Niederlage eine wichtige Zäsur, denn damit wurde das Rheinland und auch Köln zur entmilitarisierten Zone. Nachdem 1926 auch die englischen Besatzungstruppen Köln verlassen hatten, war die Stadt zum ersten Mal in ihrer langen Geschichte tatsächlich eine militärfreie Region, ein Ort ohne Soldaten. Der Zustand dauerte indes nur zehn Jahre, bis zum Bruch des Versailler Vertrages durch Hitler, als Soldaten der Naziarmee über die Hohenzollernbrücke auf die linke Rheinseite marschierten, übrigens unter dem heftigen Jubel der Kölner.

Die Stadtentwicklung wurde nach dem ersten Weltkrieg von dem damaligen Oberbürgermeister Konrad Adenauer systematisch angegangen. Die verlassenen Militäranlagen des inneren Forts wurden ab 1919 zu einem Grüngürtel umgebaut, der sich wie ein Ring um die gesamte Neustadt legte. Man baute jetzt keinen Park bürgerlichen Stils, sondern eine moderne Erholungsanlage mit Spiel- und Sportplätzen, einem Kunstsee, dem Aachener Weiher, und Liegewiesen. Die Innere Kanalstraße, die diesen Grüngürtel abschließt und die Grenze zu den eingemeindeten Vororten bildet, wurde erst sehr viel später, Anfang der 50er Jahre, gebaut. Ab 1929 entstand die neue Universität im Bereich des inneren Grüngürtels, und im selben Jahrzehnt wurde, auch unter der zielstrebigen Stadtentwicklungspolitik Adenauers, mit dem Bau der Messe auf der Deutzer Seite begonnen.

Die Wohnviertel in der Innenstadt wurden weiter verdichtet, aber bis auf das Hochhaus am Hansaring baute man in Köln nicht in die Höhe. Man wollte der Kirche und der Touristen wegen nicht in das berühmte Panorama eingreifen, das bis heute von

Josef Goebbels (Mitte) mit Gauleiter Grohé (links) vor einem Modell der geplanten Neugestaltung Kölns. Beabsichtigt war u.a. die vollständige Altstadt-Sanierung und der west-östliche Straßendurchbruch von den Ringen zum Rhein. Deutz sollte abgerissen und zu einem riesigen Aufmarschgelände ausgebaut werden.

den Türmen der mittelalterlichen Kirchen entscheidend geprägt wird. Ein späterer Baudezernent der 70er Jahre, Werner Baecker, hat dafür den Begriff der „Schüsseltheorie" geprägt: In der Mitte steht der Dom, und zu den Rändern hin, etwa im Bereich der Inneren Kanalstraße, beginnen die Hochhäuser aufzuwachsen wie der Rand einer Schüssel.

In der Zeit des Nationalsozialismus begann die erste „moderne" Sanierungspolitik. Ab 1936 wurde eine breite Ost-West-Schneise quer durch die Stadt geschlagen und das linke Rheinufer seitlich der Deutzer Brücke freigelegt, das bis dahin seine ge-

Der Endkampf im März 1945: ein abgeschossener Panzer in der Komödienstraße nahe dem Dom.,,Der Trümmerhaufen Köln wurde dem Feind überlassen"; keine zehntausend Menschen lebten mehr in der Innenstadt.

schlossene Front bewahrt hatte. An der Hahnenstraße zwischen Neumarkt und Rudolfplatz ist noch zu erkennen, was hier geplant war: eine mehr als sechzig Meter breite Aufmarschstrecke mit flankierenden Großbauten im Hintergrund. Nach dem Krieg hat der Architekt W. Riphan durch die wie Wellenbrecher quer liegenden flacheren Gebäude diese Schneise optisch geschickt wieder verjüngt.

Auf der Deutzer Seite wollten die Nazis eine monumentale Großarchitektur errichten. Zum Glück kamen sie damit nicht mehr zum Zuge. In der Altstadt haben sie dagegen noch deutliche Spuren hinterlassen. Ab 1936 wurde der Bereich rund um Groß St. Martin restauriert und in einer Detailarchitektur saniert, die man damals für mittelalterlich hielt. ,,Original" ist im Martinsviertel im wesentlichen nur der Stadtgrundriß mit den engen Straßen und kleinparzellierten Grundstücken.

Als sich das Oberkommando der Hitlerwehrmacht am 6. März 1945 mit den Worten verabschiedete, ,,Der Trümmerhaufen Köln wurde dem Feind überlassen", lebten in den Bunkern und Ruinen der linksrheinischen Innenstadt keine zehntausend Menschen mehr. Das meiste war zerstört, von Köln kaum noch etwas zu sehen. Der zweite Weltkrieg hat die Stadt mehr verändert, als jedes andere Ereignis in der langen Geschichte vorher. Selbst die vielen Jahrhunderte zwischen römischem und hochmittelalterlichem Köln mit vielen Völkern und Eroberungen, Verfall,

Bränden usw. haben mehr stehengelassen, als der dreijährige Bombenkrieg. Mit dem Wiederaufbau waren die kleinräumlichen Milieus um die alten Kirchenbezirke dahin und damit ein wesentlicher Bezugspunkt des Lebens im Zentrum. Ebenso war es mit den früher geschlossenen Arbeiterbezirken vorbei. Der Schwerpunkt des städtischen Lebens verlagerte sich durch den raschen Auf- und vor allem Neubau eher in die Vororte und Stadtteile. Das Zentrum wurde zum einseitigen Dienstleistungs-, Kauf- und Verwaltungsmittelpunkt.

Ein erster Stadtentwicklungsplan mit dem euphorischen Titel ,,Das neue Köln" entwarf im Jahre 1950 eine neue Doppelstadt, ,,bestehend aus einer Kultur- und Handelsstadt im Süden und einer der schweren Arbeit zubestimmten Nordstadt. Eine Stadt der Bildner, Händler, Agenten, Beamten im Süden, eine der Arbeiter im Norden." So pathetisch das auch klingt, in groben Umrissen ist es dazu gekommen. Die Planung der 50er und 60er Jahre spaltete die zentralen Lebensfunktionen in Arbeiten, Wohnen und Freizeit und schuf dementsprechend getrennte Teile der Stadt.

Wichtiger noch als dieser erste Plan wurde der ,,Generalverkehrsplan" aus dem Jahre 1956. Er setzte nicht nur die alten Nazi-Pläne einer N-S-Fahrt (Nord-Süd-Fahrt) 1961/62 um, sondern lieferte auch die Grundlage dafür, die radialen Achsen, die aus der Stadt hinaus- bzw. hineinführen, auszubauen und zu verstärken. Einige Folgen des Plans: die Errichtung der Severinsbrücke (1959), die eine große Baulücke in die Südstadt schlug und zum ersten Mal seit dem Kriege wieder die Obdachlosenlager mit den Opfern dieser Baupolitik füllte; der Bau der U-Bahn (ab 1963), um dem Auto über der Erde den Vorrang einzuräumen; schließlich die Umsetzung eines innerstädtischen Autobahnrings auf der Trasse Innere Kanalstraße/Innerer Grüngürtel. Die Stadtautobahn sollte die gesamte Innenstadt umschließen und den Radialverkehr aufnehmen bzw. einspeisen. Dazu wurden nur die ersten Teilstücke mit der rechtsrheinischen Stadtautobahn (1966), der Zoobrücke und dem nördlichen Zubringer durch Ehrenfeld fertiggestellt. Das Verbindungsstück in Nippes und die Weiterführung nach Süden konnten durch heftige Proteste verschiedener Bürgerinitiativen und durch die leeren Kassen in den 70er Jahren gestoppt werden.

Ende der 60er Jahre ging man von der bisherigen Grobplanung auf eine kleinräumige Zielsetzung über und setzte differenziertere Instrumente ein. 1973/74 wurden die ersten Sanierungsgebiete im Martins- und Severinsviertel festgelegt, während man sich in anderen Stadtteilen mit der sogenannten ,,Stadterneuerung" begnügte. Bei der Sanierung hat der Staat die finanzielle und planerische Entscheidungsgewalt, während er bei der Stadterneuerung nur Rahmenvorgaben macht und sich die privaten Hausbesitzer und Kapitalinteressenten ungehinderter austoben können.

In die beginnenden 70er Jahre fällt auch die Gründung und öffentliche Agitation einer Reihe von Bürger- und Stadtteilinitiativen. Köln war für ein Jahrzehnt die Hochburg dieser Bewegung unter allen Großstädten der Bundesrepublik. Es gab fast kein Viertel, kaum einen großen Platz oder einen Problempunkt in der Stadt, wo keine Initiative tätig war. Auch eine zweite Protestbewegung war in der Domstadt weit verbreitet: die der Hausbesetzer. Vor allem in der Neustadt gab es in der zweiten Hälfte der 70er Jahre — im Belgischen und im Hansa-Viertel, am Salierring und im Dreikönigsviertel — Dutzende besetzter alter Wohnhäuser, die abgerissen und den spekulativen Neu- oder Geschäftsbauten von Banken oder Versicherungen Platz machen sollten. Die Proteste und Aktionen konnten die vorgesehene Planung zum Teil — wie im Severinsviertel — bremsen, zum Teil — wie im Agnesviertel — umkehren. Häufiger haben sie indirekte Wirkung erzielt, haben etwa die Position der Denkmalpflege gestärkt oder das Problembewußtsein für die Altbausanierung geweckt. Erfolge gab und gibt es für die Initiativen allerdings nur dort, wo kein hoher ökonomischer Druck auf den Vierteln und Objekten lastet.

Deshalb konnte auch kein Protest und keine Kritik die Zentrumsplanung, bei der die wirtschaftlichen Interessen am massivsten sind, beeinflussen. Erst im Laufe der 80er Jahre begriffen die Stadt-Offiziellen die Folgen ihrer Politik für die Attraktivität der City und für den Tourismus. Doch das Rezept, das im Rathaus dagegen ersonnen wurde und das zum Ende des Jahrzehnts allmählich zum Tragen kommt, ist noch verheerender als die Krankheit. Gegen die Entleerung der Innenstadt und die einseitige Nutzung durch Büros, Geschäfte und Gastronomie wurden wieder Wohnungen gebaut wie um Groß St. Martin (1978), im Brügelmann-Komplex (1986) oder an Farina (1987). Die sind jedoch so teuer, daß sie nur von einer kleinen Oberschicht zu finanzieren sind. Die Kaufpreise liegen zwei- bis viermal so hoch wie bei vergleichbaren Wohnungen, was entsprechende Mieten nach sich zieht, sofern die Wohnungen von ihren Besitzern nicht nur als innerstädtische Zweitwohnung gekauft werden. Bis Anfang der 90er Jahre werden im Kölner Zentrum fast zweitausend neue Hotelbetten der Luxusklasse eingerichtet sein. Die Folge davon: es werden Menschen in der Stadt leben, deren Bedürfnisse und Interessen die einseitige Ausrichtung des Zentrums komplettieren helfen. Der Traum des Oberstadtdirektors, „in Pantoffeln" aus der Penthouse-Wohnung im Brügelmann-Komplex in die gegenüberliegende Philharmonie zu wechseln, um später in einem Luxusrestaurant an Groß St. Martin zu dinieren, ist für andere ein Alptraum. Man mag die Probe aufs Exempel machen und versuchen, z. B. um den Alter Markt herum eine Rolle Tesafilm zu kaufen oder einen Liter Milch oder ein Päckchen Tampons. Nichts davon ist zu bekommen, denn es gibt dort schon jetzt keine Geschäfte mehr mit Produkten des täglichen Bedarfs.

Dieser Tendenz entspricht auch die Konzentration der großen

Ein „Jahrtausendbauwerk" (Originalton) wird angestochen – Oberbürgermeister John van Nes Ziegler (Mitte) und Baudezernent Werner Baecker (links) 1979 bei der Grundsteinlegung für den Irene Ludwig-Tunnel vor dem Fischmarkt.

administrativen, ökonomischen und vor allem kulturellen Einrichtungen in der Innenstadt. Es gibt kein bedeutendes Museum in Köln — Ausnahmen wie das Ostasiatische Museum an der Inneren Kanalstraße bestätigen die Regel — das nicht im Gebiet der alten Stadt liegt. Ähnliches gilt für das Theater, die Musikstätten und die Verwaltungen. Alles ist fast auf den Bereich der früheren Römerstadt beschränkt, und immer wenn ein neues, attraktives Museum oder Hotel ins Gespräch gebracht wird, muß es im Zentrum stehen.

In der Kölner Metropolenplanung zeigt sich heute schon, wie die neue Stadtpolitik der 90er Jahre aussehen wird: es wird Kulturpolitik sein. Eine Kulturpolitik, die sich als neue Innenpolitik versteht, die über die Unwirtlichkeit der Städte Wärme legen und Identifikationspunkte schaffen soll. Das reicht von den Jugendstillampen an den Ringen über die Förderung eines alternativen Kleintheaters bis hin zum Museum Ludwig. Urbanität soll „zurückgewonnen" werden, aber nicht als tatsächliche Teilnahme des Bürgers und der Bürgerin an Lebenszusammenhängen, sondern als kulturelles Design über einem harten Sein.

1. **Rathaus:**
Löwenkampf des Bürgermeisters
2. **Ratsturm / Platzjabbek:**
Zünfte vertreiben die Patrizier
3. **Alter Markt / Van Werth-Brunnen:**
Politischer Platz und Franzosenschreck
4. **Prätorium:**
Römerstadt und Abwasserkanal
5. **Palastaula:**
Erste Kapelle und ein brachialer Missionar
6. **Judenviertel / Mikwe:**
Judengeschichte und Kultbad
7. **An Farina:**
Teures Wohnen und Frauenplastik
8. **Gülichplatz:**
Kölnisch Wasser und ein Stadtrevolutionär
9. **1848:**
Marx, Engels und die Neue Rheinische Zeitung
10. **Schildergasse / Kaufhof:**
Römischer Vermessungspunkt und Zwangsarisierung
11. **Antoniterkirche:**
Protestanten und das politische Nachtgebet
12. **Krummer Büchel / Anna Maria van Schürmann:**
Universalgenie des 17. Jahrhunderts
13. **Sternengasse 10 und 30:**
Peter Paul Rubens, die Königin Maria de Medici und die Sozialistenverfolgung unter Bismarck
14. **Hohe Straße 12:**
Illegale Druckerei während des Dritten Reiches
15. **St. Maria im Kapitol:**
Römischer Tempel, Frauenstift und Stadtkirche / Die Legenden von Hermann Josef und dem Saurier / Die Hitlerjugend
16. **Trinitatiskirche / Filzengraben:**
Preußische Garnisonskirche
17. **Heumarkt:**
Autos und Hotels
18. **Reiterdenkmal:**
Kein Styropor für den preußischen König
19. **Seidmacherinnengäßchen:**
Frauenzünfte in Köln
20. **Hühnergasse:**
Schwulentreff und Homos im Mittelalter

Wanderung 1

Im Zentrum der alten Stadt

Rathaus, Marx und Frauenzünfte

Start am Rathaus — kurze Wege — Dauer ca. 2-3 Stunden — günstige Zeit vormittags, wenn die Gebäude offen sind, der Verkehr aber schwach ist.

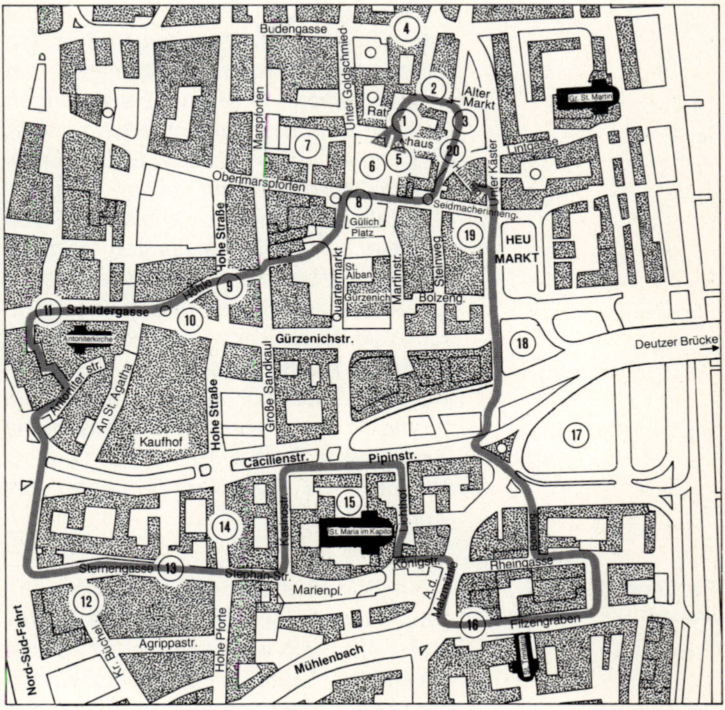

Wenn Köln zu seiner Geschichte und die Kölner zu ihren Vorgängern immer ein pragmatisches Verhältnis hatten, dann läßt sich das nirgendwo so gut erkennen, wie im Zentrum der Stadt. Hier wird sichtbar, daß Köln keine Enklave der Geschichte ist, keine antiquarische Ausstellung, sondern daß alles Überlieferte immer wieder neu benutzt und verändert worden ist. Auf engstem Raum liegt die Stadtgeschichte wie in Schichten übereinander. Die Ablagerungen der Zeit sind in einem engen Radius auszumachen, und es sind keine großen Wege zurückzulegen, um sie zu erkennen. In der fast 2.000jährigen Geschichte Kölns konzentrierten sich die öffentlichen, die politischen Gebäude immer im Ostteil der Stadt auf den ,,Hügeln" oberhalb des Rheins. Römische Stadthalter oder fränkische Fürsten, mittelalterliche Erzbischöfe und hanseatische Großkaufleute, Bürgermeister und Geschäftsleute, die Kirche und der WDR, die Handwerkskammer oder die Luxushotels, alles das ist und war auf einem schmalen Areal versammelt, das heute auf der einen Seite vom Rhein und auf der anderen von der Nord-Süd-Fahrt begrenzt wird.

Rathaus / Löwenkampf

(1)

Ein Bildrelief über dem Rathauseingang (A) zeigt eine dramatische Szene, in der ein hochaufgerichteter Löwe und ein kräftiger Mann mit einem Schwert in der Hand gegeneinander kämpfen. Dieses Bild taucht noch öfter in der Stadt auf und stellt den legendären Bürgermeister Hermann Gryn dar, einen mutigen Mann, auf den die Kölner sich gern berufen. Die Geschichte vom Löwenkampf geht auf die Auseinandersetzungen der Kölner mit dem Erzbischof im 11. und 12. Jahrhundert zurück und propagiert die Emanzipation der Bürger von ihrem Stadtherrn.

Hermann Gryn, ein engagierter Interessenvertreter, war dem Erzbischof ein Dorn im Auge, und so überredete der zwei seiner Domherren, die einen zahmen Löwen hielten, zu einem hinterlistigen Coup. Über eine Woche gaben die beiden dem Löwen nichts zu fressen und luden dann den Bürgermeister zum Kölsch in ihr Haus ein. Dort lockten sie ihn zum Löwenhof und stießen ihn direkt vor die Füße des hungrigen Untiers. Hermann aber riß sein Kurzschwert heraus, das jederman im Gürtel trug, schlang seinen weiten Mantel um den Arm, stieß dem Löwen die Linke in den Hals und gleichzeitig das Schwert ins Herz. Das Ergebnis: Löwe tot, Bürgermeister gerettet, und die hinterhältigen Kleriker wurden am alten römischen Nordtor direkt vor dem Dom aufgehängt, das seitdem ,,Pfaffenpforte" heißt.

Unter dem Nordtor wurden die zwei Pfaffen aufgeknüpft.

Im Rathaus wurde später ein ,,Löwenhof" (B) gebaut, der zu besichtigen ist und in dem ein weiteres Relief mit der Löwengeschichte hängt. Die Legende ist ein frühes Beispiel für politische Propaganda und war äußerst beliebt in den führenden Kreisen der Stadt, die sich gern mit dem unerschrockenen Hermann identifizierten. Die anderen Bildreliefs links und rechts über dem Eingang zeigen die biblischen Löwenbezwinger Daniel und Samson und dokumentieren die historische Reihe, in die ,,unser" kölscher Bürgermeister gestellt wird.

Die demonstrierende Öffentlichkeit auf dem Rathausplatz.

Die ,,Rathauslaube" wurde in der Zeit der Renaissance 1569-73 gebaut. Früher erschien auf dem Balkon im Obergeschoß der Bürgermeister vor den versammelten Bürgern und verkündete in der sogenannten Morgenansprache die Rathausbeschlüsse. Zwar erscheinen heute immer noch Bürger vor dem Rathaus, wenn sie demonstrieren oder protestieren, aber kein Bürgermeister mehr auf der Laube,

Ratsturm / Platzjabbek

(2)

Der Turm (C) wurde 1407 als Sieges-Zeichen der Zünfte nach der Vertreibung der Patrizier erbaut. Unter der Uhr an der Ostseite zum Alter Markt hin hängt eine meterhohe geschnitzte Maske, ein bärtiges Männergesicht, der sogenannte ,,Platzjabbek" (D), um den auch eine der

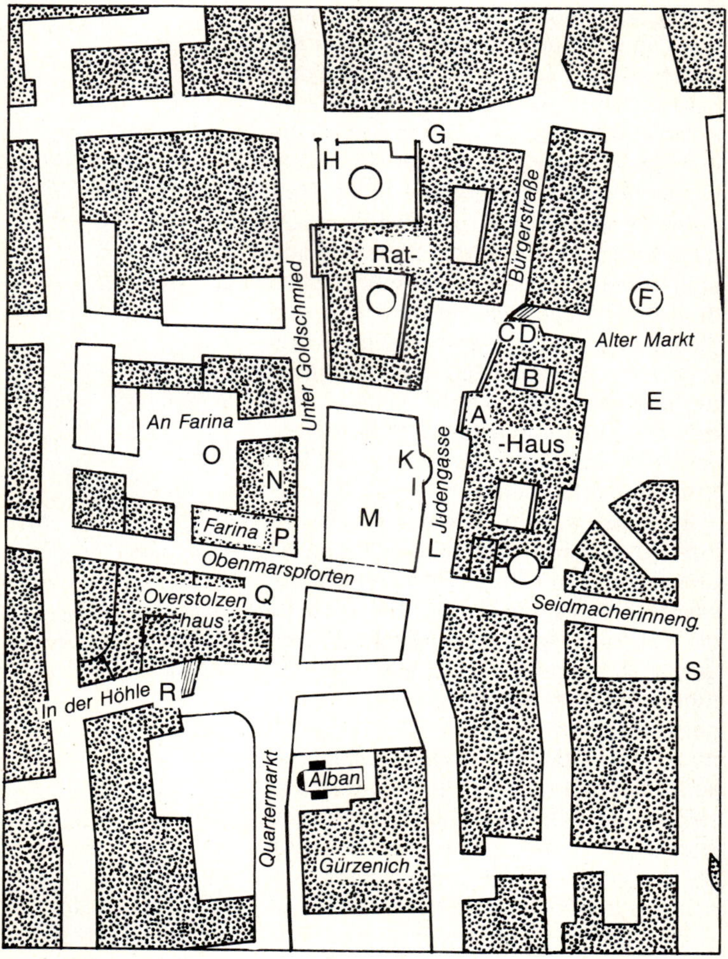

Rathausgegend im Detail

A: Rathauslaube und -eingang *B:* Löwenhof *C:* Ratsturm *D:* Platzjabbek *E:* Alter Markt *F:* Van-Werth-Denkmal *G:* Prätorium *H:* Römischer Abwasserkanal *I:* Palastaula *K:* Synagoge *L:* Judengasse *M:* Mikwe *N:* An Farina *O:* Frauenplastik *P:* Farina Gegenüber *Q:* Gülichs Kopf *R:* Friedrich Engels Wohnung *S:* Neue Rheinische Zeitung zahlreichen politischen Parabeln kreist.

In dieser Geschichte geht es um die Erbschaft Karls des Großen, der seine Söhne (von Töchtern spricht die Legende nicht) zu sich rief, um sein großes Reich aufzuteilen. Dazu dachte er sich das ,,Mund auf! Augen zu!" — Spiel aus. In seiner Hand versteckte Karl einen Apfel, rief dann den Ältesten herein und befahl ihm, die Augen zu schließen und zuzubeißen. Aber der war mißtrauisch und wollte nicht. Also kam der Zweite an die Reihe. Dieser schnappte sofort zu, und wurde dafür mit dem Herzogtum Lothringen belohnt. Der nächste schnappte auch, ohne zu zögern, und wurde König von Burgund. So ging es weiter bis hinunter zum Jüngsten. Da endlich begriff auch der Älteste, worum es ging. Aber Karl wies ihn mit der Begründung zurück, er habe nicht rechtzeitig zugepackt und so sei seine Chance vertan. Die Kölner nennen diese Figur aus dem 16. Jahrhundert ,,Platzjabbek", das ist der ,,Schnapper (Jabber) vom Platz". Er sollte den vertriebenen Patriziern schon von weitem verkünden, daß die Kölner, wie Karls Söhne, auf der Hut seien und aufpassen würden, daß die verjagten Herren nicht zurückkämen, um den Zünften die Macht streitig zu machen.

Pünktlich um 12 Uhr reißt der Platzjabbek sein Maul auf.

Alter Markt / Jan van Werth-Brunnen

(3)

Franz Raveaux (1810–1851): Zigarrenhändler, Revolutionär und Karnevalsheld – im Exil gestorben und in Köln vergessen.

Der „Alter Markt“ (E) unmittelbar hinter dem Rathaus ist seit dem 12. Jahrhundert *der* politische Platz der Stadt. Hier fanden die Aufläufe und Kundgebungen statt, wenn z. B. ein führendes Haupt Kölns rollen mußte, was hin und wieder vorkam; mal der Kopf eines besonders habgierigen Bürgermeisters, mal der eines korrupten Ratsherrn. In der Regel genossen die Verurteilten das Privileg, innerhalb der Stadt auf dem Alter Markt mit dem schnellen Schwert hingerichtet zu werden.

Im 19. Jahrhundert sah der Platz zahlreiche Demonstrationen im Zuge der 48er Revolution. Am 3. März 1848 kam es zu einem berühmten Sturm auf das Rathaus, bei dem der Armenarzt Andreas Gottschalk dem Stadtrat sieben Forderungen des Volkes überreichte. Dabei bekamen die Ratsherren es mit der Angst zu tun, als die Menge ohne Anmeldung eindrang. Ein paar Räte sprangen aus dem Fenster und brachen sich dabei die Beine. Das waren die einzigen Verletzten dieser Revolte. Die Kölner dachten nicht an einen richtigen Aufstand, was Engels später Marx gegenüber zu der ärgerlichen Bemerkung veranlaßte, sie hätten „ruhig losschlagen können und wären in zwei Stunden fertig gewesen. Aber schrecklich dumm war alles angelegt.“

Der Brunnen in der Platzmitte (F), 1884 in spätromantischer Pose zur Stadtverschönerung errichtet, erinnert an einen Reitergeneral des 30jährigen Krieges, Jan van Werth. In Köln erfreut er sich als Karnevalsheld, nach dem eine eigene „Traditionsgesellschaft“ benannt ist, großer Beliebtheit, war aber weder ein Held noch Kölner, sondern kaufte sich lediglich vom Beutegeld einen Gutshof in der Nähe von St. Gereon. Wegen seiner rücksichtslosen Verwüstungen deutscher und französischer Landschaften hatte er den Beinamen „Schwarzer Hans“ und „Franzosenschreck“. Die Denkmaleinweihung 1884 war von nationalistischen und antifranzösischen Untertönen begleitet. In Köln spielen Platz und General eine wichtige Rolle im Karneval. Hier auf dem Alter Markt wird am Altweiberdonnerstag *(Wieverfasteloovend)* um 11.11 Uhr der Straßenkarneval eröffnet. Um Jan van Werth rankt sich eine Lovestory, nach der er als armer Knecht um eine Magd namens Griet gefreit hat, von dieser aber abgelehnt wird. Frustriert zieht er als Soldat in den Krieg, kommt bald zu Ruhm und Geld, wird General und kehrt nach Köln zurück. Am Stadttor erkennt er Griet in einer Apfelverkäuferin wieder, und es kommt zu jenem berühmten Dialog, der am Altweiberdonnerstag (allerdings am Severinstor) aufgeführt wird:

„Ja Griet, wer et hätt jedonn."
„Ja Jan, wer et hätt jewoß."

Der Ratsturm am 8. Mai 1945

Prätorium / Römischer Abwasserkanal

(4)

Nach den Zerstörungen im zweiten Weltkrieg, die vom Rathaus nur die Renaissance-Laube und den Stumpf des Turmes übrigließen, wurden während der 50er Jahre umfangreiche Ausgrabungen im Gelände um das Rathaus gemacht. Die Archäologen stießen auf mehrere Bauetappen des römischen Stadthalterpalastes und der Römermauer, die bis ins erste Jahrhundert zurückreichen. Die Grundmauern des römischen Zentrums sind unter dem neuen Rathaus erhalten - geblieben und von der Kleinen Budengasse aus zu besichtigen (G).

Noch eine Ebene tiefer, auch vom Prätorium aus zugänglich, wurde ein über hundert Meter langes Stück eines römischen Abwasserkanals freigelegt. Seit dem 2. Jahrhundert wurde das Schmutzwasser in gemauerten Kanälen gesammelt und unter Ausnutzung des Bodengefälles zum Rhein hingeführt. Ein Hauptsammler liegt fast zehn Meter unter der Erde und verläuft ziemlich genau unter der Budengasse. Er wurde vor rund 1800 Jahren so dauerhaft gemauert, daß er noch im zweiten Weltkrieg als Luftschutzkeller dienen konnte. Eine Kuriosität ist die Kreuzung des römischen Kanals mit einem modernen Abwassersammler. Durch eine Scheibe kann man auf den neuen Kanal blicken, durch den die graue Kloake der heutigen Stadt fließt. Ein Stück des alten Schachts mußte dafür herausgeschnitten werden und ist — römisches Köln zum Anfassen — genau oberhalb der Schnittstelle auf dem Laurenzgitterplätzchen (H) aufgestellt.

Römischer Abwasserkanal unter der Budengasse

Palastaula

Einen oberirdischen Eindruck der Römerzeit vermittelt die Palastaula (Aula Regia) vor dem Rathaus (I). Der Chor dieser früheren Halle mit einem Geländer ringsherum ist frei sichtbar. An dieser Stelle befand sich wahrscheinlich auch der erste christliche Kultraum in Köln. Wie schwer indes das Christentum bei den heidnischen Rheinländern durchsetzbar war, bezeugt eine Episode aus dem Jahre 520, die in besagter Aula spielt:

Gallus, wohl ein christlicher Missionar, der später heilig gesprochen wurde, versuchte mit Brachialmethoden, die Kölner zu bekehren, und steckte ihre Tempel an. Die kölschen Heiden wurden darüber so wütend, daß sie den Gallus mit gezückten Schwertern verfolgten, der sich hierher in die Palastaula flüchten mußte. Der fränkische König Theuderich selbst mußte einschreiten, um die aufgebrachte Menge mit schönen Worten zu besänftigen. (5)

Einen aktuellen Bezug haben auch nach eineinhalb Jahrtausenden noch die Gründe, wegen derer Gallus sich so ereiferte. Ihn störte nicht nur, daß sich die Heiden im Tempel ,,bis zum Erbrechen mit Speisen und Trank vollstopften", sondern auch, daß sie ,,die Körperteile, an denen sie litten, geschnitzt und aufgehängt hatten." Denn würde der heilige Gallus heutzutage mit seinen rigiden Maßstäben gegen den Fetischismus in Köln auftreten, müßte er so manche christliche Vorhalle und Kapelle anzünden. Im Dom und in St. Georg sind eine Fülle von solch inkriminierten Körperteilen ausgestellt, und das nicht nur in Holz, sondern gleich in Marmor, Silber und sogar in Gold.

Judenviertel / Mikwe

Eine grün bewachsene, hervorspringende Ecke (K) in der Palastaula ist ein sichtbarer Überrest der mittelalterlichen Synagoge. Seit dem 9. Jahrhundert war dieser Bezirk um das Rathaus herum jüdisches Siedlungsgebiet; der Straßenname ,,Judengasse" (L) erinnert daran. (6)

Nach mehreren Pogromen wurden die jüdischen Kölner und Kölnerinnen im Jahr 1424 endgültig aus der Stadt vertrieben, ihre Gemeinschaftseinrichtungen zerstört und ihre Häuser enteignet. Auf den Fundamenten der abgerissenen Synagoge bauten die christlichen Kölner eine Kapelle. Wie wenig Grund man sah, die Erinnerung an den jüdischen Ursprung zu tilgen, belegt der Name dieser Ratskapelle: ,,Maria in Jerusalem''; der Geistliche dort führte den Titel ,,Patriarch in Jerusalem'' (siehe Einleitung, S. 34).

Eine bewachsene Ecke – sichtbarer Rest der mittelalterlichen Synagoge.

Die Grundrisse des alten Judenviertels wurden jetzt bei der Neugestaltung des Rathausplatzes durch unterschiedliche Bodengestaltung nachgezeichnet (M). Mit verschiedenen Steinen, Grauwacke und Granit, werden die Straßenfluchten und Gebäudeumrisse dokumentiert. Parallel zur Straße entstand das ehemalige ,,Jerusalemgäßchen'' neu. Neben der Synagoge stand die sogenannte ,,Frauenschule'', der Teil des jüdischen Gotteshauses, in dem die Frauen zu sitzen hatten. Gegenüber lagen Warmbad, Festhaus, Hospiz und Backhaus. Sichtbare Überreste sind heute nicht mehr vorhanden, bis auf die Mikwe, in die man über eine Treppe vom

Auf dem Rathausplatz wurde im Pflaster der Grundriß des jüdischen Zentrums nachgebildet.

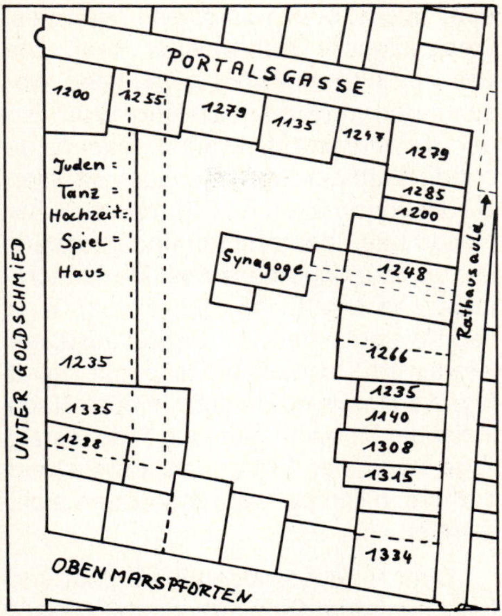

Bebauungsplan des Judenviertels aus dem 14. Jahrhundert

Platz hinabsteigen kann. Die tiefen Fundamente in der Erde blieben erhalten, weil der Schacht nach der Zerstörung des Oberbaus im 15. Jahrhundert zunächst noch als Brunnen und später als Abfallgrube und Kloake benutzt wurde. Erst 1953 beim Rathausneubau wurde die Mikwe gefunden und ausgegraben.

Mikwe heißt „lebendiges Wasser", und nach den traditionellen levitischen Gesetzen mußten die Juden zur Teilnahme am Kult und Gemeinschaftsleben rein sein. In der Mikwe wurden Kultgegenstände untergetaucht, aber auch Menschen wuschen sich hier, die als „unrein" galten, etwa nach der Berührung eines Toten, dem Genuß bestimmter Speisen oder nach Verstößen gegen die sexuellen Reinheitsgesetze. Frauen wuschen sich insbesondere nach einer Geburt oder der monatlichen Periode an diesem Ort wieder „rein". Was später nur noch als symbolisches Ritual vorkommt und in jüngster Zeit von jüdischen Feministinnen wieder entdeckt wird, geht zurück auf eine viel ältere Tradition. Die alten Religionen sind überzeugt, daß fließendes Wasser eine reinigende Kraft habe und den Menschen säubern, ja sogar „heiligen" könne. Die Mikwe mußte

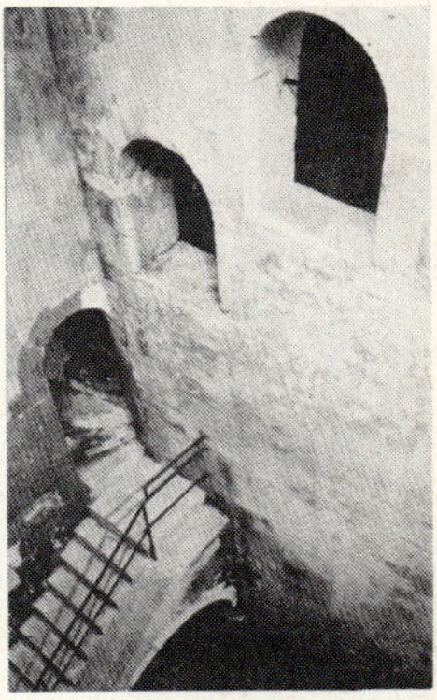

Die frühere Mikwe ist heute wieder zugänglich.

eine Quelle, oder wenigstens bewegtes, ,,lebendiges" Grundwasser sein. Die von Petrarca aus Köln berichteten Waschungen von Frauen am Rhein zum Tag der Sommersonnenwende gehen sicherlich auf eine vergleichbare Tradition zurück, denn auch das Christentum hat diese Kulte übernommen und integriert. Davon zeugt noch das Fest Mariä Lichtmeß, das am 2. Februar, vierzig Tage nach Weihnachten, der Geburt Jesu, gefeiert wird. Zu diesem Zeitpunkt betritt Maria erstmals wieder den Tempel. Nach jüdischer Tradition galt eine Frau vierzig Tage nach der Geburt als unrein und durfte den Tempel währenddessen nicht betreten.

An Farina

,,Dem Rathaus gegenüber" liegt und heißt ein neuer Citybau, der im Frühjahr 1987 eingeweiht wurde (N). Läden im Erdgeschoß, darüber Praxen und Büros, dann vier Etagen Eigentumswohnungen, obendrauf Penthäuser mit Blickkontakt zu den Türmen von Dom, Rathaus und Groß St. Martin: so sieht das schicke Arbeiten und reiche Wohnen in der Innenstadt heute aus. Das Grundstück gehörte der Stadt, wurde teuer verkauft und von der Gesellschaft ,,Modernes Köln" bebaut. Das Unternehmen ist eine Tochter der Stadtsparkasse, der städtischen Wohnungsbaugesellschaft ,,Grund und Boden", sowie der ,,Modernen Stadt", die wiederum zur Hälfte der Deutschen Bank und zu je einem Viertel der Colonia-Versicherung und dem Bankhaus Oppenheim gehört. Damit ist alles beisammen, was Rang, Geld und Einfluß im Kölschen Klüngel hat. Dasselbe Konsortium hat auch früher schon die Wohnbebauung an Groß St. Martin durchgesetzt und ist seinerzeit Bauträger beim Columbahof am Dischhaus, am Josef-Haubrich-Hof und an der Kunsthalle gewesen und soll auch den Gürzenichumbau managen — bewährte Prospektoren, die von dem früheren SPD-Chef Erich Henke angeleitet werden.

7

,,An Farina" wurde als steuersparendes Bauherrenmodell mit einem Gesamtvolumen von etwa 60 Millionen Mark von Dr. Ebertz, einem Experten aus der Kölner Abschreibungsbranche, vermarktet. Fast ein Drittel dieser Summe wird davon allerdings laut Prospektangaben vom Finanzamt beigesteuert, von dem die privaten Anleger einen Großteil ihres Geldes als Steuervorteil zurückerhalten. Käufer sind vor allem Leute mit hoher Steuerprogression, die sich Quadratmeterpreise zwischen fünf- und neuntausend Mark bzw. eine 40 Quadratmeter-Zweitwohnung für 300.000 Mark leisten können.

Im grünen Innenhof steht die erste Kölner Frauenplastik (O), eine wuchtige Rundsäule, die in Reliefs ,,Die Kölnerin" zeigt, von der Ubierin über die mittelalterliche Marktfrau bis zur modernen Citybewohnerin. Die Frau des 20. Jahrhunderts war geplant in Jeans und Bluse, aber so ,,radikal" mochten die Auftraggeber doch nicht sein, und die Bildhauerin mußte eine junge Mutter mit Kind darstellen.

Erste Kölner Frauenplastik von Anneliese Langenbach im Innenhof ,,An Farina".

Die Gülich-Säule, 1686 errichtet und im 19. Jahrhundert gezeichnet.

Gülich-Platz

Das Henkerschwert, mit dem Gülich enthauptet wurde, ist im Solinger Klingenmuseum erhalten.

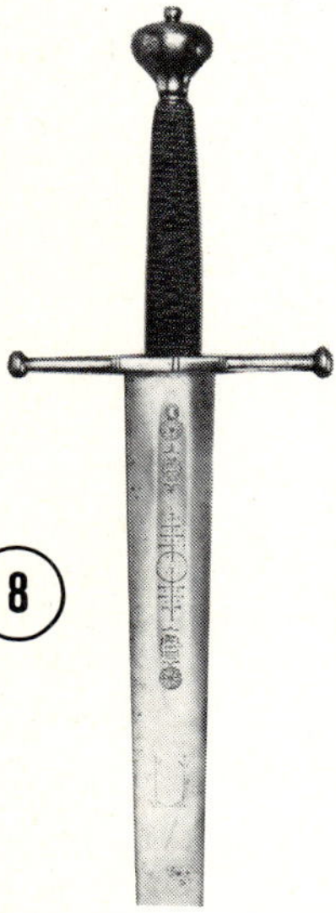

8

Seinen Namen „An Farina" bezieht das Schöner-Wohnen-Projekt von dem Haus nebenan, an der Ecke Obenmarspforten/Unter Goldschmied (P). Hier stand das Stammhaus des einstmals großen Kölnisch-Wasser-Produzenten, Johann Maria Farina. Lange bevor das Produkt als Duftwasser oder Parfüm verwendet wurde, „half" es schon gegen Kopf- und Zahnschmerzen, Seitenstechen, Gelbsucht, ja selbst gegen Pest und Koliken. 1723 ließ sich Farina an dieser Ecke nieder in dem Haus „zum Morion genannt auf der Marsforten an dem Eck gegen Gülichs Kopf über". Bis heute heißt die Firma „Farina gegenüber"; von dem Kopf indes, dem „gegenüber" man angefangen hat, will man heute nichts mehr wissen, denn der gehörte einem Revolutionär: Auf dem Platz (Q) gegenüber dem Farina-Gebäude, steckte bis zum Einmarsch der französischen Truppen auf einer Schandsäule der in Bronze gegossene Kopf des Kölner Kaufmanns Nikolaus Gülich (heute im Stadtmuseum zu besichtigen). Gülich lebte und arbeitete hier im ausgehenden 17. Jahrhundert, bekam aus nächster Nähe und eigener Anschauung die korrupten Machenschaften im Rathaus mit und versuchte, dem Klüngel durch Anzettelung eines Aufstandes beizukommen (siehe Einleitung, S. 41). Das gelang jedoch nur unvollständig, dann ging es dem Bandwarenhändler Gülich selbst an den Kragen. Er wurde verhaftet, verurteilt und enthauptet. Sein Haus mußte dem Erdboden gleichgemacht werden, so verlangte es das kaiserliche Urteil, und an der gleichen Stelle sollte sein aufgespießter Kopf alle künftigen Generationen vom Revoltieren abschrecken. Bis, wie gesagt, die französischen Truppen einmarschierten und die „Schandsäule" 1794 umlegten. Bis heute aber hat sich die Bauverwaltung an das kaiserliche Urteil von 1686 gehalten: Die Stelle, an der Gülichs Haus stand, wurde nicht mehr bebaut, der Platz ist frei geblieben. Sinnigerweise ziert ihn heute der Fastnachtsbrunnen mit einem launigen Goethe-Gedicht.

Mit einem Straßenfest wurde 1987 für einen Tag ein neues Gülich-Denkmal eingeweiht: Nikolaus als Freiheitsheld!

1848 / Marx und Engels

9

Die Querverbindung, die von Gülichs Platz über die plattierte Freifläche zur Hohen Straße führt, heißt „In der Höhle". Früher war das eine schmale und winklige Gasse, die Verbindung der Schildergasse zum Alter Markt. Hier arbeiteten und wohnten Karl Marx und Friedrich Engels in der Revolutionszeit von 1848: Engels lebte „In der Höhle 14" (R) und Marx mit Frau Jenny und drei Kindern in der nahen „Cäcilienstraße 7". Die Re-

Unter Hutmacher: Arbeitsplatz von Karl Marx als Chefredakteur der „Neuen Rheinischen Zeitung". Fotografie vom 20.4.1889.

daktion ihrer „Neuen Rheinischen Zeitung" lag erst „Unter Hutmacher" (S), einer Gasse an der Ostseite des Heumarktes, die es nicht mehr gibt, und später „An St. Agatha 12", heute neben dem Kaufhof. Schräg gegenüber in der „Schildergasse 49" war der zentrale Treffpunkt der 48er Bewegung, das „Cafe Stollwerck". Hier wurde der „Kölner Arbeiterverein" gegründet, hier saß die „Demokratische Gesellschaft", und hier haben Marx und Engels zu Mittag gegessen, Kaffee getrunken, Konferenzen abgehalten und, wenn es ungemütlich in den Redaktionsstuben war, auch ihre Artikel geschrieben (siehe Einleitung, S. 49). Alles lag um die Ecke, „fußläufig", wie die Stadtplaner sagen würden.

Marx war bereits vor '48 als verantwortlicher Redakteur der „Rheinischen Zeitung" von 1841 – 43 in Köln gewesen. Das erste Blatt war vom linksliberalen Bürgertum finanziert worden: von dem Eisenbahnunternehmer Dagobert Oppenheim, dem Handelskammerpräsidenten Ludolf Camphausen und dem

Die erste Eisenbahn von Köln nach Aachen ließ der Marx-Mäzen und Unternehmer Oppenheim bauen.

Café Stollwerck auf der Schildergasse: Das Versammlungslokal der 48er-Prominenz.

Garngroßhändler Gustav von Mevissen. Das Experiment endete aber mit einem Verbot durch die preußische Regierung und anschließendem Prozeß. Marx wurde ausgewiesen. 1848 kehrte er aus dem Brüsseler Exil nach Köln zurück, weil er sich hier bei seinen bürgerlichen Freunden Protektion für einen neuen Paß für die Hauptstadt Berlin erhoffte. Das konnte er natürlich nicht zugeben, und so

Jenny Marx stopfte die Socken, kochte Essen und versorgte die Kinder in der Apostelnstraße.

klingt seine spätere Rechtfertigung für den Schritt nach Köln ganz anders, eben typisch kölsch: „Wir mußten eben nach Köln gehen, und nicht nach Berlin. Erst war Köln das Zentrum der Rheinprovinz, die die französische Revolution durchgemacht, sich im „Code Napoleon" moderne Rechtsanschauungen bewahrt, die weitaus bedeutendste große Industrie entwickelt hatte und in jeder Beziehung damals der fortgeschrittenste Teil Deutschlands war".

Schildergasse / Kaufhof

Der Kreuzungspunkt von „Hohe Straße" und „In der Höhle" war im Jahre 38 v. Chr. exakt der Standort jenes römischen Vermessungsoffiziers, der auf Befehl des weitsichtigen Feldherrn Agrippa von hier aus das Gelände oberhalb des Rheins vermessen hat. Das Gebiet wurde in ein Kataster von Vermessungslinien (limitationes) eingeteilt, denen Straßenverlauf, Bebauungslinien usw. folgten, so daß der Meßpunkt heute rekonstruierbar ist.

10

Römischer Vermessungsoffizier auf der späteren Schildergasse bei der Arbeit.

Etwas weiter, an der Kreuzung von Schildergasse und Hohe Straße, stehen zwei Geschäftsbauten, deren monumentale Architektur den Geist der Jahrhundertwende spiegelt: das Geschäftshaus

Palatium, heute Hansen, und gegenüber der Kaufhof. Der Kaufhof wurde als ehemaliges Warenhaus Tietz 1912 - 14 von dem Architekten Wilhelm Kreis mit starken Anklängen an die Antike entworfen: zwei vertikal betonte Etagen und darüber quer gelagert ein breites Horizontal-Geschoß. Seit 1897 hatte Tietz seinen Direktionssitz in Köln. Im Jahre 1933 war die Leonhard Tietz AG als sogenanntes ,,jüdisches Kaufhaus" eines der ersten Opfer der Enteignung und Zwangsarisierung. Bereits ein Vierteljahr nach der Machtergreifung mußte es sich in ,,Westdeutsche Kaufhaus AG" umbenennen, und im September 1934 hatten die letzten jüdischen Aufsichtsratsmitglieder ihre Mandate niederzulegen. Alfred Leonhard Tietz gelang es, seiner Verhaftung durch Flucht ins Ausland zu entgehen. Einen maßgeblichen Anteil an der Übernahme jüdischer Firmen hatten die deutschen Groß- und die Kölner Privatbanken.

Der Tip zur Rast: Trödelcafé, An Sankt Agatha 29, Tel: 214904, täglich 10 bis 24 Uhr geöffnet, an Sonn- und Feiertagen 14 bis 19 Uhr — Kombination von nostalgischem Café und Antiquitätenladen — Stühle, Tische, Porzellan: alles ist auch zu kaufen — selbstgemachter Kuchen und Imbiß — Literatur unbekannter Autoren — kitschig, aber angenehm.

Geschäftshaus Palatium (heute Hansen), 1912 von dem Architekten W. Kreis entworfen.

Antoniterkirche

11

Es gibt nur wenige Kirchen in Köln ohne Turm. Meist sind es Klosterkirchen, wie die der Minoriten oder der Kartäuser, die als arme Bettelorden auf die Pracht eines mächtigen Turmes verzichteten. Die Antoniterkirche wurde in der Zeit der Pest nach 1350 gebaut und ist deswegen ohne Turm geblieben. Ein wenig vom Geist der Kargheit wird auch an dem schmuckarmen Strebewerk im Inneren sichtbar. Im nördlichen Seitenschiff hängt eine Plastik von Ernst Barlach. Ein fliegender Engel erinnert als Totenmal an die Toten der beiden Weltkriege. Er trägt die Züge der Künstlerin Käthe Kollwitz, die von Barlach heftig verehrt wurde. Ursprünglich für den Dom in Güstrow (heute DDR) gegossen, wurde die Plastik von den Nazis als „entartete Kunst" eingeschmolzen. Später wurde von dem Gipsmodell dieser zweite Abguß angefertigt.

Bis zur Säkularisation in der Franzosenzeit gehörte die Kirche dem Antoniterorden. 1802 wurde sie von Napoleon als erster Gottesdienstraum den Protestanten übergeben, die erst mit den Franzosen wieder in der Stadt leben durften. Sie ist bis heute eine evangelische Kirche und war in der Zeit der Studentenrevolte 1968 mit ihren damals weitbekannten monatlichen „Politischen Nachtgebeten" ein Zentrum des linken

Die N-S-Fahrt neben der Antoniterkirche soll in einem gigantischen Tunnel verschwinden.

Protestantismus und der Protestbewegung Kölns. Heute bietet die Antoniter-Gemeinde mit ihrem Treffpunkt „Teestube" Rat und Hilfe, auch jenseits von Krankenkasse und Psychiater, und ist Kontaktadresse zahlreicher Selbsthilfegruppen, vor allem im Suchtbereich.

Der „Fliegende Engel" von Ernst Barlach trägt die Züge der Künstlerin Käthe Kollwitz (hier ein Entwurf von 1926).

Krummer Büchel / Anna Maria van Schürmann

12

Im Jahre 1607 wurde — möglicherweise am Krummen Büchel — Anna Maria van Schürmann geboren, die zu den klügsten Geistern ihrer Zeit gehörte, aber in dieser Stadt weitgehend vergessen ist. Anna Maria van Schürmann war die Tochter protestantischer Flüchtlinge aus Antwerpen, die dem Adel angehörten und ins scheinbar freie Köln gekommen waren. Der Vater erkannte früh ihre Genialität und unterrichtete sie fortan, unterstützt von einem Hauslehrer. Gäbe es für das 17. Jahrhundert ein Guiness Book of Records, Anna Maria stünde wohl an vorderster Stelle. Daß sie Englisch, Deutsch, Französisch und Italienisch schon in ihrer Kindheit neben ihrer niederländischen Muttersprache kannte, läßt sie als hochbegabt erscheinen; daß sie darüber hinaus Griechisch und Latein sprach, war vielleicht zeitbedingt; aber daß sie Hebräisch, Arabisch, Chaldäisch, Syrisch und Persisch, Samartanisch und auch Äthiopisch beherrschte, zur letzteren Sprache nebenbei eine Kurzgrammatik und ein Lexikon verfaßte, weil es beides noch nicht gab, das hebt sie doch weit heraus aus dem Kreis der gelehrten Frauen und Männer. Gleichzeitig waren ihre musischen und künstlerischen Fähigkeiten hochentwickelt, was zahlreiche erhalten gebliebene Schnitte, Kupferstiche und Bilder belegen. Ihre Eltern mußten als Protestanten nach der niederländischen Heimatstadt auch Köln wieder verlassen. Anna Maria van Schürmann ging nach Utrecht und avancierte zu einem weltbekannten Genie, mit dem alle (protestantischen) Größen der Zeit in Briefkontakt standen. Später kehrte sie noch einmal an den Rhein zurück, um aufopferungsvoll zwei alte Tanten zu pflegen.

Anna Maria van Schürmann (1607–1678) – vergessenes Universalgenie.

Hier wird ein anderer, weltverleugnender und religiöser Zug in ihrem Leben sichtbar. Sie hatte sich schon früher mit der Theologie befaßt, hatte als erste Studentin hinter einem Vorhang in Utrecht an Vorlesungen in Theologie teilgenommen und eine Schrift über das Frauenstudium veröffentlicht. Gleichzeitig war sie sehr fromm und hat sich während der letzten zwanzig Jahre ihres Lebens einem skurilen Sektengründer, de Labadie, verschrieben. Als „Labadistin“ unterwarf sie sich völlig ihrem Meister, klagte sich selber der Ruhmsucht an, brach alle Kontakte zu früheren intellektuellen Freundinnen und Freunden ab, verbrannte Briefe und Schriften und brachte ihr Geld bei der Sekte ein. Sie starb 1678 im Bruch mit der Amtskirche und ließ sich mit einer Freundin gemeinsam ins Grab legen. Den größten Teil ihres Lebens verbrachte sie in Holland, wo sie heute bekannter ist als in Köln. In dem kleinen nordfriesischen Flecken Franeker liegen im Heimatmuseum einige Objekte aus ihrem Besitz.

Sternengasse Nr. 10 und 30 / Maria Medici / Sozialistenverfolgung

(13)

Die Sternengasse, die als kurze und kümmerliche Seitenstraße im Weichbild der autobeherrschten Cäcilienstraße liegt, war früher eine mittlere Hauptstraße, die Verbindung zwischen den Bezirken St. Cäcilien und St. Maria im Kapitol. Im Hause Nr. 10 lebte seit 1583 Peter Paul Rubens, der hier seine Kindheit verbrachte. Sein Vater war Rechtsanwalt und mußte als Protestant ebenso wie die Schumanns oder auch die Vondels mit der Familie aus Antwerpen fliehen. Rubens hat in Erinnerung an die Kindheit in Köln für seine Pfarrkirche St. Peter die „Kreuzigung Petri" gemalt. Das Bild, das in mitreißender Dramatik Schmerz und Leiden des Menschen Petrus zeigt, hängt heute noch an derselben Stelle in der nahen Kirche neben dem Schnütgen-Museum.

Das Grundstück Sternengasse 10 zählt jetzt zur Rückseite des Postgebäudes. In demselben Haus lebte sechzig Jahre später, 1641/42, die vormalige, aber vertriebene französische Königin Maria de Medici, welche bei den Hofintrigen zwischen ihrem Sohn Ludwig XIII. und dem berüchtigten Kardinal Richelieu nicht mehr mithalten konnte und Frankreich verlassen mußte. Sie starb hier am 3. Juli 1642 und ließ ihr Herz in der östlichen Achskapelle des Doms beisetzen.

Maria de Medici – Holzstich ihres Selbstbildnisses von 1587.

Ein paar Hausnummern weiter, in der Sternengasse 30, spielte ein ganz anderes Kapitel der Kölner Geschichte. Hier lag im 19. Jahrhundert die Bierbrauerei Joosten, ein Lokal der Kölner Sozialdemokratie zur Zeit der Sozialistenverfolgung unter Bismarck. (Ein weiterer konspirativer Treff der illegalen SPD war ganz in der Nähe, die Wirtschaft von Wilhelm Steinbüchel in der Großen Witschgasse 10.) 1878 waren durch das sogenannte ,,Sozialistengesetz" alle sozialdemokratischen Organisationen und

Bierbrauerei Joosten in der Sternengasse 30. Lokal der Kölner Sozialdemokraten zur Zeit des Sozialistengesetzes.

Publikationen sowie die nahestehenden Gewerkschaften verboten. Nur noch Wahlkampf und Parlamentsarbeit waren erlaubt, so daß sich die rund einhundertzwanzig aktiven Sozialdemokraten/innen der Stadt heimlich treffen mußten. Dadurch kam während der zwölfjährigen Verfolgungszeit die schließlich weit verbreitete Praxis auf, nach außen unpolitische und gesellige Clubs für Sport und Wandern, Familienfeiern oder Männergesang zu gründen. Viele Sozialdemokraten verloren damals ihren Arbeitsplatz, wenn ihnen illegale Tätigkeit bewiesen oder nachgesagt wurde. Einige von ihnen kamen in der Firma ,,Bosch und Haug" in der Breite Straße unter, die der Volksmund deshalb ,,Die rote Bude" nannte.

Der Tip zur Rast: Swanee's Cafe ,,Casablanca", Hohe Straße 3 — ein Treffpunkt der Transvestitenszene — mit viel Aluminium, aber einem guten Kaffee und im Sommer Außen-Gastronomie — morgens ab 7 Uhr geöffnet — abends ab 9 Uhr ,,Showtime" mit heftigem Glanz & Glimmer.

Hiermit zeige ich ergebenst an, daß mein Lokal allen Gästen zugänglich ist, die auf dem Boden der heutigen Gesellschaftsordnung stehen und sozialdemokratische Vereine Versammlungen bei mir nicht mehr abhalten können.

Peter Paffrath
Stammheim, Bahnhofstraße.

Hohe Straße 12

14

Im ersten Stock des Hauses Hohe Straße 12 betrieben Kommunisten in den ersten Monaten der Nazidiktatur eine illegale Druckerei. Hier wurden Tausende von Flugblättern und Zeitungen gedruckt, bis die geheime Staatspolizei im Oktober 1933 dahinter kam und die Druckerei zumachte.

Hohe Straße 12: illegale Druckerei während der Nazi-Zeit.

St. Maria im Kapitol

15

Mit ,,St. Maria im Kapitol" nähern wir uns einer der ersten Adressen des alten Köln. Die Kirche gehörte bis zur Säkularisation zu dem vornehmsten und reichsten Damenstift nicht nur der Stadt, sondern vielleicht ganz Deutschlands und nahm schon im frühen Mittelalter nur Frauen aus den reichsten Fürstenhäusern auf. Einen ersten Eindruck vermittelt ein Weg rund um den alten Stifts- oder Immunitätsbezirk, dessen Mauern teilweise noch stehen, über die Kasinostraße oberhalb der autobeherrschten Pippinstraße und den ruhigen und stilvoll gestalteten Lichhof mit der Erinnerungsfigur an die Toten des 2. Weltkrieges, ,,Die Trauernden" von Gerhard Marcks (1949). Weiter geht es durch das originale Immunitätstor ,,Dreikönigspförtchen", das nach der Legende im Jahre 1164 die Eingangstür für die Knochen der Heiligen Drei Könige in die Stadt gewesen sein soll, und zurück über den Marienplatz, jetzt Sitz des ,,Frauengeschichtsvereins".

Maria im Kapitol – die Vorlage für den berühmten Kleeblattchor (Dreikonchenanlage) steht in Bethlehem.

Die Basis der Kirche bildet — wie so oft in Köln — ein römischer Tempel. Bei der Anlage ihrer Provinzhauptstadt muß die Römer offensichtlich die Terrassierung am Rhein angesprochen haben, die ,,Hügel" (immerhin über zehn Meter Höhenunterschied über die Treppe zur Plectrudengasse) haben sie an die sieben Hügel ihrer Heimatstadt Rom erinnert, und sie errichteten die wichtigsten Staatsbauten auf dieser Terasse: den Tempel des Mercurius / Augustus (unter dem Dom), den Palast des Statthalters für die Provinz (unter dem Rathaus) und den Tempel ihrer wichtigsten, der kapitolinischen Götter (hier unter St. Maria). Der spätere christliche Kirchenname ,,Im Kapitol" übernimmt die Erinnerung, so wie der Bau die Fundamente. Die Römer verehrten hier die Göttin Juno und deren Lieblingstochter Minerva, eine wichtige Matronin für die Städte, das Handwerk, die Wissenschaft und die Künste, sowie Junos Gatten Jupiter. Die Christen verehrten dann später hier die heilige Maria, die ja häufiger das Matronat von heidnischen Göttinnen übernehmen mußte.

Der Besucher betritt die Kirche heutzutage von Westen her durch den Kreuzgang, der von ruhigen Innenstadtwohnungen flankiert wird. Früher war dieser Bezirk den Stiftsdamen vorbehalten, die von einer Empore im Westen des Kirchenraums dem Kult folgten. Baugeschichtliches Vorbild hierfür ist die Kaiserpfalz in Aachen. Die Geschichte der Kirche wurde immer entscheidend von Frauen bestimmt. Die erste der uns bekannten ist Plektrudis, die Gattin eines fränkischen Regenten namens Pippin, die sich auf diesen Staatsbesitz zurückzog, als ihr Mann sich eine Zweitfrau nahm. Nach Pippins Tod 714 versuchte sie, ihrem Enkel gegen Karl, den Sohn von Pippins Freundin, den Thron zu sichern. Ihr eigener Nachkomme war gestorben oder ermordet worden, was in den fränkischen Herrschaftsfamilien nahezu identisch gewesen ist. Plektrudis unterlag aber im familiären Streit. Der Enkel starb — oder wurde umgebracht — und Karl, der wegen seiner militärischen Qualitäten den Beinamen „Martell" (Hammer) erhielt, wurde König. Plektrudis blieb als ehemalige Königin hier in der fürstlichen Residenz und richtete damals wohl schon ein Damenkloster ein. Zwei flankierende Grabplatten der Gruft von Plektrudis grüßen rechts und links an der Wand jede Besucherin, die die Kirche betritt.

Große Frauen im Stift: Plectrudis und Ida (unten rechts auf dem Heriman-Kreuz).

Ein weitere wichtige Frau war Ida, Enkeltochter des Kaisers Otto II. und der Kaiserin Theophanu, jener Dame, die für St. Pantaleon von entscheidender Bedeutung war. Zu Idas Zeit, im 11. Jahrhundert, war es üblich, daß die Prinzessinnen aus dem deutschen Kaiserhaus, die nicht standesgemäß verheiratet werden konnten (oder vielleicht auch nicht wollten), Äbtissinnen von Stiften oder Klöstern wurden, was ihnen Selbständigkeit garantierte und die Möglichkeit ließ, ihre Erbe mitzunehmen, frei darüber zu verfügen und sich wissenschaftlich oder künstlerisch zu entfalten. Diese Regelung betraf nicht nur die adeligen Töchter, sondern alle selbständigen und reichen Frauen der Zeit. Die Stiftsdamen genossen dabei gegenüber den Klosterfrauen nicht nur den unschätzbaren Vorteil, kein Armutsgelübde ablegen zu müssen und sich Dienerinnen halten zu können, sondern auch samt ihrem Geld das Stift wieder verlassen zu können. Ida wurde die Bauherrin des heute noch erregenden Kirchenbaus mit der Dreikonchenanlage (Kleeblattform) im Chor, der ersten überhaupt im nördlichen Abendland, deren Vorbilder in der Bethlehemer Geburtskirche und in der byzantinischen Architektur zu finden sind. Keine der romanischen Kirchen Kölns schafft so variationsreiche und gegensätzliche Raumeindrücke wie Maria im Kapitol. Hier ist auf den vielen möglichen Wegen und Punkten im Chor und den Umgängen nachzuvollziehen, wie sehr der Bau von der Liturgie des Hochmittelalters mit Prozessionen, Wegen und Stationen bestimmt war;und nicht zufällig entdecken heutzutage avantgardistische Musiker und Theaterleute, wie etwa John Cage, diese Kirchenräume wieder zur Inszenierung ihrer Experimente.

Volltreffer auf den Chor von Maria im Kapitol – der Regen fiel bis in den Keller.

Welche Bedeutung dieser Raum früher hatte, mag man auch daran ermessen, daß zur Altarweihe 1049 der Kaiser und der Papst selber erschienen und 272 Bischöfe nach Köln kamen (eine der frühen kulturellen Massenveranstaltungen mit wirtschaftlichem Effekt!). Nach der Entzweiung der Stadt mit dem Kölner Erzbischof wurde Maria im Kapitol im 14. Jahrhundert zur Hauptkirche des Rates und der Bürger, denn der Dom war die Bischofskirche. In Maria im Kapitol wurden Bürgermeister eingeführt und beerdigt, hier begannen die großen Prozessionen, und hierhin flossen zahllose Geschenke, Stiftungen und Erbschaften.

Der Lettner im Inneren, der den Kultraum vom Publikum abtrennt, ist ein heute nicht mehr oft vorhandenes Dokument der Religionsgeschichte des Mittelalters. Nachdem sich die christliche Religion immer mehr vom kommunikativen Gemeinschaftsakt der Urkirche entfernt und zu einem Spezialkult weniger Wissender und Zaubermänner („Priester") entwickelt hatte, wurde dem schließlich auch in der Architektur mit der Abtrennung des Altarbereichs von der Gemeinde entsprochen.

Um Maria im Kapitol ranken sich eine Fülle von Legenden. Die bekannteste ist die vor Weihwasser triefende Geschichte von dem elfjährigen Hermann Josef, der auf dem Schulweg dem Jesuskind seinen Apfel anbot und sein Geschenk tatsächlich losgeworden ist. Bei Hermann Josefs Begegnung soll es sich um die „Mutter Gottes, die das Jesuskind liebkost" gehandelt haben, eine Standfigur um 1180 an der zweiten Säule im linken, nördlichen Hauptschiff. Seitdem liegt jeweils ein frischer Apfel vor Maria, wobei auch hier unklar bleibt, wie weit hellenischer Mythos und christliche Legende verwoben sind und ob nicht überhaupt die schöne Frau (Maria) gemeint ist (wie etwa in der Geschichte von Helena und Paris). Die Lovestory von Hermann Josef, der so überwältigt war, daß er ins

Der junge Jesus nahm gern die biodynamisch angebauten Äpfel von Hermann Joseph.

Prämonstratenser-Kloster Steinfeld in der Eifel eintrat und nach seinem Tod selig gesprochen wurde, ist übrigens auch auf dem Verschönerungsbrunnen auf dem Waidmarkt (1894) dargestellt.

Eine bizarre Geschichte rankt sich um die riesigen Knochen, die in der Ecke im rechten, südlichen Seitenschiff hängen. Es handelt sich um Rippe und Oberkiefer eines Saurierfundes aus dem 10. Jahrhundert, aber die Legende hat daraus einen Wal gemacht, der bis nach Köln den Rhein heraufschwamm (hier dem Stapelzwang erlegen?). Im Volksmund heißen die Knochen ,,St. Märjens Ripp'', Marias Rippen.

Im Dritten Reich war die Krypta der Kirche Treffpunkt der katholischen Jugend, die sich den Vereinnahmungsversuchen und Zwangsveranstaltungen der Hitlerjugend nicht unterordnen wollte. Hier war ein Ort der inneren, religiösen Emigration, die in der Betonung des Kultes, der Liturgie und der Exegese lag und heute gezielt als ,,Opposition'' definiert wird. Eine Steinintarsie mit dem Bild des Drachentöters St. Georg im Boden zwischen der fünften und sechsten Säule im südlichen Seitenschiff soll an diese Kapitol-Jugendgruppen während der Nazizeit erinnern. In der Krypta findet sich außerdem eine liegende Grabfigur der Äbtissin Ida.

Marias Rippchen – ein Saurierfund aus dem 10. Jahrhundert hängt im Seitenschiff von Maria im Kapitol.

Der Weg hinab zum alten Rhein

Über den Lichhof und die Treppe hinab in die Plectrudengasse führt der Weg — wie erwähnt ehemals ein Höhenunterschied von über 10 m — zu einem früheren Seitenarm des Rheins. Auf der Treppe kreuzt man die Fundamente der alten Stadtmauer, die in einem größeren Stück noch in der Tiefgarage linker Hand mit einem gemauerten Abwasseraustritt erhalten sind.

Trinitatiskirche / Filzengraben 4

(16)

In der französischen Zeit Kölns war die evangelische Gemeinde zunächst noch sehr klein. Das änderte sich rasch mit den preußischen Truppen und dem Verwaltungsapparat des Regierungspräsidenten in den 30er Jahren des 19. Jahrhunderts. Mit energischer Unterstützung durch Friedrich-Wilhelm IV. wurde 1857 –60 die Trinitatiskirche als erster explizit evangelischer Kirchenbau in der Geschichte Kölns errichtet und als Garnisonskirche eingeweiht. Im Stil lehnte sich der Architekt August Stüler an den preußischen Klassizismus an und griff damit auf antike Formenelemente der altchristlichen Basilika zurück. Die neue protestantische und preußische Richtung im Sakralbau wollte sich deutlich von den in Köln vorherrschenden romanischen und gotischen Kirchen abset-

Die preußische Garnisonskirche in Köln ...

zen. Trinitatis ist auch heute noch die größte evangelische Kirche in der Stadt und eines der wenigen nach den Kriegszerstörungen original wieder aufgebauten Bauwerke des preußischen Klassizismus. Im Filzengraben Nr. 4, rechts von Trinitatis — heute steht hier ein Neubau — befand sich bis zur Machtergreifung 1933 die Gau- und Ortsgeschäftsstelle der NSDAP. Später zog sie in die Mozartstraße bzw. in die alte Universität um.

Heumarkt

Auf einem guten Stadtplan kann man das Areal, das heute von Autos okkupiert bzw. einem neuen Hotel überbaut wird, unter verschiedenen Namen finden: Paradiesgarten, Auf dem Himmelreich, Unter Käster, Augustinerstraße, Markmannsgasse oder Sassenhof. Die alten Straßennamen existieren noch um die Brükkenrampe herum, aber alles wurde abgerissen, was hier einmal stand, und zwar erst in unserem Jahrhundert.

(17)

Angefangen haben die Bautrupps der Nazis Ende der 30er Jahre mit dem Durchbruch einer breiten Schneise am Rheinufer, die nach Westen fortgesetzt wurde. Die Planung der 50er und 60er Jahre hat diese Baupolitik nahtlos fortgeführt, jetzt nicht mehr unter dem Diktat der Partei, sondern unter dem Primat

... neben der die frühere Gauleitung der NSDAP lag.

von Ford, VW und Daimler Benz. Die allerletzte Idee der Stadt war leider nicht, die Parkplatzflächen seitlich der Brücke aufzureißen, mit Bäumen zu bepflanzen und zu begrünen, sondern hier ein weiteres Hotel der Luxusklasse zu errichten. An der nördlichen Flanke ist der Bau eines Schokoladenmuseums im Gespräch.

Reiterdenkmal

18

Der einsame Sockel vor der Brückenrampe war und ist das Standbild des Reiterkönigs Friedrich Wilhelm III. Von dem Reiter selber hat man (bzw. Frau Kier, die Stadtkonservatorin) zwar lange nur das Hinterteil seines Pferdes wieder hinstellen können, aber der Verkehrsverein hat die notwenige halbe Million Mark aufgetrieben und das Standbild neu gießen lassen. Die ursprüngliche Fassung wurde 1872 – 78 geschaffen und gilt in Köln als „subversive Überlistung " des preußischen Militärstaates, weil es gegen den erklärten Willen des Königs gelang, mehr Zivilisten unter den überlebensgroßen Sockelfiguren unterzubringen als Militärs. Außerdem soll es sich bei den Figuren überwiegend um demokratisch gesonnene Politiker und Soldaten in preußischen Diensten gehandelt haben, sozusagen die „kleineren Übel".

Ein listiger Künstler unserer Tage, Herbert Labusga, schmückte im Jahre 1985 über Nacht den leeren Sockel mit einer Nachbildung des Reiterkönigs aus Styropor. Sie kostete nicht einmal zehntau-

Der Bildhauer Herbert Labusga vor seinem halben Styropor-Pferd auf dem Heumarkt.

send Mark, sah täuschend echt aus, war stabil und wäre in dieser Art dauerhaft zu machen gewesen. Aber Styropor ist wohl kein adäquates Mittel für den Umgang mit der Geschichte, und so wurde der preußische König vorerst wieder entfernt.

Seidmacherinnengäßchen / Frauenzünfte

Erst im Jahre 1986 erhielt diese Gasse auf Antrag zweier Frauengeschichtsforscherinnen ihren weiblichen Namen. Vorher hießen die zwei Straßenzüge „Unter Seidmacher" und „Seidmachergäßchen". Die Ratsherren konnten sich der historischen Wahrheit nicht verschließen, daß Seidenverarbeitung im Mittelalter ganz überwiegend Frauenarbeit war. Köln hatte neben Zürich und Paris als einzige Stadt Westeuropas eigene Frauenzünfte, die im Spätmittelalter auch eine bedeutende Rolle in der lokalen Wirtschaft spielten. Es gab eine Zunft der Garnmacherinnen, eine der Goldspinnerinnen, der Seidenweberinnen und später eine der Seidenspinnerinnen. Alle stellten wichtige Produkte für den Außenhandel der Stadt her, sei es das sogenannte Fils de Cologne, auch „kölsch garn" genannt, Goldbrokatfä-

(19)

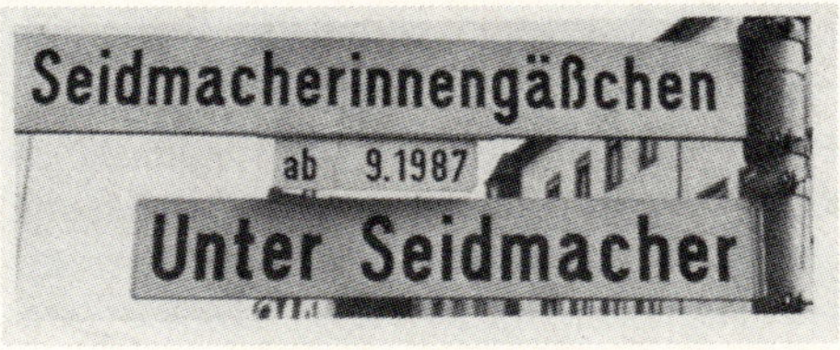

den oder Seiden- bzw. Halbseidenstoffe. Die Seidenverarbeitung war, wirtschaftlich gesehen, der wichtigste Zweig dabei. Die Rohseide wurde importiert, doch in Köln gesponnen, gewebt und bestickt. Das Gewerbe hing eng mit der Borten- oder Wappenstickerei zusammen, die in Köln schon im Hochmittelalter durch den liturgischen Bedarf in Kirchen und Klöstern gefragt waren: Kölner Borten finden sich auf Priestergewändern und liturgischen Tüchern, als kostbare Verpackung der Reliquien, als künstlerische Stickereien und auf Wandbehängen, auf prunkvoller Kleidung wie auf Kissenbezügen. Durch die Handelskontore waren sie weit verbreitet. Zeugnisse dieser Arbeit aus dem kunstgeschichtlichen oder religiösen Kontext finden sich reichlich im Diözesanmuseum, im Schnütgenmuseum und in der Domschatzkammer.

Die Frauenzünfte entstanden Ende des 14. Jahrhunderts. In den Zünften gab es Meisterinnen, die eigene Töchter oder bis zu sechs Lehrmädchen ausbilden durften und so ihr Wissen nur an Frauen weitergaben. Die Seidenmacherinnen gehörten zu den reichsten Zünften der Stadt, und die Meisterinnen stammten oft aus der aristokratischen Oberschicht und waren mit Rats- und Bürgermeisterfamilien liiert. Allerdings mußte es neben zwei Meisterinnen immer auch zwei männliche Repräsentanten für die politische Außenvertretung geben. Denn das Rathaus durfte keine Frau betreten und sei es auch eine noch so reiche Seidenweberin. Die Frauenzünfte hatten anscheinend auch keine eigenen Zunfthäuser wie andere Gaffeln und Zünfte. Ende des 16. Jahrhunderts lösten sich die reinen Frauenzünfte allmählich wieder auf. Mit der anfänglichen Zulassung von Männern wurden die Frauen nach und nach wieder in unqualifizierte Arbeitsbereiche abgedrängt. Es ist die Zeit der ersten Wirtschaftskrisen und die Zeit, in der das Bild und die Rolle der Frau als Nur-Hausfrau, Mutter und Gebärerin entsteht. Demgegenüber war die Position der Frau im Mittelalter wesentlich mehr durch ihre Arbeit als durch ihren Mann bestimmt. Die starke Stellung der Frauenzünfte wird nicht zuletzt auch durch die geografische Anlage dieser Seidmacherinnengasse dokumentiert, die zum Gemeindebezirk von St. Alban gehörte, der vornehmsten der mittelalterlichen Kirchengemeinden.

Hühnergasse / Tom Tom

Zum Schluß dieser Wanderung als aktueller Ort der jüngsten Geschichte (für die schwulen Teilnehmer auch als Tip zur Einkehr) ein Lokal in der Hühnergasse, nahe dem Heumarkt. Heute nennt sich der Schuppen „Carussel“, aber bis Ende ’87 war es noch das „Tom Tom“, jenes legendäre Lokal, in welchem seinerzeit Verteidigungsminister Wörner gern verkehrt hätte, aber stattdessen seinem General Kießling unterstellte, der hätte es getan. Und weil das verkehrt war, kam es zu einer mittleren Verteidigungskrise der NATO, als von schwulen Generälen und Erpreßbarkeit die Rede war und ein kleiner Zipfel der konspirativen Machenschaften des in Köln ansässigen „Militärischen Abschirmdienstes“ MAD (Konrad Adenauer Kaserne, Brühler Straße) gelüftet wurde. Trotz aller Unterstellungen, Vorverurteilungen und umgefallener Zeugen mußte nicht der Verteidigungsminister gehen, sondern der General wurde entlassen — aber mit „allen militärischen Ehren“.

Der Treff der Homosexuellen in der Hühnergasse befindet sich in geschichts- 20
trächtiger Nachbarschaft, denn bereits im Spätmittelalter wird von einer Schwulenszene auf dem nahen Heumarkt berichtet. Im Sommer des Jahres 1484 kam es zu einer großangelegten Untersuchung des Rates, nachdem einem Pfarrer bei der letzten Beichte eines Sterbenden zu Ohren gekommen war, daß dieser häufig gegen einen Gulden Entgelt mit einem „rychen burger“ Unzucht getrieben hatte. Die weitere Recherche brachte für den Nicht-Eingeweihten Erstaunliches an den Tag: homosexuelle Prostitution, die schwulen Treffpunkte der Zeit und die Sexualpraktiken der „Sodomiterei“, wie die Homosexualität damals genannt wurde. Man fand mindestens zweihundert Beteiligte in der ganzen Stadt, bis hinauf in den Rat und damit in die Stadtspitze selbst, die der „unaussprechlichen Sünde“ frönten. Aber wie so vieles in Köln wurde auch dies nicht weiterverfolgt, sondern nach dem Rat der Universitätstheologen in kölschem Einvernehmen unter den Teppich gekehrt.

1. **Altengrabengäßchen:**
   Henker und Bischof
2. **Unter Sachsenhausen:**
   Straße der Banken / Freiherr Schröder und die Nazis
3. **Otto Wolff:**
   Erstes Kölner Arbeiterdenkmal
4. **Zeughaus / Regierungspräsidium:**
   Die Preußen in Köln / Berufsverbote / Karl Barth
5. **El-De-Haus:**
   Gestapo-Zentrale / Kampf um die Gedenkstätte
6. **Nazi-Viertel:**
   Krebsgasse — Polizeipräsidium / Glockengasse — Synagoge/ Helenenstraße — SA-Kneipe
7. **Maria in der Kupfergasse:**
   Die Schwarze Madonna / Das ,,Haus der schönen Frauen"/ Prostitution im Mittelalter
8. **Schweizer Ladenstadt:**
   Altes Einkaufszentrum
9. **Ehrenstraße, Breite Straße und Mittelstraße:**
   Das neue Einkaufsparadies / Bazaar de Cologne
10. **Kleine Brinkgasse:**
    Der Puff in der Stadt
11. **St. Aposteln:**
    Vierzehn Nothelfer
12. **Neumarkt:**
    Die Kapitalinteressen / Römisches Erbe / Schießplatz, Freiheitsbaum und Adenauer
13. **Richmodisturm:**
    Legende aus der Pestzeit vom Herrn Aducht
14. **Gesundheitsamt:**
    Vernichtung der Kranken im Dritten Reich
15. **Thieboldsgasse:**
    Psychiatrie im Mittelalter / Armen- und Arbeitshaus
16. **Griechenmarkt:**
    Handwerkerviertel / Weber und Färber an den Bächen
17. **Großer Griechenmarkt:**
    Weberaufstand und bewaffneter Kampf gegen die Nazis in Köln
18. **Alte Mauer am Bach:**
    Die ,,Griechen" der Prinzessin Theophanu / Bürobau ohne Genehmigung / Der Wasserturm

Wanderung 2

Westliche Innenstadt

Bischof, Banken, Einkaufszentren

Start im Altengrabengäßchen — längere Strecke — Dauer ca. 3 Stunden — günstige Zeit: ein langer Samstag.

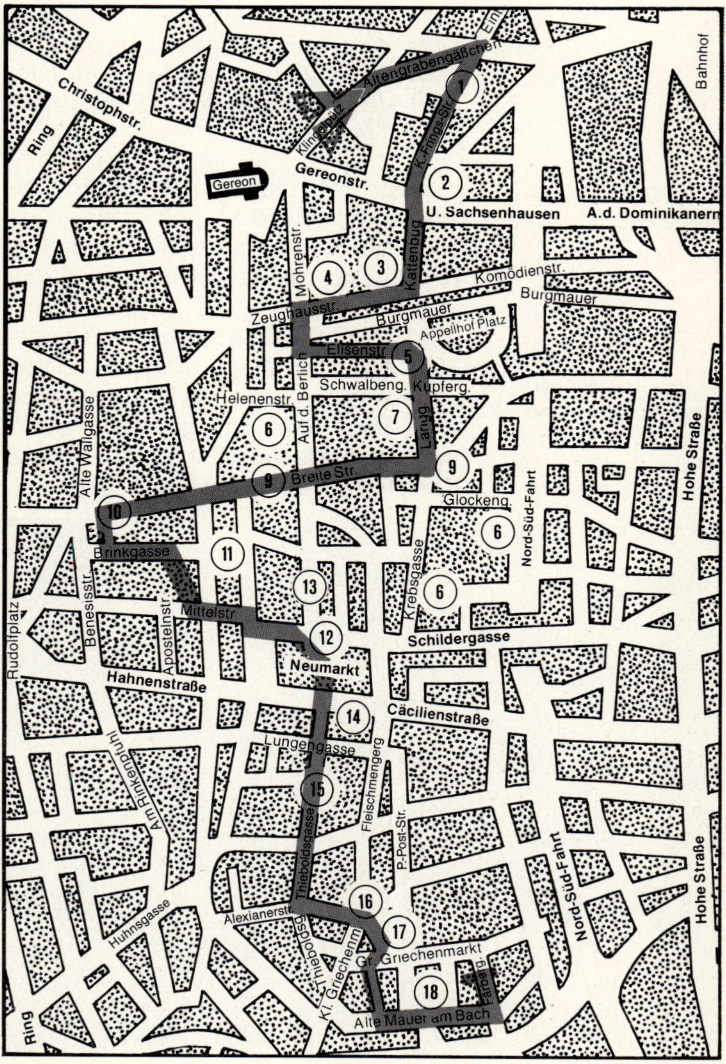

Während sich die historischen und politischen Orte Kölns (Dom, Rathaus, Gürzenich, Handwerkskammer und Maria im Kapitol) im Osten der Stadt auf einem Streifen entlang des Rheins konzentrieren, wurde der westliche Teil bis zu den Ringen erst im 19. Jahrhundert aufgewertet und dichter besiedelt. In unserer Zeit entstand hier nach dem 2. Weltkrieg ein innerstädtisches Einkaufsgebiet mit Fußgängerzonen und Ladenzentren, Modestraßen und den großen Kaufhäusern rund um den Neumarkt. Die zweite Wanderung führt durch den westlichen Teil der Innenstadt, angefangen im Norden hinter dem Bischofspalais, und geht über den Neumarkt bis hinunter ins Griechenmarktviertel, den Bezirk der mittelalterlichen Handwerker.

Altengraben-gäßchen

(1)

Ausgangspunkt der Wanderung – früher ein Graben vor der alten Mauer, die Gasse der Unberührbaren.

Bevor Köln die Grenzen der Römerstadt sprengte und die große mittelalterliche Stadtmauer errichtet wurde, gab es bereits zwei Stadterweiterungen. Dabei wurde der sogenannte „Niederich", ein nördlich gelegenes, niedrigeres Stadtgebiet, mit einer Mauer umgeben, deren Verlauf heute in etwa die Eintrachtstraße folgt. Der Name „Altengrabengäßchen" trägt ebenfalls die Erinnerung an diese Befestigung, denn er bezeichnet den al-

Henker bei der Arbeit (1464). Im 16. und 17. Jahrhundert kontrollierte er außerdem alle „unehrenhaften" Berufsgruppen.

ten Graben vor der Mauer. Im 16. und 17. Jahrhundert war diese Gasse einer der verrufensten Winkel der Stadt. Hier wohnte der Henker, hier lebten Dirnen und die Leute, die die Kloaken entleeren mußten, spöttisch „Goldgräber" genannt. Der Henker war nicht nur für die Hinrichtungen zuständig, sondern hatte auch die Aufsicht über die Prostituierten und kassierte als „Zuhälter" Schutzgelder von ihnen. Er kontrollierte alle unehrenhaften, aber öffentlichen Berufe wie den Abdecker oder Schinder, den Hunde(tot)schläger und die genannten „Goldgräber": Im Altengrabengäßchen waren die „Unberührbaren" konzentriert.

Heute schirmt eine hohe Ziegelsteinmauer einen anderen Unberührbaren

Am Tag seines Kardinalbesuches 1934 wird Hermann Göring Ehrenbürger der Stadt Köln – dahinter Oberbürgermeister Günther Riesen.

vor den neugierigen Blicken der Kölner ab: den Kardinal. Auf einem kleinen Klingelschild an dem Haus Kardinal-Frings-Straße 10 ist sein Name zu lesen. Hier wohnt er in einer großen, grünen Oase, in die man nur von einem der Kirchtürme oder vom Dom aus hineinspähen kann. Hier empfing auch der damalige Kardinal Schulte am 27. Juni 1934 den NS-Potentaten Hermann Göring; derselbe Schulte übrigens, der beim Bruch des Versailler Vertrages und dem Einmarsch der deutschen Truppen ins entmilitarisierte Rheinland im Jahr 1936 an die faschistische Heeresführung telegrafierte: „In den denkwürdigen Stunden, da die Wehrmacht des Reiches wiederum als Hüterin des Friedens und der Ordnung in das deutsche Rheinland Einzug hält, begrüße ich die berufenen Waffenträger unseres Volkes mit ergriffener Seele und eingedenk des erhabenen Beispiels opferbereiter Vaterlandsliebe, ernster Manneszucht und aufrechter Gottesfurcht, das unser Heer von jeher der Welt gegeben hat."

Doch von solchen Geschichten wollen die heutigen Amtsinhaber und Kirchenvertreter nichts mehr wissen.

Unter Sachsenhausen

Ihren Namen hat diese Straße von der womöglich ersten Mietskaserne Kölns. Hier stand vormals ein Gebäude, das unter einem einzigen Dach 16 Einzelhäuser beherbergte: ,,Unter 16 Häusern". Die Straße entwickelte sich im 19. Jahrhundert zur Kölner Bankenallee und ist heute eine der ersten Adressen der Stadt. Die großen Geschäftsbanken Deutsche, Dresdner und Commerzbank auf der Südseite, gegenüber die wichtigen Kölner Privatbanken Oppenheim und das Bankhaus Stein und bis zum Bankrott 1974 auch Herstatt. Die frühere Herstattbank an der Ecke zur Nord-Süd-Fahrt, mit den hellen Marmorwänden und dem breit schwingenden Dachgeviert in Spannbeton, steht neben einer Reihe anderer Bauwerke aus den 50er Jahren auf einer Liste, die die Stadtkonservatorin unter Denkmalschutz stellen will. Verglichen mit der Quadratmeterausnutzung heutiger Bürobauten, kann diese nur ästhetisch bestimmte Dachkonstruktion doch erstaunen.

2

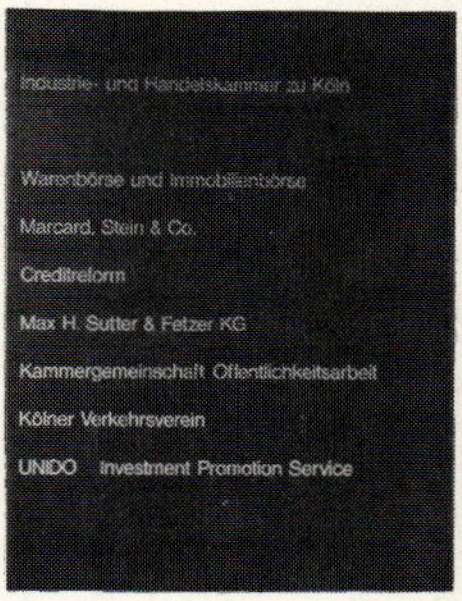

Das Bankhaus Stein gehörte zu den feinsten Adressen des Bankenkapitals und residiert, um keine Aufmerksamkeit zu erregen, ohne Straßenschild im Gebäude der Industrie- und Handelskammer. Mitinhaber des Hauses war in den 30er und 40er Jahren der Kölner Bankier Kurt Freiherr von Schröder, einer der wichtigsten finanziellen Förderer der Nazis. Schröder bemühte sich erfolgreich um die Gewinnung weiter Kreise der Finanzwelt und der Großindustrie zur Unterstützung der NSDAP, und in seiner Villa (am Stadtwaldgürtel Nr. 35) trafen am 4. Januar 1933 bei einem Geheimtreffen Adolf Hitler und der vormalige Reichskanzler von Papen zusammen, um die Regierungsübernahme durch die Nazis vorzubereiten. Schröder war der ökonomische Geburtshelfer der faschistischen Regierung, die kurz darauf, am 30. Januar 1933, von Hindenburg eingesetzt wurde. Das 3. Reich dankte es dem Kölner Bankier: Schröder wurde Vorsitzender der Wertpapierbörse und Präsident der Industrie- und Handelskammer, saß im Stadtrat, avancierte zum Bezirkswirtschaftsführer Rheinland, zum Reichsehrenrichter der Wirtschaft, später „sogar" zum SS-Standartenführer und Mitglied des Generalrates der deutschen Wirtschaft. Nach dem Krieg verurteilte ihn ein britisches Militärgericht zu 3 Monaten Haft und 1.500 Reichsmark Geldstrafe, mußte aber angesichts heftiger Proteste und Demonstrationen das Urteil revidieren. Am Ende kam Schröder mit 60.000 DM Geldstrafe davon, die zur Hälfte durch die Internierungshaft abgegolten war. Das Bankhaus Stein wurde von den Aliierten 1945 geschlossen, durfte aber 1950 wieder aufmachen.

Finanzier der Nazis – der Kölner Bankier Kurt Freiherr von Schröder. Daneben ein Auszug aus einem Brief Konrad Adenauers an Schröder vom 1.8.1932: „Das Zentrum wird bereit sein, das Zustandekommen einer Regierung aus Nationalsozialisten und Deutschnationalen unter Hitler als Reichskanzler zu tolerieren."

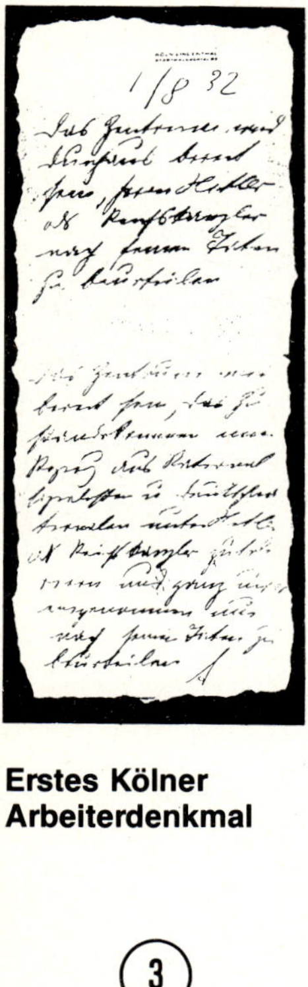
1/8 32

Erstes Kölner Arbeiterdenkmal

(3)

Gegenüber dem Stadtmuseum in der Zeughausstraße steht Kölns erstes und bisher einziges Arbeiterdenkmal: die lebensgroße Plastik eines Walzwerkers. Sie befindet sich auf einem Parkplatz des Hauses „Otto Wolff von Amerongen", zwischen Mülltonnen hinter einem Gitterzaun. Schöpfer der Plastik ist der saarländische Bildhauer Hans Bogler, der sie 1938 als Brunnenfigur für ein Feierabendhaus der Neunkirchner Eisenwerke schuf. Wie der Abguß allerdings hierher kam, weiß niemand im Hause Wolff. Möglicherweise bekam der Kölner Großunternehmer das Arbeiterdenkmal zum Geburtstag geschenkt und wollte es weder wegwerfen noch am Hauptportal aufbauen. Also landete es am adäquaten Platz, dem Hintereingang. Aber immerhin, ein Unternehmer hat es aufgestellt.

Zwischen Autos und Mülltonnen: Otto Wolff von Amerongens „Walzwerker".

Der Ende des 16. Jahrhunderts errichtete Ziegelsteinbau auf der anderen Straßenseite mit der rückwärtigen Längswand auf der alten römischen Stadtmauer beherbergte in früheren Jahrhunderten das zentrale städtische Waffendepot. Heute ist hier das Stadtmuseum untergebracht, das die lokale Politik- und Wirtschaftsgeschichte repräsentiert. An der Westseite wurde im Stil der Kölner Patrizierhäuser ein dekorativer Treppenturm errichtet, über dessen Eingangstür ein kleines Schieferrelief an den Löwenkampf des Bürgermeisters Hermann Gryn erinnert (siehe S. 61f).

Zeughaus / Regierungspräsidium

Unmittelbar an diesen Bau schließt die „Alte Wache" an, die 1840/41 im Stil der florentinischen Palazzi als Wachgebäude für die preußische Verwaltung gebaut wurde. Sie hatte das gegenüberliegende Regierungspräsidium zu schützen und war mit einer ständigen Garnison ausgestattet (eine zweite Wache gab es auf dem Neumarkt, eine dritte an St. Georg).

4

Vom alten Regierungspräsidium, das 1830-32 von einem Schüler des berühmtesten Architekten der Preußenära, Friedrich von Schinkel, entworfen wurde, ist lediglich der rechte Seitenflügel erhalten. Das preußische Präsidium diente damals nicht nur als Amts- und Wohnsitz des Regierungspräsidenten, sondern auch als lokale Dependance der Hohenzollernkönige, wenn diese zu Besuch in Köln waren. Die gesamte preußische Verwaltung in Köln bestand bei der Eröffnung 1832 aus 52 Personen, wuchs in über hundert Jahren bis zum 2. Weltkrieg auf etwa 200 und schnellte dann bis heute auf über 1.300 hoch.

Der Wein, der vom Balkon des Mittelteils an dünnen Drähten herunterhängt, gehört zu den öffentlichen Marotten des jetzigen Regierungspräsidenten Antwerpes. Höchstpersönlich pflegt, schneidet und erntet er die sauren Reben, jeweils unter dem Beifall der Kölner Öffentlichkeit.

In diesem Haus fanden in den 70er Jahren die Verhöre und Befragungen zu den sogenannten „Berufsverboten" statt,

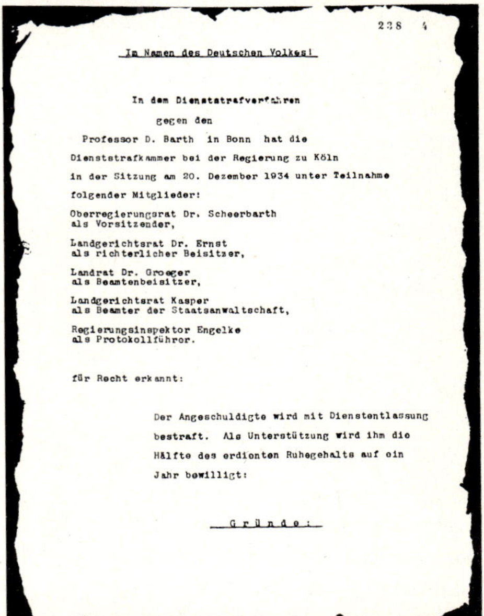

238 4

Im Namen des Deutschen Volkes!

In dem Dienststrafverfahren

gegen den

Professor D. Barth in Bonn hat die

Dienststrafkammer bei der Regierung zu Köln

in der Sitzung am 20. Dezember 1934 unter Teilnahme

folgender Mitglieder:

Oberregierungsrat Dr. Scheerbarth
als Vorsitzender,

Landgerichtsrat Dr. Ernst
als richterlicher Beisitzer,

Landrat Dr. Groeger
als Beamtenbeisitzer,

Landgerichtsrat Kasper
als Beamter der Staatsanwaltschaft,

Regierungsinspektor Engelke
als Protokollführer.

für Recht erkannt:

Der Angeschuldigte wird mit Dienstentlassung bestraft. Als Unterstützung wird ihm die Hälfte des erdienten Ruhegehalts auf ein Jahr bewilligt:

Gründe:

1934 wurde der Theologieprofessor Karl Barth beim Kölner Regierungspräsidenten seines Lehrstuhls beraubt.

als der Staat versuchte, Kommunisten unter Lehrern und Beamten aufzuspüren und zu entlassen. Einen berüchtigten Vorläufer hatte diese Praxis in den sogenannten „Dienststrafverfahren" des 3. Reiches. Exakt hier wurde z.B. am 20. Dezember 1934 einer der berühmtesten evangelischen Theologen unseres Jahrhunderts, Karl Barth, angeklagt und von seinem Bonner Lehrstuhl entfernt.

Der preußischen Zeit zuzuordnen ist auch das alte Amtsgericht am Appellhofplatz jenseits des Zeughauses. Es wurde Ende des letzten Jahrhunderts als Ziegelsteinbau im Stil der niederländisch beeinflußten Neurenaissance errichtet. Der Name des Platzes weist auf die ehemalige preußische Berufungs- oder Appelationsinstanz hin. Als der Stadtrat im Jahre 1985 diesen Platz nach dem Kölner Schriftsteller Heinrich Böll umbenennen wollte, kam es zu empörten Protesten der Juristen, und der Name blieb. Stattdessen wurde der Platz hinter dem neuen Ludwig-Museum mit dem Namen des Schriftstellers geschmückt.

El-De-Haus

5

Vorbei am Regierungspräsidium überquert man die Autostraße, läßt den Römerturm rechts und die Römermauer links liegen und biegt wieder nach links in die Elisenstraße ein. In der Mitte liegt rechter Hand ein Parkplatz, an dessen nordöstlicher Ecke — heute eine grüne Garage, ein paar Birken, Tannen und abgeschlossene Gärten — bis 1945 eine Hinrichtungsstätte der Gestapo lag. Sie gehörte zum sogenannten „El-De-Haus", das nach den Initialen des Besitzers Leopold Dahmen benannt wird, die über dem Hauseingang auch dargestellt sind. Das graue, breit angelegte Bürogebäude wurde von Dahmen 1935 gebaut

Nichts erinnert mehr an die einstige Hinrichtungsstätte der Gestapo – heute ein Parkplatz an der Elisenstraße.

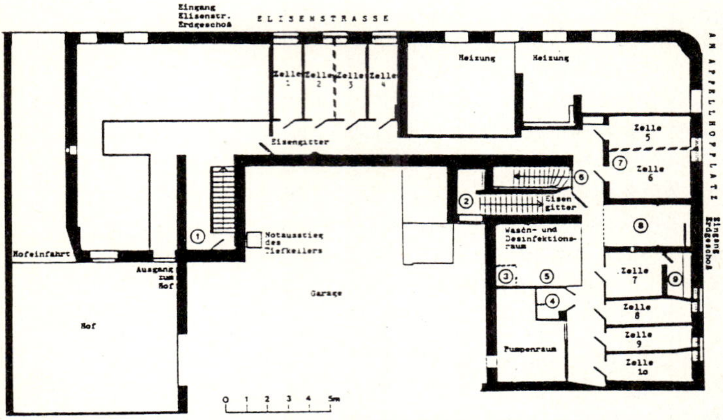

❶ Abstieg vom Eingang Elisenstraße
❷ Abstieg vom Eingang Appellhofplatz
❸ ehem. Toilette
❹ 2 ehem. Toiletten (ab 1943)
❺ ehem. Waschrinne
❻ Abstieg zum Tiefkeller
❼ Zellen 5/6 heute Dokumentationsraum
❽ Wachraum mit Gepäckverschlag ab 1943 (vor 1943 war die Wache im Waschraum gegenüber)
❾ Dunkelhaftzelle (ab 1944)

und 1936 an die Gestapo vermietet. Hier hatte die Geheime Staatspolizei für den Gau Rheinland und Aachen ihren Sitz mit einem eigenen Gefängnis-und Foltertrakt in zwei Kelleretagen und der Hinrichtungsstätte hinter dem Haus. Tausende von Häftlingen, zunächst politische Oppositionelle, Sozialdemokraten und Kommunisten, dann während des Krieges auch protestierende Jugendliche von den „Edelweiß-Piraten", Kriegsgefangene und vor allem zahlreiche ausländische Zwangs- oder Fremdarbeiter/innen waren hier eingesperrt, wurden verhört, häufig mißhandelt, gefoltert und viele von ihnen auch umgebracht. Die Gestapo hatte ein eigenes Terrain auf dem Westfriedhof, auf dem zahlreiche

Zellentür im El-De-Haus

Opfer aus der „Elisenstraße" (so die Eintragung im Totenbuch) begraben sind.

Das El-De-Haus ist eines der wenigen Gebäude der Innenstadt, das im Krieg fast unversehrt blieb, so daß 1945 die Stadtverwaltung hier einziehen konnte. Die Haftzellen im Keller wurden jetzt als Aktenkeller genutzt und gerieten in Vergessenheit. Die Stadt und die älteren Kölner verdrängten ihr Wissen, der Hausbesitzer, der weiter von der öffentlichen Hand seine Miete kassierte, hatte keinen Grund, die Nazigeschichte wach zu halten. Bitter allerdings war es für ei-

Jahrzehntelang lagerte die Stadtverwaltung ihre Akten in den Gestapozellen. Erst ein „Einbruch" brachte 1978 den Beweis – Hinter den Regalen waren die Inschriften der Gefangenen noch zu lesen. Fotos wie dieses dienten als Beleg.

nige Kölner, die früher hier mißhandelt worden waren und in dem geschmackloserweise jetzt dort untergebrachten Rentenamt um ihre Entschädigungen und Versorgungsansprüche — oft vergeblich — nachsuchen mußten. Fast 30 Jahre später erfuhren einige jüngere Kölner Einzelheiten vom El-De-Haus. Sie versuchten, die Öffentlichkeit wieder für das Gebäude zu interessieren und vor allem auf die Zellen mit ihren zahllosen Wandinschriften hinzuweisen. Die Stadt als Mieterin erklärte sich für unzuständig, der Besitzer Dahmen wollte die „alten Kamellen" ruhen lassen. Erst als die Initiative 1978 bei einem nächtlichen „Einbruch" Zellen und Inschriften fotografierte und damit Interesse im Ausland wecken konnte, wurde der Stadtrat gezwungen, die Akten aus den Kellern zu entfernen, die Zellen unter Denkmalschutz zu stellen und die Inschriften zu restaurieren. Gleichzeitig wurde ein Dokumentations- und Forschungszentrum zum Nationalsozialismus in Köln beschlossen. Aber erst 8 Jahre später, unter dem erneuten öffentlichen Druck der Initiative, wurde dieser Beschluß im Frühjahr 1987 umgesetzt.

Jahrzehnte hinter Akten verborgen: „Gottes Mühlen mahlen langsam, aber sicher!" – „Kinder müssen kommen für den Krieg / Räder müssen rollen für den Sieg / Köpfe müssen rollen nach dem Krieg."

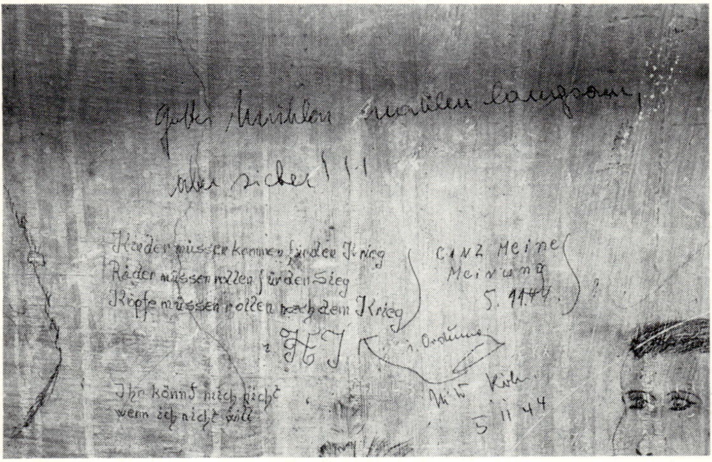

Krebsgasse / Glockengasse / Helenenstraße

6

Ein weiterer Ort in der Nähe, der ebenfalls an das 3. Reich erinnert, ist die Krebsgasse Nr. 3. Hier befand sich bis 1945 das Polizeipräsidium, in dem bis zum Umzug ins El-De-Haus die Gestapo residierte. Eine Tafel im Boden, von Ketten und Eisenpollern umgeben, erinnert daran. Ursprünglich wollte die Stadt an der neuen Fassade auf dem historischen Grundstück die Tafel anbringen, aber der Hausbesitzer lehnte ab.

Synagoge in der Glockengasse (1861)

Eine weitere Gedenktafel hängt in der Glockengasse, an der Ecke der Oper gegenüber dem 4711-Haus. Sie erinnert an die große jüdische Synagoge, die 1861 an dieser Stelle eingeweiht wurde. Der jüdische Bankier Abraham Oppenheim hatte sie finanziert und der Dombaumeister Ernst Friedrich Zwirner entworfen, damals noch eine selbstverständliche christlich-jüdische Kooperation. Im Stil ähnelte die Synagoge mit einer Halbkuppel, die von vier Minaretts flankiert wurde, einer Moschee. Sie wurde in der sogenannten „Reichskristallnacht" am 9. November 1938 verwüstet und nach dem Krieg nicht wieder aufgebaut.

Eine dritte Tafel liegt weiter entfernt, an der Ecke St. Apern/Helenenstraße, an dem Gebäude der „Kreishausgalerie". Sie erinnert an die frühere Synagoge der orthodoxen jüdischen Gemeinde, der sogenannten Gerechten, „Adass Jeschurun", die hier auch eine Volksschule, ein Gymnasium und ein Lehrerseminar unterhielten.

Eine Tafel an der St. Apernstraße erinnert an die Synagoge der orthodoxen Gemeinde Adass Jeschurun. Das Innere der Synagoge wurde am 10.11.38 zerstört, das Gebäude fiel einem Bombenangriff im 2. Weltkrieg zum Opfer.

Die ganze Gegend um das Regierungspräsidium scheint bereits in der Weimarer Republik Schwerpunkt der Nazis gewesen zu sein. Die NSDAP hatte ihre

Synagoge Glockengasse: Die Nazis zerstörten sie in der „Kristallnacht" 1938. Heute steht hier die Oper.

Stammkneipe „Haus Mainz" in der Helenenstraße Nr. 9 (heute eine Wäscherei). Inhaber war der Nazi-Stadtrat Mainz. Nicht allzu weit davon entfernt lag in der Zeughausstraße die Gaststätte „Zur Rübe", in der die SS verkehrte. Vor beiden Kneipen kam es in der Weimarer Republik wiederholt zu Übergriffen der Nazis auf politische Gegner; im Dezember 1930 wurde nahe der „Rübe" Hermann Kraemer, ein Mitglied des kommunistischen Jugendverbandes, erschossen.

St. Maria in der Kupfergasse / Schwarze Madonna

(7)

1630 kamen aus Herzogenbosch vertriebene Nonnen nach Köln und ließen sich an der Kupfergasse (heute Schwalbengasse) nieder. Im Gepäck hatten sie eine alte, schwarze, aus Lindenholz geschnitzte Marienfigur, für die sie eine eigene Kapelle und später drumherum eine barocke Kirche bauten. Die „Schwarze Muttergottes" war und ist in Köln eine hochverehrte und in vielen Sorgen und Nöten angeflehte Schutzfigur. In früheren Zeiten erhielten schwangere Frauen von den Nonnen eine Kerze und einen schmalen weißen Leinengürtel, der in roter Farbe mit den Initialen von Jesus und Maria bedruckt war. Er wurde um den Leib gebunden und sollte zu einer guten Geburt verhelfen. Die Kerze wurde angezündet, wenn die Geburtswehen einsetzten, und bevor sie abgebrannt war, sollte auch die Geburt beendet sein. Die Kerzen aus der Kirche der Schwarzen Madonna erfreuen sich noch heute großer Beliebtheit.

„Schwarze Madonnen" werden nicht nur in Köln verehrt. Es gibt einige sehr berühmte schwarze Marienfiguren (z.B.

In der Helenenstraße hatte der Nazi-Stadtrat Mainz eine Kneipe.

Gnadenbild der Schwarzen Madonna in St. Maria in der Kupfergasse.

in Tschenstochau in Polen oder in Chartres in Frankreich), denen bedeutende Wirkungen und Wunder nachgesagt werden. Der Glaube an schwarze Göttinnen ist sehr viel älter als das Christentum (Paulus berichtet im Neuen Testament z.B. von der schwarzen Diana in Ephesus) und wurde wie so vieles von der neuen Religion übernommen und auf die Marienverehrung übertragen. Die Tradition geht zurück auf schwarze Erd- oder Mondgöttinnen, die vornehmlich in Grotten, an Quellen oder in Höhlen, jedenfalls in Verbindung mit Wasser verehrt wurden und denen eine besondere Heilkraft und stärkere Wirkung als gewöhnlichen weißen Göttinnen nachgesagt wurde. Die Verbindung vorchristlicher Kulte mit Geburts- und Fruchtbarkeitsriten kommt häufig vor, und es liegt nahe, in der Übernahme dieses Glaubens bis in die Kupfergasse hinein, ein Weiterwirken der heidnischen Tradition zu vermuten.

Der Name der Schwalbengasse wird manchmal populär-kölsch mit dem Begriff der „Bordsteinschwalbe“ (Prostituierte) in Verbindung gebracht. Das ist zwar sprachgeschichtlich an den Haaren herbeigezogen, doch in dieser Gegend um den Berlich herum lag im Hochmittelalter das Hauptwohn- und Arbeitsgebiet der städtischen Dirnen. Die Steuerlisten der Gemeinden nennen schon im 13. Jahrhundert ein ,,Haus der schönen Frauen" in der Schwalbengasse, das älteste nachgewiesene private Bordell überhaupt in Deutschland, welches — den Steuerbeträgen nach zu urteilen — hohe Umsätze brachte.

,,Das Mittelalter bietet ein buntes, schillerndes und widersprüchliches Bild der Prostitution. Einerseits war es bis zum 14. Jahrhundert möglich, daß ein Ehemann oder Vater seine Frau oder Tochter an ein Frauenhaus verpfänden konnte, um seine Schulden zu bezahlen. Andererseits gelten Frauenhäuser als sogenannte befriedete Orte, wo jedes Verbrechen doppelt hart bestraft wird. Vergewaltigung und Beleidigung von Prostituierten wird ausdrücklich ebenso geahndet wie bei andern Frauen. Nachdem die Verpfändung von Frauen an einen Wirt oder eine Wirtin verboten wird,

Schwalbengasse/Ecke Neven-DuMont-Straße: im Mittelalter das bevorzugte Wohn- und Arbeitsgebiet städtischer Dirnen.

kann jede Prostituierte das Frauenhaus jederzeit wieder verlassen. Selbst wenn sie Schulden hat, kann man sie nicht zum Bleiben zwingen." (Anke Wolf-Graf, Verborgene Frauenarbeit)

In Köln, der größten Stadt Deutschlands, arbeiteten immer zahlreiche Prostituierte, denn der enorme Pilgertourismus und Fremdenverkehr stellten eine beträchtliche Einnahmequelle für die Dirnen dar. Dazu kamen die großen kirchlichen Veranstaltungen, die Staats-

Maria Magdalena, Schutzmatronin der Prostituierten

besuche der regierenden Häupter und die gesamte urbane Situation, die die Prostitution begünstigten. Erst im ausgehenden Mittelalter verschlechterte sich mit der generellen Situation der Frauen auch die Stellung der Prostituierten. Aus dem vormaligen Schutz durch die städtischen Henker wurde immer mehr ein Zuhälterverhältnis. An den Rand der Gesellschaft gedrängt, bekommen die „Huren" deren Doppelmoral zu spüren, die die Prostitution braucht, sie aber gleichzeitig öffentlich verachtet.

Schutzheilige der Prostituierten war die heilige Magdalena, der zu Ehren jährlich eine Prozession veranstaltet wurde. Seit dem 13. Jahrhundert schon gab es sogar einen eigenen Orden, die „Magdalenerinnen" oder „weißen Frauen", die ausschließlich Prostituierte aufnahmen. Die Kölner Niederlassung des Ordens lag am Eigelstein und wurde „Haus Bethlehem" genannt.

Schweizer Ladenstadt

(8)

Das Einkaufszentrum neben der Oper mit dem Namen „Schweizer Ladenstadt" ist das älteste geschlossene Konsumetablissement in Köln. Es wurde bereits in den 60er Jahren eröffnet. Vergleicht man den Komplex mit dem Mitte der 70er Jahre eröffneten „Bazaar de Cologne", läßt sich deutlich der Werte- und Ästhetikwandel von Konsum und Einkaufsambiente in den letzten zwanzig Jahren ablesen. In der „Ladenstadt" ist über den Geschäftsstraßen im Erdgeschoß eine Hochgarage gebaut, und die Außenfront wurde in schlichten Fertigbetonmustern gestaltet. Das überkragende oberste Stockwerk wurde erst später aufgesetzt. Bei diesem Bau spielten Material und Gestaltung zur Präsentation der Warenästhetik noch kaum eine Rolle. Der einzelne Laden steht und wirbt für sich allein. Ganz anders im „Bazaar" zwischen Mittelstraße und Großer Brinkgasse. Dort sind die Geschäfte Teil eines Gesamtkonsumpalastes, dessen ästhetische Wirkung durch weiße Farbe, Helligkeit und Licht, durch viel Grün und einen künstlichen Wasserlauf dominiert wird. Der ,,Bazaar" schafft eine kauforientierte, freundliche Stimmung, bei der die einzelnen Produkte und Geschäfte neben-, ja fast nachgeordnet sind und austauschbar werden. Es ist kaum besser auszudrücken, als es ein Werbeprospekt beschreibt: ,,Verkaufen wird zur Kunst. Einkaufsgalerien, Ladenpassagen sind die verführerischen Umfelder für Kaufkraftgewinn. Bäume, Blumen, Lichteffekte, reizvolle Farbkombinationen. Hier begegnen sich Lebensfreude und ökonomischer Erfolg."

9

Breite Straße / Ehrenstraße

Breite Straße, Ehrenstraße, Mittelstraße, Pfeilstraße, Kettengasse oder Friesenwall: wir sind hier im Herzen des Konsums der 80er und nach der Planung auch der 90er Jahre. Wenn Verwaltungsspitze und Rat in Köln in Begriffen wie ,,Neuer Aufbruch", ,,Attraktivität der City", ,,Optimistische Wirtschaftslage" und ähnlichen Euphemismen schwelgen, dann haben sie vor allem diese Citygegend im Auge, an der man heute schon studieren kann, wie das Kölner Zentrum demnächst überall aussehen soll.

Der Tip zur Rast: Papageiencafé auf dem Berlich 8-10 — großes Café im Stil der 60er Jahre mit Papageien, Affen und Fischen, gutem Kuchen und kleinem Imbiß — geöffnet von 9 bis 18 Uhr sowie an Sonn- und Feiertagen.

CAFE
AM BERLICH

Der Architekt Hartmut Gruhl und Gattin Daniela Gerling (Tochter des gleichnamigen Versicherungsvertreters) sind die entscheidenden Exponenten der Umgestaltung. Im Unterschied zu Architekten, die Pläne zeichnen und Häuser entwerfen, organisieren Gruhl und Partnerin auch das Geld und besorgen die Investoren. Ihr Feldzug begann Mitte der 70er Jahre in der Pfeilstraße. Es folgten Bau und Finanzierung des ,,Bazaar de Cologne" in der ehemaligen Hauptverwaltung der ,,Rheinbraun" und 1986 das ,,Geschäftshaus Ehrenstraße". Zuletzt waren die Gruhls dabei, die Mittelstraße aufzupolieren.

Kleine Brinkgasse

10

Am westlichen Ende der Ehrenstraße biegt links eine kleine Gasse als Verbindung zur Großen Brinkgasse ab. Bis Ende der 60er Jahre waren hier die innerstädtischen Bordelle angesiedelt. Die

Den Blick in die Kleine Brinkgasse versperrten früher Sichtblenden. Haken sind die letzten Zeugnisse in der Wand.

Prostituierten, die teilweise noch ohne Zuhälter arbeiten konnten, wurden 1970 mit der Aufwertung des Viertels in das zentrale Großbordell am Rande der City in der Hornstraße ausquartiert. Heute existiert nicht einmal mehr ein Straßenschild ,,Kleine Brinkgasse", und nur noch ein paar Haken eingangs in der Wand erinnern an die Sichtblenden, die den Bezirk vor neugierigen Spannern und unerwünschten Frauenblicken abschirmten. Auch diese Gasse hat Gruhl in seinen Sanierungsplänen markiert.

Der Fußweg führt durch die Kleine und Große Brinkgasse, von hinten in den ,,Bazaar de Cologne" und vorne heraus auf die Mittelstraße.

St. Apostelн

St. Aposteln ist eine der jüngeren romanischen Kirchen und fußt, obwohl sie neben dem römischen Westtor stand, weder auf einem antiken Vorgängerbau, noch auf einem römischen Friedhof. Der Ausbau in der noch vorhandenen Form mit dem Kleeblattchor im Osten und dem mächtigen Turm, dem ,,Apostelklotz" im Westen, ist sichtbar von byzantinischen Elementen geprägt. Viele halten diese

(11) Kirche mit den ausgewogenen Proportionen des Baukörpers und den vielen harmonischen Details für den vollendetsten Bau der Romanik in Köln. Hinzu kommt die beherrschende städtebauliche Position am Neumarkt, die heute wegen des dominierenden Autoverkehrs allerdings kaum noch wahrzunehmen ist.

Unmittelbar hinter dem Eingang, im südlichen Schiff des Westquerhauses, ist ein Figurenensemble der sogenannten „14 NothelferInnen" aufgestellt. Der heilige Christopherus ist durch den ADAC auch im 20. Jahrhundert bekannt geblieben, aber die Anrufung der anderen ist doch ein wenig aus der Mode gekommen: Blasius hilft bei Halskrankheiten, was daran erkennbar ist, daß er einem Jungen zu Hilfe eilt, der eine Fischgräte verschluckt hat; der Drachentöter Georg wird bei Schlangenbiß, Pest und Aussatz angerufen; Erasmus, dem unter der Folter die Därme aus dem Leib gerissen wurden, hilft bei Leiden des Unterleibs; der heilige Veit wird bei Epilepsie(„Veitstanz") und Hysterie um Hilfe gebeten und Achatius bei Todesfurcht; die Jungfrau Margarete gilt als Siegerin über den Teufel und ist mit einem Drachen an der Kette dargestellt, sie hilft bei Geburtsnöten; Pantaleon, der in Köln eine eigene große Kirche hat und griechischer Arzt war, soll bei Kopfschmerzen angerufen werden; Cyriacus und Ägidius

Schlangenbiß, Pest oder Hysterie – für alles gibt es einen heiligen Helfer bei St. Aposteln.

Unmittelbar hinter der römischen Stadtmauer wurde zu Beginn des zweiten Jahrtausends die Apostelkirche gebaut. Der Pastor kürzte später den Weg in seine Kirche ab, indem er sich einen Steg über die Mauer in den Chor der Kirche bauen ließ. Der zugemauerte Eingang ist rechts im Scheitel der Apsis noch zu erkennen. Für die Archäologen ein Beleg, wie hoch die Römermauer eigentlich war.

helfen wiederum bei Geisteskrankheiten, der erste bei Besessenheit, der zweite bei Epilepsie; Eustachius, begleitet von einem Hirsch mit einem Kreuz im Geweih, ist der Patron der Förster; die heilige Barbara steht bei jähem Tod zur Verfügung und Katharina, die heidnische Professoren bekehren konnte, hilft bei Leiden der Zunge; ihr Symbol als schreibende Intellektuelle ist eine Gänsefeder. Der heilige Dionysos zum Schluß, der enthauptet wurde und den Kopf unter dem Arm trägt, hilft bei Kopfschmerzen.

Das sind klare Einteilungen: persönliches Leiden und Tod werden zum Spezialgebiet des Heiligen. Die Verehrung der Vierzehn kam im späten Mittelalter auf, und das Programm ihrer Patronate bzw. Matronate spiegelt etwas von den beherrschenden Nöten der Entstehungszeit: Halskrankheiten, Pest und Schlangenbiß, Geburtsnöte, Reiseprobleme und immer wieder der plötzliche Tod. Erstaunlich ist die Fülle der Geisteskrankheiten, bei denen Hilfe gesucht wurde. Vielleicht drückt sich darin auch die magische Wundergläubigkeit einer Zeit aus, die zwischen Wahnsinn, Zauber und Hexerei kaum unterschied.

St. Aposteln wird am 2.8.1974 das Kreuz aufgesteckt.

Neumarkt

Für den Neumarkt wird eine Betrachterposition in der Mitte des Platzes vorgeschlagen. Zur Einstimmung sollte man sich langsam um die eigene Achse drehen, um Dimension und Ausmaß der über 900jährigen Anlage und ihren derzeitigen Zustand zu erleben.

12

Zunächst die Interessen:
Die nordwestliche Ecke zwischen Gertruden- und Richmodstraße ist in der Hand der ,,Kreissparkasse", die hier ein neues Geschäfts- und Geldzentrum für 100 Millionen Mark baut. Eingeschlossen ist das sparkasseneigene Käthe-Kollwitz-Museum. An der Nordseite plant u.a. ,,Hertie" Erweiterungen im Rahmen der Aufwertung des Neumarktes. Der sogenannte ,,Olivandenhof" dahinter an der Zeppelinstraße wurde von der ,,Colonia Versicherung" abgerissen. Die historischen Fassaden mußten stehenbleiben und wurden später vor den Neubau geklebt. (Vielleicht wäre es angesichts dieser häufigeren Kölner Denkmalpraxis angebracht, das Amt der Stadtkonservatorin in ,,Potemkinsche Illusionsbehörde" umzutaufen und im Mediapark anzusiedeln.)

Alte Fassade wird wieder aufgebaut

Die denkmalwerte Fassade eines Hauses an der Gertrudenstraße wird bald ein paar Meter weiter an der Ecke Wolfsstraße/Richmodstraße wiedererstehen. Wie Stadtkonservatorin Dr. Hiltrud Kier im Kulturausschuß mitteilte, wird die vor mehr als zehn Jahren abgetragene und in einem Depot aufbewahrte Fassade von der Kreissparkasse im Zuge ihrer Baumaßnahmen wieder aufgebaut.

1977 hatte das Kreditinstitut nach Angaben der Konservatorin zugesagt, die alten Mauerteile wieder zu verwenden. Bei der Abtragung sei aber nicht klar festgelegt worden, an welcher Stelle die Fassade Verwendung finden sollte. mb

An der Nordseite des Neumarkts investiert die Kreissparkasse Köln in den Bau der „Neumarkt Passage". Neben diversen Läden soll hier künftig auch das Käthe Kollwitz Museum der Kreissparkasse sein Domizil finden.

Zweitens die Geschichte:
In römischer Zeit lag hier eine bessere Wohngegend an der Ost-West-Hauptstraße. Im 11. Jahrhundert wurde der Markt in der heute noch vorhandenen Dimension angelegt. Seitdem blieb er unbebaut. Die Archäologen gehen deswegen von umfangreichen und außerordentlich wertvollen Bodendenkmälern der römischen Epoche unter dem Platz aus, die in Größe und Zustand einzigartig in ganz Europa sein könnten. So sind sie nicht nur strikt gegen Tiefgaragenpläne unter dem Neumarkt, sondern sie wollen auch den Bestand nicht ausgraben, um die einzigartige „Bodenurkunde" nicht zerstören zu müssen und sie künftigen Generationen übergeben zu können.

Der Freiheitsbaum der französischen Revolutionstruppen auf dem Neumarkt

Im Mittelalter diente der Platz mit einer Tränke und einem Brunnen als Viehmarkt und besaß eine Schießanlage für die wehrhaften Bürger. Er soll aber auch den „Hexen“ als Tanzplatz gedient haben, wie viele Frauen unter der Folter in den Hexenprozessen aussagten.

In der französischen Zeit Kölns sah der Neumarkt große politische Massenkundgebungen. Am 9. Oktober 1794, drei Tage nach dem Einmarsch in die Stadt, wurde von den Revolutionstruppen hier der Freiheitsbaum aufgepflanzt: eine hohe, nackte Tanne, oben mit der roten Jakobinermütze geschmückt und mit den blau-weiß-roten Farben der Republik umwunden. Die Interessengemeinschaft der Neumarktkaufleute hat vorgeschlagen, ein neues Denkmal auf dem Neumarkt zu errichten, das allerdings nicht an den Freiheitsbaum und die Revolutionsparolen „Freiheit, Gleichheit, Brüderlichkeit“, sondern mit einer Büste an den früheren Oberbürgermeister Konrad Adenauer erinnern soll.

„Zu ihrem Grausen schlug die Tote die Augen auf ...“

Richmodisturm

Im Mittelalter lebte am Neumarkt eine der besseren Kölner Familien. Ein Campanile-ähnlicher Turm in der Richmodstraße (1928 renoviert) erinnert an die früheren „Herren“-häuser. Um die zwei Pferde, die oben herausschauen, gibt es eine Legende, die im Jahre 1349, zur Pestzeit spielt:

13

Zu der Zeit war die schöne Richmodis von Aducht gestorben, und weil Ansteckungsgefahr drohte, mußte sie sofort begraben werden. Zwei arme Totengräber bekamen beim Zunageln des Sarges

Zwei Pferde schauen herab auf den Neumarkt und erinnern an die Legende von der schönen Richmodis.

mit, welchen kostbaren Schmuck der trauernde Witwer Mengis von Aducht seiner Geliebten auf die letzte Reise mitgegeben hatte. Die zwei kamen nachts zurück und gruben Richmodis wieder aus, um die Pretiosen für die Lebenden zu verwerten, bis die vermeintlich Tote — sie war nur scheintot — zu ihrem Grausen die Augen aufschlug. Aducht, der trauernd oben auf seinem Turm saß, wollte die Botschaft nicht glauben und schwor, daß eher seine zwei Pferde den engen Treppenturm hinaufkämen und den Kopf zum Fenster hinausstreckten, als daß Richmodis noch lebte. Und genau so passierte es, weswegen das glückliche Paar später die ausgestopften Pferdeköpfe an den Turm hängen ließ.

Gesundheitsamt

(14)

Im „Kunstführer Köln" wird das Gesundheitsamt an der Süd-Ost-Seite des Neumarktes wegen seiner „ausgedehnten ruhigen Werksteinfassade" gerühmt. Das ehemalige „Haus Bing" wurde 1908 von dem Architekten Müller-Erkelenz

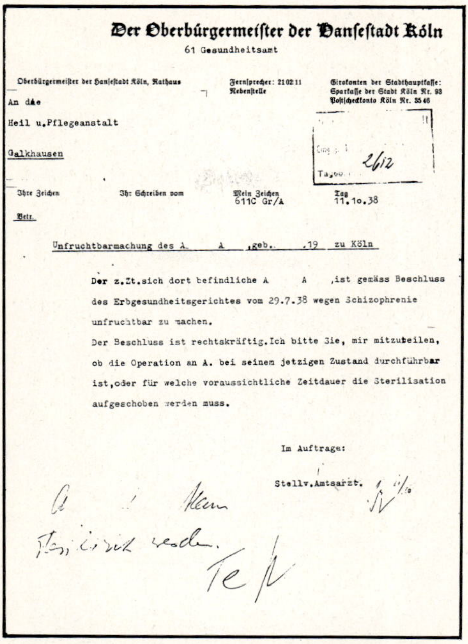

Der Oberbürgermeister der Hansestadt Köln
61 Gesundheitsamt

Oberbürgermeister der Hansestadt Köln, Rathaus — Fernsprecher: 21 02 11 Nebenstelle — Girokonten der Stadthauptkasse: Sparkasse der Stadt Köln Nr. 93 Postscheckkonto Köln Nr. 35 46

An die
Heil u. Pflegeanstalt
Galkhausen

Eing.: 2/12
Tagebuch

Ihre Zeichen — Ihr Schreiben vom — Mein Zeichen 611C Gr/A — Tag 11.10.38

Betr.

Unfruchtbarmachung des A. A , geb. .19 zu Köln

Der z.Zt. sich dort befindliche A A , ist gemäss Beschluss des Erbgesundheitsgerichtes vom 29.7.38 wegen Schizophrenie unfruchtbar zu machen.
Der Beschluss ist rechtskräftig. Ich bitte Sie, mir mitzuteilen, ob die Operation an A. bei seinem jetzigen Zustand durchführbar ist, oder für welche voraussichtliche Zeitdauer die Sterilisation aufgeschoben werden muss.

Im Auftrage:

Stellv. Amtsarzt.

entworfen — so viel ist zu erfahren, doch nichts über die ,,innere" Geschichte des Hauses.

Zwischen 1933 und 45 wurden in diesem Gebäude unter dem Decknamen ,,Gesundheitsamt" Zwangssterilisation, Euthanasie und die Vernichtung von Kölner Kranken organisiert. Unmittelbar nach der Machtergreifung entwickelten die Nazis ein Programm der ,,Erbgesundheit und Rassenhygiene". Im Gesundheitsamt führten sie ab 1934 eine Zentralkartei aller ihnen bekannten Personen, die später die Grundlage für Ausmerzung und Vernichtung abgab. Betroffen waren

Unter dem Decknamen,,Gesundheitsamt" organisierten die Nazis von hier aus die Aussonderung und Vernichtung des sogenannten,,unwerten Lebens".

Porträt des Bruders Tobias, des wahrscheinlichen Gründers der Alexianer

psychisch Kranke, geistig und körperlich Behinderte, Taubstumme, Tuberkulosekranke, Fürsorgezöglinge, Altersheimbewohner, Arbeitsinvalide, Kriegsopfer und vor allem Juden. Das Gesundheitsamt prüfte, wie „rein“ Abstammung oder „erbbiologischer Zustand“ der Betroffenen war, oft eine entscheidende Voraussetzung für Heirat, Beruf, Anstaltsunterbringung oder Zwangsmaßnahme. Mindestens 3.500 Zwangssterilisationen sind hier mit der Begründung „angeborener Schwachsinn“ oder „Schizophrenie“ angeordnet worden. Später wurden die Krankenmorde mit dem Begriff „Euthanasie“ von hier aus vorbereitet und organisiert. Es gibt Untersuchungen, nach denen die Kölner Betroffenen überwiegend aus den Arbeitervierteln der südlichen und nördlichen Altstadt stammten, besonders aus Ehrenfeld, Nippes und Kalk.

Der Tip zur Rast: Roßschlachterei und Gaststätte Pietsch, Alexianerstraße 12, Telefon: 21 32 60 — vorzügliches Essen zwischen DM 6,60 (Sauerbraten) und DM 16,50 (Filetsteak) — alles vom Pferd! Karge kölsche Wirtschaft mit einheimischem Publikum.

Leiter des Gesundheitsamtes war der städtische Beigeordnete Karl Coerper, seit 1926 im Dienst der Stadt Köln und einer der zwei Spitzenbeamten, die von den Nazis 1933 übernommen wurden. Ab 1938 war Coerper auch Professor für

Erb- und Rassenhygiene an der Universität. Chef der zuständigen Abteilung war der Medizinalrat Dr. Walter Auer, der nach 1945 weiter am Gesundheitsamt tätig war und später zum Obermedizinalrat befördert wurde.

Durch die Thieboldsgasse nach Süden: Armen- und Arbeitshaus

15

Die Gegend südlich des Neumarktes ist historischer Boden, was Gesundheitsverwaltung und Fürsorge anbelangt. Im 19. Jahrhundert lag auf dem Gelände hinter Volkshochschule und Kunsthalle das „Bürgerhospital". Die erste Querstraße, die man beim Gang durch die Thieboldsgasse erreicht, die „Lungengasse", erinnert in ihrem Namen ebenfalls an eine alte Einrichtung. Die „Lungenbrüder", später „Alexianer" (diesen Namen trägt die übernächste Querstraße), waren ursprünglich für die Bestattung der Toten zuständig, später unterhielten sie hier eine Art geschlossene Anstalt für Geisteskranke. Aus vielen Berichten ist bekannt, daß die Alexianer eine äußerst robuste Mannschaft gewesen sein müssen, die auch bei pädagogischen Problemen der besseren Familien zu Hilfe gerufen wurden. Prügelstrafe und Einschluß im Kloster waren an der Tagesordnung.

Aber auch für Querulanten und Dissidenten waren die Alexianer zuständig. 1682 etwa wurde auf Beschluß des Rates der Führer des damaligen Bürgeraufstandes Nikolaus Gülich hier eingesperrt, mußte aber auf Druck der Straße freigelassen werden und erzwang seine Rückkehr, bei der er in einem Triumphzug von der Lungengasse zum Rathaus im Bett vorangetragen wurde.

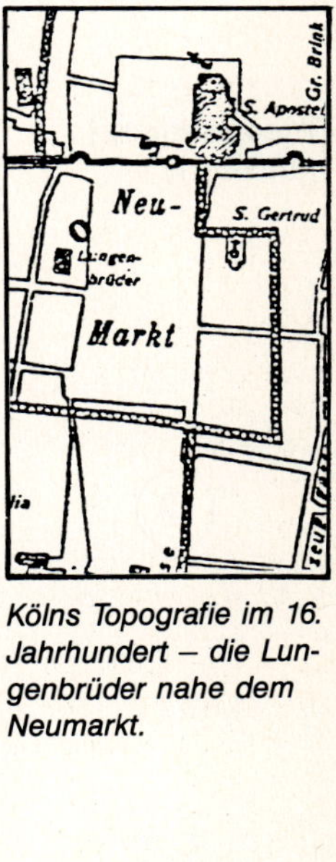

Kölns Topografie im 16. Jahrhundert – die Lungenbrüder nahe dem Neumarkt.

Anfang des 16. Jahrhunderts wurde aus dem Haus der Alexianer ein Armenhaus, dessen zweiter Name „Arbeitshaus" den neuen Charakter besser verdeutlicht. Köln war seinerzeit eine der größten urbanen Attraktionen Europas und zog Reisende, Bettler, Müßiggänger und Lebenskünstler aller Länder an. Aber erst in der Neuzeit kam man auf die Idee, diese Leute in geschlossenen Anstalten unterzubringen und zur Arbeit zu zwingen.

1707 wurde das Armenhaus um einen Flügel erweitert, um das sogenannte ,,Zuchthaus".

Schemmergasse – die 50er Jahre unter Denkmalschutz

Griechenmarkt / Handwerk

16

Das Griechenmarkt-Viertel zwischen der Nord-Süd-Fahrt im Osten, den Bächen im Süden, dem Neumarkt im Norden und dem Mauritiussteinweg im Westen war das größte Handwerkerviertel im alten Köln. Auf der Uferböschung des Duffesbaches, dem heute der Verlauf der Bachstraßen entspricht, stand die alte Römermauer. An den Ufern des Baches ließen sich um die Jahrtausendwende aus Friesland eingewanderte Weber nieder; eine Wirtschaftsansiedlung, die den Standortvorteil des Wassers zu nutzen wußte: Die Gerber wuschen hier ihre Felle vor der Verarbeitung, woran die Namen ,,Rothgerberbach" und ,,Perlengraben" (von Perle = Fell) erinnern. Die Textilien wurden dann durch die Färber weiter verarbeitet, wovon ,,Blaubach" und ,,Färbergasse" zeugen; der ,,Waidmarkt" war der Handelsplatz des typischen Kölner Blaus, das aus einer Pflanze namens ,,Waid" gewonnen wurde. Schließlich erinnern auch ,,Kämmergasse" und ,,Spinnmühlengasse" an verwandte Berufe, wie auch rheinwärts der ,,Filzengraben", an dem die Filzhutmacher saßen.

Diese Tradition hat den kleinteiligen, ja kleinbürgerlichen Charakter des Viertels bis ins 20. Jahrhundert geprägt. Die erste Stadtplanung der 50er Jahre baute das gesamte Siedlungsgebiet relativ vorsichtig wieder auf, ohne es durch Hochhaus- oder Großbauten zu zerstören. Die Stadtkonservatorin möchte das Gebiet als Ganzes unter Denkmalschutz stellen, um den ausgeprägten Stil der Aufbaujahre zu erhalten. Der Weg durch die Alexianerstraße, Schemmergasse und Schartgasse bis zur Alten Mauer am Bach vermittelt einen guten Eindruck von der Geschlossenheit des Viertels.

(17)

Am Großen Griechenmarkt

Am Großen Griechenmarkt hat es zweimal in der Stadtgeschichte blutige Kämpfe zwischen Bürgern und der Staatsgewalt gegeben. Das erste Mal im Jahre 1370 beim großen Weberaufstand, der zwar niedergeschlagen wurde, so daß das Blut die Straße hinabfloß, wie es in einer Chronik heißt, der aber entschei-

...und das Blut der Weber floß die Straße hinab.

Es ging ums Überleben

Vielen Kölnern, die die letzten Kriegsmonate in Kellern und Bunkern hausten und wohl überwiegend sehnsüchtig auf das Eintreffen der Amis warteten, ist aus eigenem Erleben hinreichend bekannt, daß nächtliche Feuergefechte zwischen Gestapo und oppositionellen Gruppen keine Seltenheit waren. Nach der Erfassung der Jugendlichen für den Baueinsatz „Westwall" desertierten viele Jungen und kehrten mit Hilfe verständnisvoller Eisenbahner in ihre Heimatstadt zurück. Um den Jagdkommandos der Hitler-Jugend zu entgehen, versteckten sie sich in Trümmern oder fanden Unterschlupf bei Bekannten. Der für den Schanzeinsatz verantwortliche Oberbannführer Wallrabe wurde bei einer Razzia von einer Widerstandsgruppe erschossen.

Der jahrelange Luftkrieg hatte – im Gegensatz zu den Behauptungen unwissender Schreibtischstrategen – den Willen zur Fortsetzung des Krieges und den Glauben an die Führung längst untergraben. Geblieben war nur noch der Wille, den Krieg unter allen Umständen zu überleben.

Die Briten waren über die chaotischen Zustände im bombardierten Köln gut informiert. Das beweist der Bericht eines Schweizer Korrespondenten, der am 16. November 1944 unter der Überschrift „Himmler hangs 21 in Cologne" in der britischen Tageszeitung „Daily Express" veröffentlicht wurde.

Das Presseorgan der SS „Das Schwarze Korps" veröffentlichte in der Ausgabe vom 28. November 1944 die Todesanzeige des Kölner Gestapochefs Dr. Max Hoffmann, der am 27. November 1944 bei einem Feuergefecht in Köln den Tod fand.

DAILY EXPRESS

THURSDAY NOVEMBER 16 1944

Himmler hangs 21 in Cologne

SCHLAGZEILE *des „Daily Express" 1944, Todesanzeige für erschossenen Gestapo-Führer (unten): Dokumente für bewaffneten Widerstand in Köln.*

ꟸ-Sturmbannführer
Dr. Max Hoffmann
Leit. d. Staatspolizeist. Köln
Inh. versch. Orden u. Ehrenzeichen
starb im Alter von 37 Jahren
am 27. 11. 1944 den Heldentod.
Frau Edith Hoffmann, geb. Stark,
und Söhne Felix, Rüdiger und
Bolko, nebst Angehörigen.
Berlin-Zehlendorf-West, Planettastraße 4.

Willy Nießen
Köln 1

Kölner Stadt-Anzeiger vom 4.1.1985

dend zur Beteiligung der Zünfte an der Stadtherrschaft und am Zustandekommen des Verbundbriefes Ende des 14. Jahrhunderts beigetragen hat (siehe Einleitung, S. 31).

Der zweite Aufstand datiert ins Jahr 1944. Köln war die einzige Stadt innerhalb des deutschen Reiches, in der zu Kriegsende bewaffneter Widerstand gegen die Nazis geleistet worden ist. Beteiligt waren Edelweißpiraten, desertierte Soldaten, entflohene Zwangsarbeiter, politisch Verfolgte sowie das „Nationalkomitee Freies Deutschland", ein Zusammenschluß von Antifaschisten und Kommunisten. Allein im Verlauf von zwei Wochen, während des Dezembers 1944, meldete die Polizei sieben Feuergefechte in Köln, die wie Partisanenkämpfe der Resistance geführt wurden. Den Höhepunkt bildete ein zwölfstündiges Gefecht am Großen Griechenmarkt. In den Kellern und Trümmern der Häuser hatte sich eine Widerstandsgruppe verschanzt und verteidigte sich mit Maschinenpistolen und Handgranaten. Erst als die Keller gesprengt wurden, konnte die Gruppe überwältigt werden. Sieben Menschen kamen dabei ums Leben. Insgesamt wurden bei Gefechten und Überfällen in Köln im Herbst und Winter 1944 fünf politische Leiter, darunter der NSDAP-Ortsgruppenleiter Soentgen und der Gestapo-Chef Hoffmann, sowie ein SA-Mann, ein HJ-Führer und sechs Polizeibeamte erschossen.

Reste römischer Bodenurkunden und Funde wurden in die neue Befestigung am Bach eingemauert.

Alte Mauer am Bach

18

Die meisten Kölner kennen den schönen, versteckten „Uferweg" an den Bächen nicht. Er verläuft einige hundert Meter entlang der alten Römermauer, führt auf und ab, über Treppen, kleine Turm- und Mauerreste, durch klitzekleine Grünanlagen, und an einer Stelle ist von hier aus sogar die Mauerkrone begehbar. Doch kühlt heute kein Wasser mehr die Fundamente und Ufer, hier tosen nur noch die Wellen des Autoverkehrs.

Der Blick führt nach rechts hinüber auf die Türme von St. Pantaleon am anderen Ufer. Von dort ging im 11. Jahrhundert ein wichtiger Impuls zur Besiedlung des Viertels aus. Die byzantinische Prinzessin Theophanu, vermählt mit dem jungen Kaiser Otto II. und herbeigeschafft von dem Kölner Erzbischof Gero, brachte aus der fernen Heimat ihre Griechen mit: Kunsthandwerker, Goldschmiede, Buchmaler. Sie importierten entscheidende Impulse für die künstlerische und technische Qualität des Handwerks ins Rheinland und wurden hier, nahe der Kirche der Theophanu, angesiedelt. Es wurde das ,,Viertel der Griechen".

Häuser ohne Baugenehmigung? In Köln nichts Besonderes!

Nach links fällt der Blick auch jenseits der Bäche auf ein 18 Stockwerke hohes, grau-schwarzes Bürohaus am Perlengraben. Oben dran steht ,,Gothaer Versicherung". Dieser Bau dokumentiert eine Variante kölscher Baupolitik, ohne daß eine Plakette am Haus daran erinnern würde. Verständlich, denn eines Tages, Ende der 60er Jahre, rieb sich der verantwortliche Dezernent der Stadtverwaltung verwundert die Augen (sagte er wenigstens später), als er einen bereits auf mehrere Geschosse angewachsenen Rohbau an der Abfahrt der Severinsbrücke sah und sich an keine Baugenehmigung bzw. keine so weitreichende erinnern konnte. Das übliche öffentliche

Gezeter setzte ein, von Regreß war die Rede, von Abriß und hartem Durchgreifen. Nach einiger Zeit kehrte indes Ruhe ein, und der Bau wurde bis zur 18. Etage zu Ende gebracht. Ohne Strafe übrigens und ohne Regreß. Die Araber haben dafür ein passendes Sprichwort: ,,Wenn du ein Kamel klaust, wirst du gehenkt! Klaust du hundert, wird mit dir verhandelt."

Als letztes schließlich, wenn man sich umwendet, fällt der Blick auf einen alten Wasserturm, der 1869/72 nach Plänen des englischen Ingenieurs John Moore gebaut wurde. Seine vielfach gegliederte Schmuckfassade hat keinen Bezug zur Funktion. In den oberen Etagen lagen früher zwei flache Wasserbehälter. Hundert Jahre später wurde der Turm zu einem der zahlreichen neuen Luxushotels ausgebaut.

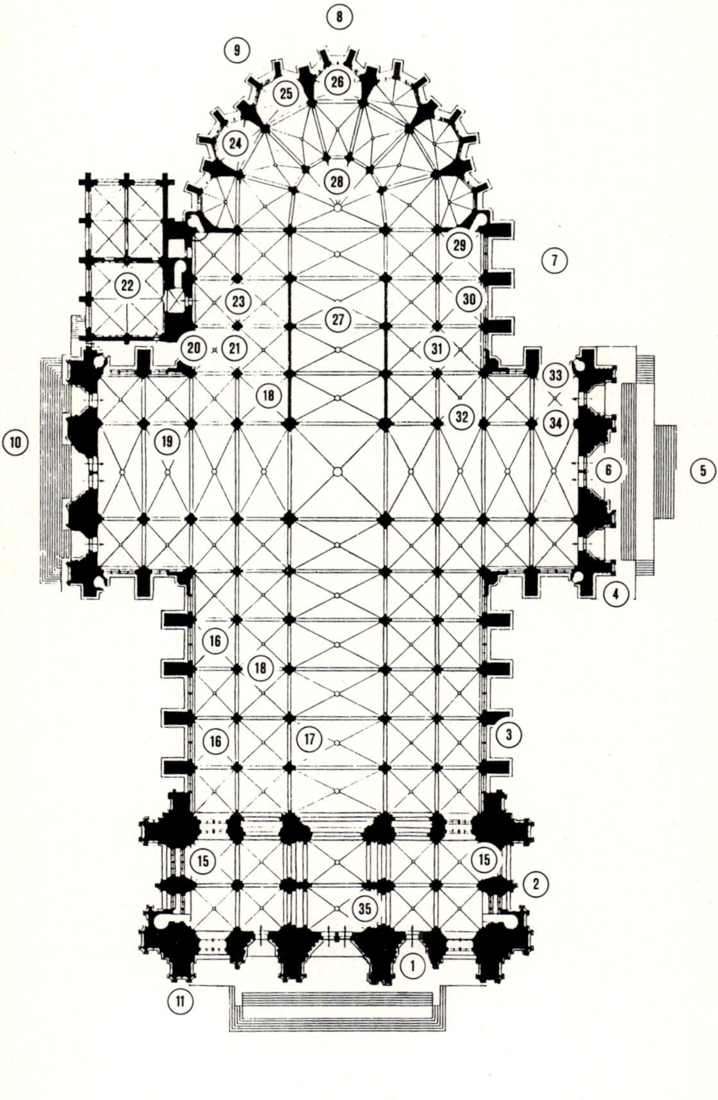
8
9
25
26
24
28
22
29
7
23
30
27
20
21
31
33
18
32
34
10
19
6
5
4
16
18
16
17
3
15
15
2
35
1
11

Rund um den Kölner Dom

Kaiser, Särge, Saurer Regen

Der kölsche Hang zum kollektiven Solipsismus ist bekannt. Wir wissen längst, daß diese Stadt die umfangreichste Mauer und den größten Platz im Mittelalter, die meisten Reliquien nördlich der Alpen und den bedeutendsten Bürgermeister der Neuzeit besaß. Die heimischen Superlative steigen aber ins Unermeßliche, wenn es um die „berühmteste Kathedrale der Welt", das „größte kirchliche Bauwerk Deutschlands" mit dem „mächtigsten Chorgestühl des deutschen Mittelalters" und der „größten schwingenden Glocke der Welt" geht: den Kölner Dom. Da mischt sich überwältigte Faszination mit der seeligen Selbstbesoffenheit, an den eigentlichen Koordinaten des Abendlandes zu stehen, wie es so ähnlich einmal Konrad Adenauer ausgedrückt hat. Literatur, Reiseberichte, Kunstbetrachtungen und Poetik zum Thema Dom sind kaum überschaubar, meist stehen hierbei religiöse und kunstgeschichtliche Themen im Vordergrund. Im Gegensatz dazu soll es bei den folgenden Exkursionen um einige sozial- und alltagsgeschichtliche Aspekte, um merkwürdige oder politische Punkte innerhalb und außerhalb des Bauwerks gehen. An dieser Stelle ist anzumerken, daß solche kursorischen Abstecher keine materialistische Kunstgeschichte des Kölner Doms ersetzen können, die alle von der kirchlichen Geschichtsschreibung vernachlässigten Aspekte der Bau-, Material- oder Sozialgeschichte in ihre Betrachtungen einzubeziehen hätte.

ZUR GESCHICHTE DES DOMS

Vor zweitausend Jahren bildete das heutige Domquartier die nordöstliche Ecke der Stadt, ein Randgebiet auf abschüssigem Hang, dicht an der römischen Stadtmauer, auf dem die frühen Christen wahrscheinlich schon im 2. oder 3. Jahrhundert ihren ersten Kultraum einrichteten. Der Ort entsprach ihrer gesellschaftlichen Stellung; bis zur sogenannten konstantinischen Wende lebten sie in den römischen Städten eher als eine Randgruppe. Das älteste Dokument der Christengeschichte an diesem Ort ist ein großes Taufbecken aus der Zeit des 4. bis 8. Jahrhunderts, das unter der Domplatte von Osten her öffentlich zugänglich ist (Nr. 8, Zahlen siehe Grundriß). Nachdem das Christentum zur staatlichen Hauptreligion avanciert war, wurden in zahllosen An- und Um-, Zu- oder Neubauten auf dem Hügel kirchliche Räume und Gebäude errichtet. Über zwanzig Bauetappen konnten bis heute ausgegraben werden, die bei archäologischen Sonderführungen unter dem Dom zeitweilig zugänglich gemacht werden. Eine erste größere Bischofskirche aus dem 6. Jahrhundert blieb bis in die Zeit Karls des Großen bestehen (um 800). Mit dem Aufstieg des Christentums war aus der früheren Kapelle am Rande eine Basilika geworden. Sie diente mittlerweile sogar als Begräbniskirche für die fränkischen Adelsgeschlechter. Zwei reich ausgestattete Gräber einer fränkischen Fürstin und ihres vierjährigen Sohnes hat man in den 50er Jahren gefunden und ausgegraben; die Grabbeigaben und -reste sind heute im Diözesanmuseum ausgestellt.

Nach der Eroberung Sachsens durch Karl den Großen zu Anfang des 9. Jahrhunderts wurde Köln zum Mittelpunkt einer riesigen Kirchenprovinz und erhielt eine neue Zentralkirche, den „Hildebold-Dom", benannt nach dem Kölner Erzbischof und Territorialfürsten Hildebold, der zugleich auch Chefkleriker am Hofe Kaiser Karls war. Entsprechend seiner Doppelfunktion gehörte zur Domkirche auch ein Palast bzw. eine Burg mit Wohn- und Versorgungsräumen für Soldaten und Priester. Diese Anlage erstreckte sich etwa bis zu der Stelle nach Westen, wo heute die Domplatte vor dem Hauptportal liegt. Ein archäologisches Überbleibsel davon findet sich in dem alten Tiefbrunnen in der Garage unter der Domplatte (Nr. 14) und in einem früheren Geheimgang, der nicht weit vom Brunnen entfernt unter der ehemaligen Stadtmauer freigelegt worden ist (Nr. 13).

Das entscheidende Ereignis für den neuen, den gotischen Dom fällt in das Jahr 1164. Der Kölner Erzbischof Reinald von Dassel (Nr. 30) hatte den deutschen Kaiser Barbarossa auf seinen Raubzügen nach Italien begleitet und bei der Plünderung Mailands die Gebeine der „Magier aus dem Orient" als Kriegsbeute an sich gebracht. Mit diesen wertvollen Reliquien, die heute gemeinhin als die „Heiligen Drei Könige" bekannt sind, kehrte er in seine Residenzstadt Köln zurück. Ein geschickter Propagandafeldzug und die entsprechende Wirtschaftsförderungspolitik brachten bald solche Massen von Pilgertouristen an das Grab der drei Magier und damit nach Köln, daß der alte Dom schnell zu eng wurde und man am 15. August 1248 mit dem Bau einer neuen Kirche begann. Dieser Dom sollte alle bekannten Sakralbauten nach Höhe, Größe, Umfang und Preis in den Schatten stellen. Über hundert Facharbeiter wurden eingestellt, ein eigener Steinbruch am Drachenfels angeschafft, zahlreiche Arbeiter zusätzlich beim Transport, den Neben- und Zuarbeiten beschäftigt. Für Jahrzehnte bestimmte die Großbaustelle Dom die Ökonomie der Stadt und wirkte sich bis zur Ausdifferenzierung der handwerklichen Tätigkeiten sowie der Einrichtung von Zünften aus (siehe Einleitung, S. 31). Allein für das Fundament wurden 130.000 Tonnen Gestein verbaut und für das Mauerwerk 160.000 Tonnen im Rohblock geschlagen. Diese Mengen mußten geteilt,

nach 313

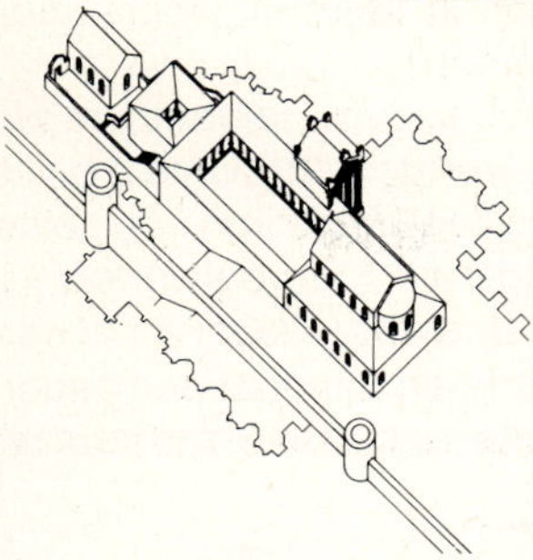

vor 800

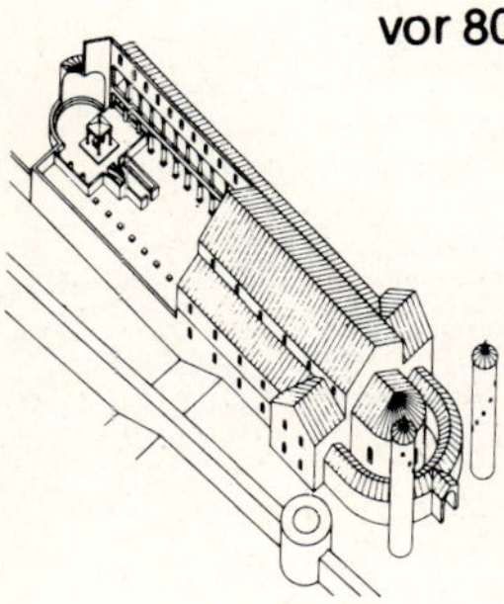

870

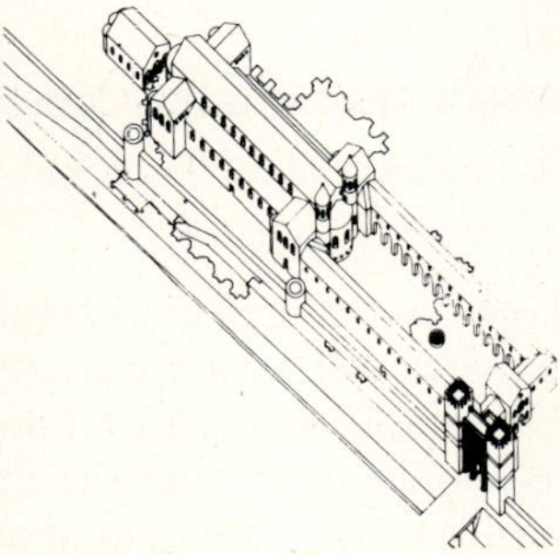

1248

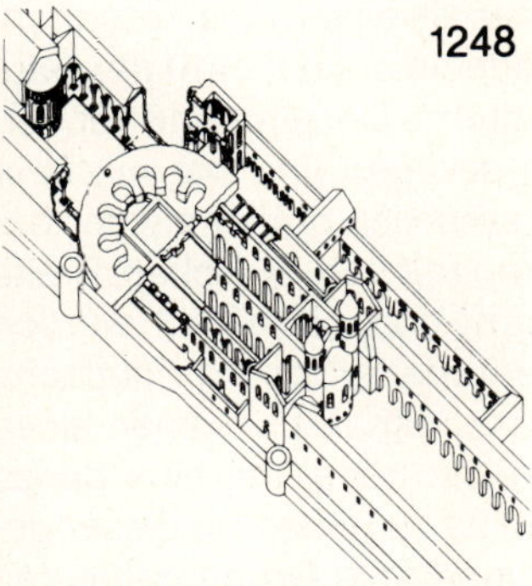

1265

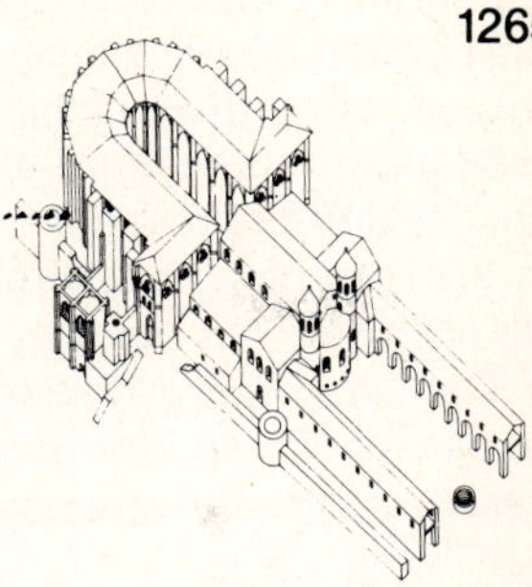

1322

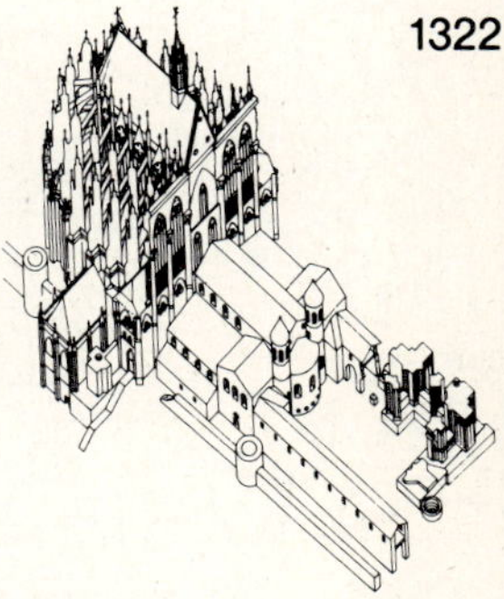

1388

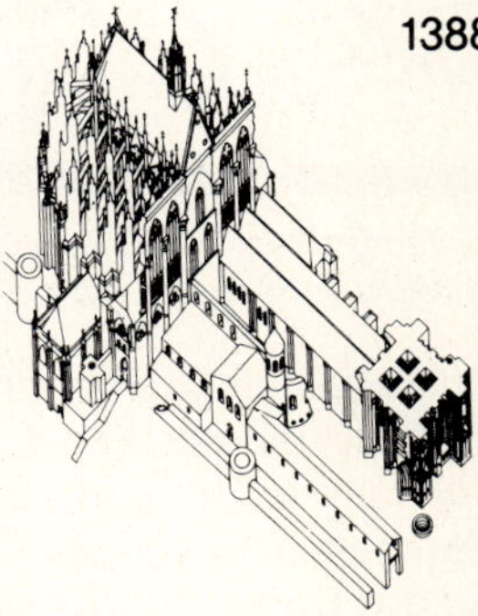

1560

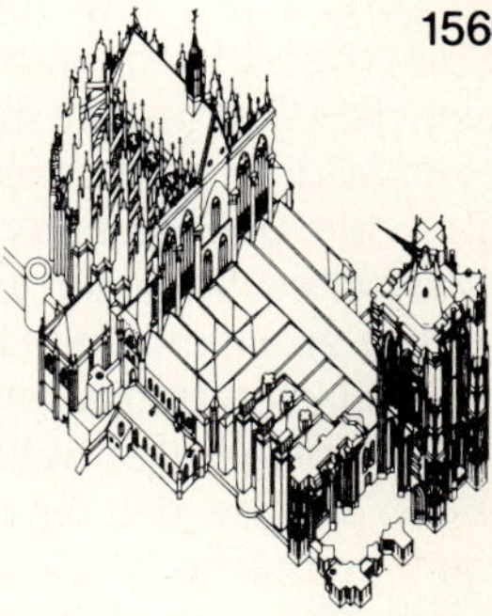

Fast zwanzig Bauetappen zählt der Domhügel. Nach 870 der alte Dom mit der befestigten Bischofsburg.

transportiert und bearbeitet werden. Der Dombau führte zu ersten Formen arbeitsteiliger Produktion in Köln mit weitreichenden sozialen und wirtschaftlichen Folgen.

Begonnen wurde der Bau mit dem Chor, dem Halbrund im Westen, der den Schrein der berühmten Heiligen ummanteln sollte. Für ihre Reliquien hatte einer der fähigsten Goldschmiede seiner Zeit, Nikolaus von Verdun, einen goldenen Sarg entworfen (Nr. 28). Der Chor wurde 1322 eingeweiht und anschließend mit dem Bau des südlichen, der Stadt zugewandten Langhauses begon-

In einfachen Särgen ließ Reinald die geraubten Gebeine nach Köln bringen – aus Angst vor anderen Räubern.

nen. Zwischendurch erlahmten Bauinteresse und Spendenaufkommen, und der Papst selbst mußte sich mit einem Sonderablaß für ein Jahr und 40 Tage (um diese Zeit verkürzt sich der Aufenthalt im „Fegefeuer"!) für alle Bauleute, die an der Errichtung des Doms beteiligt waren, engagieren. Trotzdem gelang es nicht, Langhaus und Mittelschiff höher als eine Etage zu ziehen.

Eine erneute Kraftanstrengung bedeutete dann 1410 der Baubeginn der Westfassade mit dem Südturm. Der Grundriß der Türme wurde über beide Seitenschiffe gezogen und war mit über fünfhundert Quadratmetern Fläche erheblich größer als der der französischen Vorbilder. Um die Proportionen zwischen Breite und Höhe zu wahren, mußten die Türme doppelt so hoch werden wie die bekannten Beispiele und erforderten deren achtfache Masse. Baustatistiker haben errechnet, daß das Volumen eines einzigen Turmes des Doms ausgereicht hätte, um eine ganze Kathedrale des herkömmlichen Schnitts zu bauen. In dieser gewaltigen Dimension liegt auch der finanzielle Grund dafür, daß der Turmbau über eine Höhe von fünfzig Metern nicht hinauskam und 1560 die Bauarbeiten schließlich eingestellt werden mußten.

War der Raub der Mailänder Reliquien die Geburtsstunde des gotischen Doms, so sind bis heute die Geschichten vom Dom und den Drei Königen untrennbar miteinander verbunden. Genau wie der Schrein die Reliquien barg, so sollte der Domchor den goldenen Sarg ummanteln. Darüber interpretierte man das weite Firmament: „Knochen — Schrein — Chor — Himmel" — wie die Puppe in der Puppe in der Puppe ...

Die Attraktion des Doms ist bis in unsere Tage der goldene Sarg, und die Kölner haben einiges dafür getan, die Faszination und die Verehrung der Reliquien wach zu halten. Den besten Clou aber landeten seinerzeit Erzbischof und Stadt, als sie die Heiligen Drei Könige zu den Schutzpatronen der Reisenden und insbesondere der fernreisenden Kaufleute erklärten. Von dem Tag an war für viele Jahrhunderte der Strom potenter Besucher garantiert. Mit dem Dom nahm auch das Hohe Domkapitel, die Verwaltung der Heiligtümer, an Ruhm und Reichtum zu. Der „Hohe Dom", wie die juristische Person genannt wird, hat sich über alle politischen Gefährdungen und Systeme hinweg zahlreiche Häuser und umfangreichen Landbesitz erhalten und gesichert. Der ältesten Landstiftung aus dem Jahre 1358 dankt das Domkapitel noch jährlich in einer eigenen Gedächtnismesse.

1560 wurden die Bauarbeiten am Dom eingestellt. Die Gründe dafür: der Weiterbau war nicht mehr zu finanzieren, die Bürger hatten andere Interessen, und der Erzbischof von Köln, dessen Hauskirche der Dom seit jeher war (und ist), residierte längst außerhalb der Stadt.

Erst Anfang des 19. Jahrhunderts wurde mit dem romantischen Interesse für das „deutsche Mittelalter" diese Ruine wiederentdeckt und bald von den preußischen Königen als Nationaldenkmal, als Symbol deutscher Einigung instrumentalisiert. Das war schon eine denkwürdige Mesalliance: Ein katholisch-abendländisches Bauwerk, im Besitz des ultramontanen rheinischen Klerus, wird vom protestantischen Königshaus des preußischen Staates protegiert. Als Symbol dieser Verbindung wurde die optische Verlängerung der Domachse in die neue Eisenbahnbrücke interpretiert, die der Preußenherrscher Friedrich Wilhelm IV. vorangetrieben hatte. Aber da die Kölner im Laufe ihrer langen Geschichte schon manche krude Ideologie adaptiert und gleichzeitig an sich hatten abplätschern lassen, überstand der Dom nach seiner erstmaligen Vollendung und Gesamtweihe im Jahre 1882 auch diese Inanspruchnahme und gilt allmählich wieder als das, was er vor allem immer war: ein kölsches Bauwerk.

Viele lieben ihn, manchen jagt der „schwarze Gesell" (Heinrich Heine) einen Schrecken ein, Kirche und Politik benutzen ihn als Bühne bzw. Kulisse für ihre Inszenierungen, die Stadtplanung hat sich auf ihn eingerichtet — im weiten Umkreis des Doms werden keine Hochhäuser geduldet — und einigen soll er sogar in der Ferne die Tränen des Heimwehs in die Augen treiben. Für alle und jede ist er aber Synonym für den Ort, in dem er steht: die Domstadt Köln.

Es lohnt sich, den Dom mit Muße zu bestaunen; ein Gang rundherum, auch die Aussicht von der Besucherplattform des Turms herab oder von der anderen Rheinseite über die Hohenzollernbrücke hinweg empfiehlt sich, um einen Überblick zu gewinnen. Die folgenden zwei Touren kreisen innen und außen herum, wobei die eher unbeachteten Ecken und Details im Vordergrund stehen. Wen die gotische Architektur, das Gesamtkunstwerk von Raum, Ausmalung, Schmuck und Gestaltung interessiert, wer mehr über die Plastiken, das Gerokreuz oder den Schrein, den Lochner-Altar oder die mittelalterlichen Chorschrankenmalereien und Glasfenster und die anderen zahllosen Kunstgegenstände wissen will, sei auf einen der vielen Kunstführer verwiesen (Empfehlung für wenig Geld: Walter Schulten, Der Dom zu Köln. Greven Verlag).

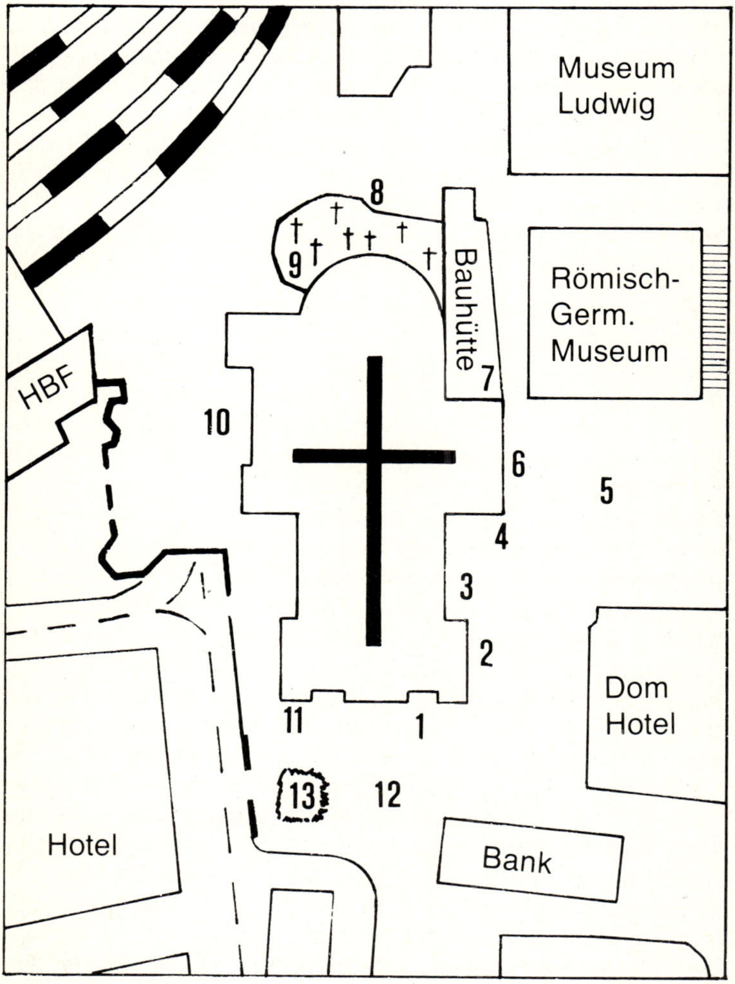

UM DEN DOM

1. Petersportal

Das Petersportal liegt am Eingang zur Besucherplattform des Südturms. Es ist nach Petrus benannt, dem Schutzheiligen des Doms. Im oberen Bogenfeld (Tympanon) ist die Geschichte von zwei Magiern dargestellt: Der schwarze Zauberer, Simon, wird mit Hilfe der bösen Magie vom Teufel in die Luft gehoben, stürzt aber durch die gute Macht des weißen Zauberers Petrus wieder hinab. Da liegt er nun! Darunter die Ermordung des Apostels Petrus, die ehrlose Kreuzigung mit dem Kopf nach unten, und des Apostels Paulus, der geköpft wird.

Das Petersportal wurde als einziges schon im Mittelalter vollendet. Die alten Skulpturen (die helleren hinten) sind deutlich von den während des 19. Jahrhunderts ergänzten Figuren (die dunkleren vorn) zu unterscheiden. Während die früheren Bildhauer weiche, fließende, fast lässige Figurationen bevorzugten, betonte man im 19. Jahrhundert klar akzentuierte, männliche Formen und Porträts.

Dom-Kitsch

2. Südturm

Der Wasserspeier in der Mitte der zweiten Etage thematisiert die Legende vom ruhmsüchtigen Dombaumeister Gerhard. Dieser hatte seine Seele dem Teufel vermacht, der als Gegenleistung dafür den Dom zu Ende bauen wollte, aber von der listigen Frau Gerhards daran gehindert wurde. So blieb der Dom unvollendet, und der Teufel sprang wütend (hier als Hund dargestellt) vom Turm herab.

3. Glockenklöppel

Nur der Klöppel blieb von der Kaiserglocke erhalten.

1874 wurde aus den während des deutsch-französischen Krieges erbeute-

ten französischen Kanonen die Kaiserglocke, mit 27.000 kg die größte Glocke aller Zeiten, gegossen. Im Ersten Weltkrieg wurde sie aber wieder zerstückelt und nach dem Motto „Glocken zu Kanonen" in ihren Ursprung zurückverwandelt. Nur dieser zwei Meter hohe Klöppel überlebte den Waffenguß und steht nun neben dem Dom.

4. Kaiserplatte

Die Platte erinnert an den Weiterbau des Doms im Jahre 1842. Friedrich Wilhelm IV., Mäzen des Doms, damals wörtlich: „Das große Werk verkünde von einem großen, mächtigen, ja den Frieden der Welt unblutig erzwingenden Deutschland."

Wenige Jahre später wurde die Domfeier 1848 zur Versöhnung zwischen den rivalisierenden preußischen Königen und dem katholischen Domklerus. Der gemeinsame Feind waren die 48er Revolutionäre. Der zur Feier eingeladene Papst Pius IX. kam aus Angst vor Unruhen nicht nach Köln.

Stück für Stück wird die Glocke 1918 ...

5. Roncalliplatz

Heute die Hauptbahn der Rollerskater, denen man an Sommerabenden bei waghalsigen Sprüngen und Pirouetten zuschauen kann. Bis ins 19. Jahrhundert war dieser Platz der Eingangsbereich und Hauptplatz der Kirche. Hier drängelten sich Bettler, Pilger und Prostituierte. (Der unvollendete Dom war während des 16. und 17. Jahrhunderts ein beliebter Kontakthof und Arbeitsplatz der städtischen Dirnen. Der halbfertige Bau mit Gängen, Nischen und Kapellen bot vielfache Ansprechmöglichkeiten!) Dieser Platz sah Herrscher- und Papstaufzüge, aber auch Hinrichtungen, Mord und Totschlag. Gegenüber, an der Ecke des heutigen Domhotels, lag das bischöfliche Gefängnis, die ,,Hacht". Hier wurden u.a. zahlreiche Frauen als Hexen eingesperrt, verhört, gefoltert und auf dem Domhof öffentlich verurteilt. Hingerichtet wurden sie allerdings ,,unehrenhaft" vor den Toren der Stadt auf Melaten.

Zum letzten Mal wurde 1803 auf dem Domplatz das Urteil gegen Mathias Weber, genannt ,,der Fetzer", einen subpro-

... wieder zersägt und

letarischen Kriminellen aus der Franzosenzeit, vollstreckt.

6. Südliche Portale

Das umfangreiche Figurenprogramm des Doms gruppiert sich um zentrale religiöse Themen. Alle Plastiken sind in vielfältigen Beziehungen einander zugeordnet, so auch die über eintausend Skulpturen der Außenfassaden. Bei den Portalen ist dabei in der Mitte jeweils ein theologisches Hauptthema — hier im Süden die Passion — angesprochen, während die Seitenportale lokale Varianten darstellen — hier rechts die Gereons- und links die Ursulageschichte. Unter den zahllosen auf Mosaiken, Fenstern, Skulpturen, Bildern oder als Figuren dargestellten Heiligen konkurrieren, je nach Auftraggeber, die Dompatrone (Petrus und Maria) gegen die Lokalheiligen (Ursula, Gereon, Drei Könige, Maternus, usw.). Vor allem nach der Emanzipation der Kölner Patrizier vom Erzbischof haben die Bürger als Auftraggeber die kölschen Heiligen bevorzugt, während Pe-

... in Kanonen zurückverwandelt.

trus und Maria als ,,Figuren" des bekämpften Erzbischofs galten.

Die vier Türen der Südportale aus den Jahren 1948 bis 1954 schuf der Kölner Bildhauer Ewald Mataré. Als Lehrling half ihm seinerzeit Joseph Beuys bei diesen Arbeiten. Ganz links die Tür stellt das brennende Köln während des Bombenkrieges dar.

In ein Modell der Bronzetür des Südportals hatte Beuys seinen Rasierspiegel eingebaut. Jahre später stellte er fest: ,,Er fehlt!"

7. Dombauhütte

Die Dombauhütte, in deren Werkhof man über die Mauer an der Südseite des Doms blickt, beschäftigt etwa 65 eigene Handwerker (darunter nur zwei Frauen): Steinmetze, Bildhauer, Kunstglaser, Zimmerleute, Gerüstbauer, Dachdecker, Schlosser, Schreiner und Maler. Finanziert wird sie durch Kollekten, Spenden, regelmäßige Zuschüsse von Stadt und Land und durch die Dombaulotterie. Ihr Jahresetat beträgt rund 5 Millionen Mark.

Steinmetz bei der Arbeit

8. Taufbecken

Das Taufbecken unter der östlichen Domplatte stammt aus dem 4. bis 8. Jahrhundert. Die Stufen im Gemäuer nördlich und südlich des Vier-Meter-Beckens zeigen, daß die Täuflinge ganz durch das Wasser mußten, wie in einem Jungbrunnen...

Der Tip zur Rast: Restaurant Museumsterassen Telefon: 20 40 831, täglich geöffnet von 10 bis 20 Uhr, montags Ruhetag — Bequeme Sessel hinter großen Scheiben, mit Blick auf die Eisenbahnbrücke — Essen, Trinken, Eis und Kuchen in gefälligem Kaufhausambiente — Selbstbedienung, Citypreise.

9. Domherrenfriedhof

Chefkleriker wie Erzbischöfe und Kardinäle wurden und werden innerhalb, Mitglieder des Domkapitels außerhalb des Doms beerdigt. Die Säule und die drei Fundamente markieren einen alten Säulengang zwischen der Bischofskirche und der ehemaligen Stiftskirche Maria ad gradus (heute Museum Ludwig). Die altdeutsche, dramatische Inschrift neben dem Friedhofstor:

„Ach Gott erbarme
Laurenz Zerstörung
versetzte der Pfarr
Leichenreste hierhin."

10. Nordseite

Das ursprünglich zur römischen Stadtmauer hin abschüssige Gelände mußte um mehr als zehn Meter aufgeschüttet und durch Fundamente befestigt werden. Unter der Sakristei liegen drei Stockwerke tief diverse Keller- und Lagerräume des Doms; während des Krieges befand sich hier der Dombunker. Das Höhenniveau ist zur Autostraße hin unter der Domplatte erhalten geblieben.

Als Erinnerung an die Bombenangriffe bleibt die Reparatur des Nordturms sichtbar.

11. Plombe im Nordturm

Durch Bombentreffer wurde am 2.11. 1943 ein achtzig Quadratmeter großes Stück Mauerwerk aus dem Nordturm herausgesprengt. Gegen den Willen der Heeresleitung habe eine deutsche Militäreinheit — wie die kölsche Historie berichtet — diese Lücke umgehend mit dreißigtausend Ziegelsteinen geschlossen. Als „Denkmal gegen den Krieg" ist die Plombe bis heute unverkleidet erhalten geblieben.

12 „Königsallee“

Ursprünglich war der Dom von allen Seiten mit Kirchen, Höfen, Wohnungen usw. zugebaut. Erst der Funktionswandel zum herausragenden Nationaldenkmal während des 19. Jahrhunderts stellte ihn, nach dem Abriß der umliegenden Gebäude, wie auf einem Präsentierteller heraus. Zur gleichen Zeit planten König und Kölner in gebührendem Abstand repräsentative Hotel- und Geschäftshäuser, wovon das Domhotel, das Reichard- und Deichmannhaus sowie der Hauptbahnhof noch erhalten sind. Von Westen her sollte eine breite „Königsallee“ als Zufahrt zu den Eingangsportalen des Doms führen — deshalb die breite Schneise zwischen Burgmauer und Café Reichard mit den WDR-Hörfunkstudios.

Während des Krieges lag unter dem Dom ein Luftschutzbunker.

13. Annoloch

In der Tiefgarage unter der Domplatte ist im Fundament der römischen Mauer ein Geheimgang ausgegraben worden.

Durch diesen Gang konnte Erzbischof Anno im Jahre 1064 während des ersten Bürgeraufstands fliehen. Den politischen Hintergrund bildeten Konflikte mit der aufstrebenden Kaufmannsklasse, die zwar allmählich zu Geld gekommen war, aber in der Stadt nichts zu sagen hatte. Der Zugang zum Annoloch liegt in der Einfahrt zur Tiefgarage gegenüber dem Hotel Excelsior.

14. Brunnen

Ebenfalls in der Tiefgarage wurde — einsehbar im oberen Parkdeck — ein Brunnen aus der vormaligen Bischofsburg des 9. bis 13. Jahrhunderts freigelegt.

IM DOM

15. Reliquienschränke

An der Außenwand des Nordturms hängt links neben der Plastik von der „Grablege" ein großer Vitrinenschrank, in dem hinter den Scheiben zahlreiche Menschenschädel zu sehen sind. Bei diesen präparierten und mit kostbaren Stoffen umhüllten Köpfen handelt es sich um sogenannte Reliquien von Heiligen, nach deren Menge sich der Wert einer Kirche als Wallfahrtsort bemißt. Ähnliche Regale finden sich auch im Südturm und in zahlreichen Nischen und Gehäusen diverser Altarbilder und -aufsätze. Insgesamt beherbergt der Dom Reliquien von einigen hundert „Heiligen".

16. Adelsfenster

Das zweite und vierte Fenster im nördlichen Querhaus zeigt jeweils sechzehn verschiedene Wappen. Die Mitglieder des hochherrschaftlichen Domkapitels — hier als Stifter — mußten nämlich mindestens sechzehn adelige Vorfahren belegen können. Die „Domgrafen", wie sie auch hießen, kleideten sich standesgemäß in rote Talare und Pelze und waren jedem Reichsfürsten ebenbürtig. Domherr in Köln zu sein, bedeutete zunächst einmal den Besitz eines reputierlichen Adelstitels und eine standesgemäße Unterbringung für höhere Adelssöhne. Um dabei aber den sakramentalen Kult und die Messen zu garantieren, mußten mindestens acht der vierundzwanzig Vollmitglieder des Domkapitels geweihte Priester sein. Den hohen Rang des Kölner Domkapitels belegt auch die Tatsache, daß Kaiser und Papst geborene Mitglieder waren, und ihnen die beiden ersten Plätze im Chorgestühl (jeweils nach Osten ausgerichtet) freigehalten wurden.

17. Kriegerdenkmal

Am zweiten Pfeiler des nördlichen Langhauses hängt ein domeigenes Kriegerdenkmal aus dem Jahre 1919: ,,Den gefallenen Kämpfern aus Dompfarrei und Bauhütte". Die hohe Holzfigur des heiligen Michael steht auf dem Schädel eines greulichen, zerquetschten Untiers. Metaphorisch soll wohl das Verhältnis der Deutschen zu ihren französischen Erbfeinden deutlich werden.

18. Domgräber

Innerhalb des Doms gibt es zahllose Gräber. Niemand kennt ihre genaue Zahl. Die Särge der Erzbischöfe aus der Zeit bis Ende des 18. Jahrhunderts stehen meist in den Kapellen oder ruhen in den Wänden des Chorumgangs, während die neueren Amtsinhaber in einer eigenen Gruft unter dem Hochaltar beigesetzt werden. Die Bodengräber der Frühzeit wurden Ende des 19. Jahrhunderts fast alle zugunsten eines einheitlich gestalteten Fußbodens entfernt. Auf eines der ältesten Gräber weist eine Marmortafel am dritten Pfeiler des nördlichen Seitenschiffes hin: auf einen Grafen Emund von Frisheim, der im 9. Jahrhundert an dieser Stelle begraben wurde.

19. Gnadenmadonna

Eine Kultfigur aus der Zeit des Barock in der Tradition der weißen Göttinnen. Die Marienstatue mit dem Kind auf dem Arm hat einen winzigen Kopf und einen riesigen Corpus, der über und über mit Schmuckstücken, Ketten, Ringen, Perlen, Münzen oder Medaillons behängt ist. Noch heute liefern Menschen mit bestimmten Wünschen und Sorgen wertvolle Schmuckstücke in der Sakristei ab, die dann geweiht und an der Figur aufgehängt werden. Häufiges Diebstahlsobjekt!

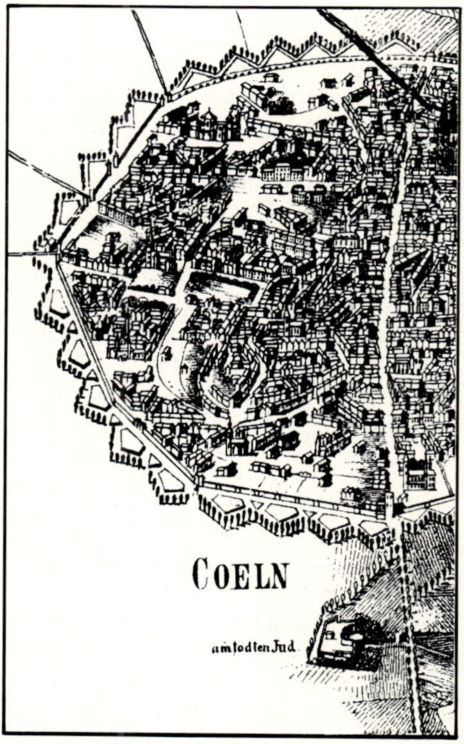

Die Erhebung im Süden der Stadt hieß noch im 19. Jahrhundert „Am todten Jud".

20. Judenprivileg

Der hohe Stein mit der lateinischen Inschrift links neben dem Eingang der Sakramentskapelle stammt aus dem Jahre 1266 und ist die steinerne Urkunde eines sogenannten „Judenprivilegs". Der da-

Bei Arbeiten am Bahnhof Bonntor wird 1923 der jüdische Friedhof ausgegraben.

malige Erzbischof Engelbert II. von Falkenburg dokumentiert darauf, daß er — gegen Bezahlung, versteht sich — den Juden der Stadt Köln Schutz vor ihren christlichen Mitbürgern garantiert. Anlaß für diesen Handel waren Überfälle der Kölner auf jüdische Beerdigungen. Der Judenfriedhof lag im mittelalterlichen Köln weit außerhalb der Stadt, in der Gegend des heutigen Güterbahnhofs an der Bonner Straße, und es kam mehrfach zu Überfällen, sobald der Beerdigungszug das Severinstor hinter sich gelassen hatte. Der Friedhof, der in den 20er Jahren beim Bau des Bahnhofs Bonntor ausgegraben und dessen Knochenfunde in einem Mausoleum auf dem jüdischen Friedhof in Bocklemünd neu bestattet wurden, diente im Mittelalter auch als Hinrichtungsstätte.

21. Wächterwohnung

Die vergitterten Fenster über dem Eingang zur Kapelle gehören zu der Klause eines Wächters, der bis 1975 von hier aus den Dom des Nachts beaufsichtigte. Die Kammer hat zwar kein Tageslicht, verfügt aber über fließendes Wasser, Strom, Heizung, Fernseher und eine Alarmleitung zur Polizei.

22. Sakramentskapelle

Die jetzige Sakramentskapelle ist der älteste Raum des neuen gotischen Doms und diente früher als Sakristei bzw. als Kapitelsaal. Die Architektur ist äußerst feingliedrig mit einem schlanken Mittelpfeiler. Auf den steinernen Randbänken saß einst das Domkapitel bei der Ausübung seines wichtigsten Rechts, der Wahl eines neuen Erzbischofs.

Der häßliche Bronzeständer mit dem „ewigen Licht", links neben dem Altar, ist das „Sühne"geschenk eines Kölner Regierungspräsidenten aus den 50er Jahren, der die Schandtat eines Amtsvorgängers vom Jahre 1874 wiedergutmachen wollte. Dieser hatte den Kölner Erzbischof Paulus Melchers auf preußisch-königlichen Befehl verhaften und deportieren lassen. Hintergrund dafür war der Streit um staatlichen oder kirchlichen Einfluß auf Schule und Ehe.

An der Wand dahinter befindet sich eine steinerne Schenkungsurkunde der polnischen Königin Richeza aus dem Jahre 1063, auf der eine jährliche Spende von sechzig Holzbündeln zur Beheizung der Sakristei bestätigt wird.

23. Zunftbalken der Schneider

Neben dem Gerokreuz hängt über dem Grabmal des Erzbischofs von Gennep ein Zunftbalken der Schneider aus dem Jahre 1361. Die Inschrift von der „Bruderschaft der ehrbaren Schneider-Zunft" erinnert an die Ursprünge der Handwerkerzusammenschlüsse in religiösen Gemeinschaften, den „broiderscheffte". Gekrönt wird dieses seltene Dokument des Kölner Handwerks durch fünf hohe Kerzenhalter.

24. Stadtmauer im Dom

Der hohe Sarkophag in der Mitte der zweiten, der Maternus-Kapelle, beherbergt die Überreste des Erzbischofs Philipp von Heinsberg. Unter seiner Herrschaft setzten die Kölner nach vielerlei Widerständen den Bau der Stadtmauer im 12. Jahrhundert durch. Um ihn auch im Jenseits noch daran zu erinnern, wurde sein Grab mit Mauern, Zinnen, Türmen und Toren verziert.

25. Die Rippe der Richeza

Der schwarze Marmorsarg an der rechten Wand der dritten, der Johannes-Kapelle, enthält die Reste der polnischen Königin Richeza (Rixa). Geboren wurde sie als Enkelin der Kaiserin Theophanu, verheiratet in Polen, dort Königin, dann nach einem Familienstreit zurück nach Köln und hier 1057 gestorben. Dem Dom ist sie „heiß" verbunden durch eine Heizungsrente, welche eine Urkunde in der Sakramentskapelle bestätigt (Nr. 22). Eine Rippe der Richeza verschenkte der Kölner Erzbischof noch im Jahre 1975 zur 900-Jahr-Feier einer Benediktinerabtei in Polen. Solche Dinge sind unter Katholiken offensichtlich heute noch begehrt.

Die weiße Marmorbüste in der Mittelnische stellt Clemens August Droste zu Vischering dar, den Erzbischof zu Köln 1835-1845. Er war ein starker Gegenspieler der preußisch-protestantischen Politik im Rheinland und wurde 1845 aus Köln verbannt.

26. Das Herz der Maria Medici

Im Fußboden der nächsten, der sogenannten Achsen- oder Dreikönigen-Kapelle, war das „Herz" einer anderen Regentin begraben: Maria Medici, Königin von Frankreich und Mutter König Ludwigs XIII. Den Staatsränken Richelieus und ihres Sohnes war sie nicht gewachsen, ging ins Exil und starb hier in Köln im Jahre 1642. Ihre Eingeweide — pathetisch „Herz" genannt — wurden an ihrer Lieblingsstelle im Dom vor dem Sarg der Heiligen Drei Könige begraben (siehe

„The Judensau" im Chorgestühl – Solche antisemitischen Darstellungen gibt es oft in den christlichen Kirchen des Mittelalters.

Wanderung 1, S. 81). Eine Platte mit drei Kronen im Boden der Kapelle erinnert noch an Maria Medici.

In der Achskapelle stand bis zum Ende des 19. Jahrhunderts der goldene Sarg der Drei Könige, vor dem die pilgernden Massen im Chorumgang defilierten. Eine runde Gedenktafel an der Decke der Kapelle erinnert an einen Orkan vom 7. Oktober 1434, bei dem ein herabstürzender Brocken fast den Schrein mit den wertvollen Reliquien getroffen hätte.

27. Der Chor

Der Chor des Doms stellt in seiner architektonischen Anlage und Ausstattung, dem Figurenprogramm und der

Malerei, den Fenstern und Böden, Kapellen und Altären ein gotisches, genauer, ein neugotisches Gesamtkunstwerk dar. Der Chor wurde als erstes geplant und gebaut und sollte mit dem goldenen Sarg das eigentliche Zentrum des neuen Domes darstellen. So wurde die bauliche Anlage von vornherein auf die im Chorumgang vorbeiwallenden Pilger ausgerichtet. Das Chorgestühl aus dem 14. Jahrhundert ist dem Domkapitel und den höchsten Gästen vorbehalten. Viele hundert Schnitzereien zieren es mit listig-lustigen, aber auch mit moralisch-frivolen Darstellungen menschlicher Lüste und Wünsche. Darunter befindet sich mit der „Judensau" auch eine antisemitische Verhöhnung des jüdischen Schweinefleischverbotes. Auf dem entsprechenden Motiv beschäftigen sich zwei Juden mit einer „unreinen Sau". Solche Motive gab es zu der Zeit in vielen christlichen Kirchen. Der englische Historiker Isajah Shachar hat eigens eine Dissertation darüber verfaßt: „The Judensau".

28. Der goldene Sarg

Der Dreikönigenschrein ist eine Goldschmiedearbeit aus der Werkstatt des Nikolaus von Verdun aus dem 12. Jahrhundert. Im Inneren befinden sich stoffumhüllte Reliquien, Überreste der „Magier aus dem Morgenland", die nach der Legende von der römischen Kaisermutter Helena ausgegraben und in Konstantinopel, später dann in Mailand ausgestellt wurden. Von dort aus brachte sie der Kölner Erzbischof Reinald von Dassel im Jahre 1164 nach der Zerstörung der Stadt als Kriegsbeute mit nach Köln. Die Neudefinition als „Heilige Könige" und die Festlegung auf die Zahl „Drei" erfolgte erst im christlichen Mittelalter. Damals ging es um die machtpolitische Frage, wer höher im Range sei, Kaiser oder Papst, und wer wen einzusetzen bzw. zu salben habe. Die Reliquien und deren Besitz spielten dabei eine wichtige

Handwerker beim Straßenkampf – auch solche Bilder kennt das Chorgestühl.

ideologische und symbolische Rolle, denn sie galten als die ersten christlichen Könige überhaupt, waren sie doch von dem Säugling Jesus (als Personifizierung Gottes höchstselbst) akzeptiert worden. Wer ihre Überreste besaß, verfügte quasi über den Ursprung des wahren Königtums. Die Kölner Erzbischöfe haben denn auch stets ihr Recht zur Salbung der deutschen Herrscher im Dom zu Aachen geschickt genutzt, mit diesem Pfund der christlichen Genealogie zu wuchern. So galt der erste Amtsakt eines neu geweihten Herrschers dem Besuch am Grab der Heiligen Drei Könige in Köln.

Neuere naturwissenschaftliche Untersuchungen belegen das Alter der Materialien, die die Reliquien umgeben: Die Stoffe um die Knochen stammen aus dem 2. und das Eichenholz des Sargkerns aus dem 11. Jahrhundert. Bis ins 20. Jahrhundert öffneten die Domherren einmal jährlich den Frontgiebel, hinter dem die Schädel sichtbar werden.

29. Der Altar der Stadtpatrone

Das mächtige Tafelbild wurde 1440 von dem damaligen Ratsmitglied Stefan Lochner im Auftrag des Stadtrates gemalt. Als Stiftungsbild und Selbstdarstellung hing es bis 1803 in der Ratskapelle und wurde dann aus Angst vor den bildersammelnden französischen Besatzungstruppen im Keller des Ratsturms versteckt. 1809 gelangte es wegen der Feuchtigkeit dort in den Dom. Als die Stadt nach der Renovierung der Ratskapelle fünfzig Jahre später ihr Bild zurückhaben wollte, weigerte sich das Domkapitel. In einem aufsehenerregenden Prozeß bis zum höchsten Reichsgericht verlor die Stadt; der Besitzanspruch war verjährt.

Es gibt Kunsthistoriker, die die Darstellung der Stadtpatrone durch Lochner — in der Mitte die Könige, rechts Gereon und links Ursula — für eine Provokation halten. Die zwei knienden Könige sollen demnach in der Pose von Stiftern die beiden Kölner Bürgermeister darstellen und diese an ihre dienende Pflicht gegenüber der Stadt erinnern. Als Provokation mag man auch die Darstellung zahlreicher Juden — erkennbar an ihren spitzen Hüten — auf einem amtlichen Stadtbild ansehen, so kurz nach der Vertreibung aller Juden durch den Rat im Jahre 1424. Und schließlich kann auch die Position von Papst und Bischof ganz hinten am Bildrand, noch hinter der Gruppe der Freundinnen und Begleiterinnen Ursulas, eine Zumutung für die damaligen Zeitgenossen gewesen sein.

30. Victor Carden, ein „bekehrter Jude“

Unter dem Mittelfenster neben dem Lochner-Altar hängen fünf bemalte Steinfiguren. Die mittlere zeigt die heilige Anna Selbdritt. Zu ihren Füßen kniet der Stifter Victor Carden, ein konvertierter Jude, dessen ganze Energie nach seiner Taufe der ,,Bekehrung" der Juden zum ,,wahren christlichen Glauben" galt.

Der Steinsarkophag rechts darunter beherbergt den eigentlichen Urheber des neuen gotischen Doms und damit des Pilger- und Wirtschaftzentrums West, Reinald von Dassel, kommandierender General, Erzbischof von Köln und Dieb der Reliquien von Mailand.

31. Gottfried von Arnsberg

Das Grabmal Gottfrieds von Arnsberg ist durch ein Gitter vor den neidischen Verwandten geschützt, die bei der Erbschaft des Grafen schlechter wegkamen als das Domkapitel. Die blau-weiße Kranzschleife — ,,Die dankbare Stadt Arnsberg" — erinnert dagegen an die Stadtrechte, die der Graf dem Ort einst verliehen hat, und an eine großzügige Stiftung, nach der noch heute die Arnsberger Schulkinder im September ein süßes Michbrötchen und die örtlichen Honoratioren ein Festessen bekommen.

32. Christophorus

Auf die riesige Steinfigur am südlichen Mittelpfeiler des Chorumgangs fiel einst der erste Blick durch den alten Domeingang. Man glaubte, daß ein Blick auf den Heiligen davor schütze, am selben Tag ohne Sakramente zu sterben.

33. Kinderfenster

Eine moderne Darstellung der Rolle von Kindern im alten und neuen Testament findet sich an der Ostwand des südlichen Querhauses, mit aktuellen Beispielen wie dem Straßenverkehr und so dramatischen Darstellungen wie der Beschneidung des kleinen Jesus. Für Kinder kann es bei einer Dombesichti-

Der Dom als wissenschaftliches Experimentierfeld: Garthes Pendelversuche 1852 im hohen Chor dienten der Erforschung der Erddrehung. Das Pendel war ca. 150 Fuß lang und vollendete eine Schwingung in 14 Sekunden.

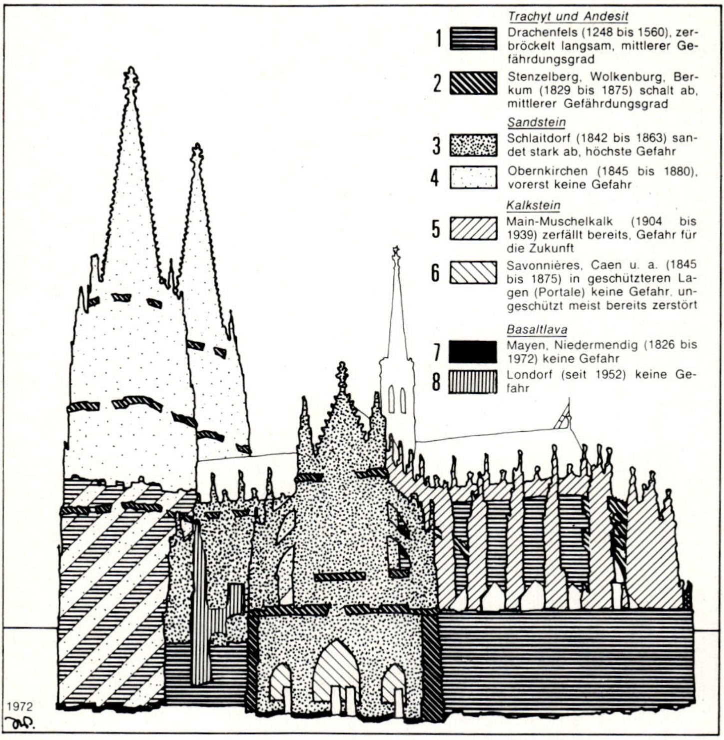

In einer „Bilddokumentation zur Verwitterung" informiert der Dombaumeister u.a. über die wichtigsten Gesteinsarten des Doms.

gung interessanter sein als so manches wertvolle Detail der Kunstgeschichte.

34. Saurer Regen

An der Seite des südlichen Querhauses hat die Dombauhütte Modelle, Bilder und Tabellen zum Thema „Steinzerfall durch Luftverschmutzung" ausgestellt. Deutlich wird, daß der Saure Regen den Dom stark angreift. Schwefelsäure zersetzt den Kalkanteil der Natursteine und wandelt ihn in Gips um, der leicht löslich ist. Ein erheblicher Anteil der sauren Niederschläge ist auf die Braunkohlekraftwerke der RWE/Rheinbraun westlich von Köln zurückzuführen, deren Schwaden bei klarem Wetter vom Fernsehturm aus deutlich sichtbar sind.

35. Napoleons Pferd

Am zweiten Pfeiler links vor dem Hauptausgang hängt ein Eisenring, an den Napoleon sein Pferd angebunden haben soll. Zwar war Napoleon nie im Dom und schon gar nicht zu Pferde, aber diese Geschichte belegt doch den schlechten Ruf der französischen Herrschaft in den kirchlichen Kreisen Kölns. Zur Zeit der französischen Besatzung diente der Dom, der schon vorher völlig heruntergewirtschaftet worden war, als Gefangenenlager und Futtermitteldepot.

Der Tip zur Rast:
Zu Fuß quer durch die Bahnhofshalle: Ristorante Napoletana, Maximinenstr. 4, Telefon: 13 68 48 — an einer häßlichen Straße hinter dem Bahnhof gelegen, aber einer der besten Pizza-Bäcker Kölns.

1. **Enggasse:**
   Der Sprayer von Zürich / Zeitungsrotation
2. **An den Dominikanern:**
   Albertus Magnus / Hexenverfolgung
3. **Ecke Marzellenstraße:**
   Deutsche Arbeitsfront
4. **Marzellenstraße:**
   Mariä Himmelfahrt / Jesuiten, Gegenreformation und Barock / Die Göttin der Vernunft
5. **Unter Fettenhennen:**
   Buchdruck im alten Köln
6. **Burgmauer:**
   Königstraße / Verbotene Stadt / Höchster Punkt Kölns
7. **Mariengartengasse:**
   Beginen und Frauenorden
8. **Minoritenstraße:**
   Minoritenkirche und Bettelorden / Adolph Kolping / Sparkasse und ,,Emma"
9. **Kolumbahof:**
   Kirche der Bürgermeister / Kolumba und die Bärin
10. **Brückenstraße:**
    Bauklüngel & ,,Moderne Stadt" / Richmodisbrauerei
11. **Hohe Straße:**
    Goldmeile / Luxusmieten / Stollwerckhaus und Straßenmusik
12. **Am Hof:**
    Beim Früh / Der Inquisitor Petrus Martyr
13. **Bechergasse:**
    Brügelmannkomplex / Hohe Preise, schicke Wohnungen / Penthouse unter Denkmalschutz
14. **Martinsviertel:**
    Sanierung im Dritten Reich / ,,Sankt" Siegfried
15. **Auf dem Rothenberg / Ecke Lintgasse:**
    Annoköpfe

Wanderung 4

Von der Stolkgasse in die Altstadt

Hexen, Ketzer, Klüngel

Start in der Stolkgasse — kurze Wege und Entfernungen — Dauer 1 1/2 bis 2 Stunden

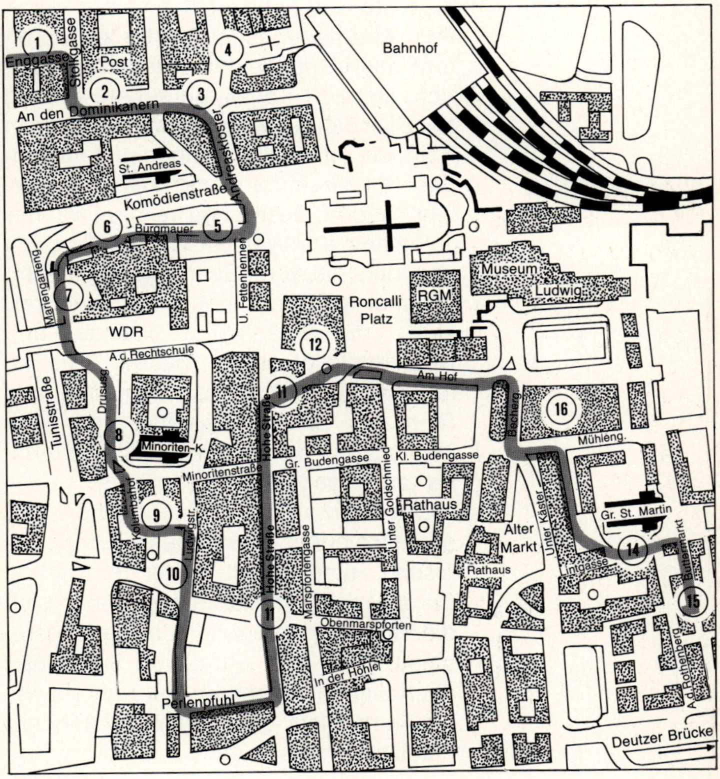

Nachdem die ersten drei Touren in groben Zügen die wesentlichen Punkte des alten, des neuen und des bischöflichen Zentrums vorgestellt haben, wird diese Wanderung einige der unbekannten Hinterhöfe zeigen; die Feinheiten, zumal die historischen, erschließen sich nämlich erst nach und nach.

Enggasse

An der Ecke, an der die Enggasse auf die Nord-Süd-Fahrt stößt, an einer tristen Parkplatzmauer, ist eines der letzten öffentlichen Graffitis des Sprayers von Zürich, Harald Naegeli, zu sehen. Anfang der 80er Jahre gab es Hunderte davon in Köln, die nur in einer Fotodokumentation der Kunstbuchhandlung König ,,überlebt" haben. Besonders bekannt war der Totentanz am Westportal von St. Cäcilien, dem heutigen Schnütgen-Museum. Die meisten Bilder sind mittlerweile zer-

(1)

stört, die besprayten Wände und Brückenpfeiler wieder ,,sauber". Hier an der Enggasse hat man immerhin den Sinn des Graffitis beachtet und beim Neuanstrich der Mauer deutlich erkennbar das Naegeli-Bild ausgespart.

Der Parkplatz dahinter gehört zur christlich orientierten Tageszeitung ,,Kölnische Rundschau". Hinter den hohen Scheiben in der Stolkgasse drehen sich die riesigen Papierrollen der Zeitungsrotation, die eine Attraktion für einen abendlichen Bummel bietet und ein wenig vom Flair der früheren Londoner Fleetstreet verbreitet.

An den Dominikanern

Der Straßenname ,,An den Dominikanern" erinnert an das hier bis ins 18. Jahrhundert ansässige Kloster. Nach der Säkularisation folgte eine Artilleriekaserne an derselben Stelle und Ende des vergangenen Jahrhunderts die Post. Die

(2)

Dominikaner siedelten sich nach dem 2. Weltkrieg an der nahe gelegenen St.-Andreas-Kirche wieder neu an.

Eine Tafel am Postamt an der Ecke zur Stolkgasse erinnert mit Stolz an die Klostergeschichte: ,,Hier wirkte Albertus

Graffiti von Harald Naegeli, Zürich

Magnus, auch ‚Der Deutsche' und der ‚Doctor universalis' genannt". Die Tafel schweigt über einen nicht weniger bedeutenden, aber nicht ganz so berühmten Ordensbruder des Albertus, Jakob Sprenger, der einige Generationen später in diesem Kloster als Prior wirkte. Sprenger und ein weiterer Dominikaner namens Heinrich Institoris, beide Inquisitoren, verfaßten den gerade fünfhundert Jahre alt gewordenen ,,Hexenhammer" und sorgten von hier aus für seine Verbreitung. Ein Werk, von dem der Historiker Soldan schreibt: ,,Barbarisch an Sprache wie an Gesinnung, spitzfindig und unverständlich in der Argumentation, originell nur in der Feierlichkeit, mit der die abgeschmacktesten Märchen als historische Belege vorgetragen werden, das verruchteste und zugleich läppisch-

Eine Gedenktafel an der Hauptpost weist auf das ehemalige Dominikanerkloster hin.

ste, das verrückteste und dennoch unheilvollste Buch der Weltliteratur."

Der Hexenhammer erlebte noch zu Lebzeiten der Autoren mehr als ein Dutzend Auflagen und avancierte bald zum Standardwerk der ,,Hexenverfolgung". Die Dominikaner, ein Orden, der eigens im Kampf gegen die Ketzerei des 12. und 13. Jahrhunderts gegründet worden war, und aus dessen Reihen sich die meisten Inquisitoren der katholischen Kirche rekrutierten, trug entscheidend zur Verbreitung des Hexenhammers bei. Sicher, hier im Kloster wurden keine Frauen gefoltert und verbrannt, aber an diesem Ort wurden die Theorien ersonnen, die den Tätern zur Legitimation dienten.

Ausführlich mit dem Thema der Hexenverfolgung befassen sich Irene Franken und Ina Hoerner in ihrer regionalen Studie: ,,Hexen — Die Verfolgung von Frauen in Köln".

Nicht unschuldig an der kirchlichen Theorie und gesellschaftlichen Praxis der Frauenunterdrückung sind auch der große Albertus Magnus und sein be-

Das Buch zur Hexenverfolgung in Köln von Irene Franken und Ina Hoerner (DM 9,80)

rühmter Schüler Thomas von Aquin, der einige Jahre hier lebte. Beide beteiligten sich an dem irrationalen Aberglauben ihrer Zeit, zumindest Albertus beschäftigte sich ausführlich mit der Magie, und es ist kein Zufall, daß von diesem „Experten“ eine Reihe von Legenden und Geschichten überliefert sind, in denen er als mächtiger Zauberer auftritt. Beide waren dem irrationalen Denken ihrer Zeit genauso verhaftet wie die meisten ihrer Zeitgenossen, verbrämten es allerdings mit ihrer Furcht vor Frauen zu einem wissenschaftlich-theologischen Anspruch. Im Werk dieser „Lehrer des Abendlandes“ findet sich eine Fülle von Belegen, die sie als Frauenverächter —und übrigens auch als Antisemiten — ausweisen.

Albertus Magnus – Frauenverächter und Magier. Kupferstich von Nikolaus de Larmessin, 16. Jahrhundert.

In Köln war es mit der „Hexenverfolgung“ des 16. und 17. Jahrhunderts trotz des Wirkens der Dominikaner vielleicht nicht ganz so schlimm, wie in manch anderen Städten. Das liegt einmal an der stärkeren wirtschaftlichen Stellung der Frauen in der Stadt, zum anderen an dem Emanzipationsstreben der Bürger gegenüber dem Erzbischof. Dennoch gab es in einem Zeitraum von über 100 Jahren 97 „Hexenprozesse“, bei denen 37 Frauen ermordet wurden. Die im wahren Sinn des Wortes „Schauplätze“ wa-

Der Zauberbecher des Albertus Magnus wird im Stadtmuseum gezeigt.

ren das Gefängnis am Dom, die „Hacht“, der Domhof und die Hinrichtungsstätte auf Melaten. Im Stadtarchiv ist ein eigenes Protokollbuch der „Hexenverhöre“ einsehbar. (Siehe Einleitung, S. 41ff).

Auszug aus einem „Hexenprotokoll“

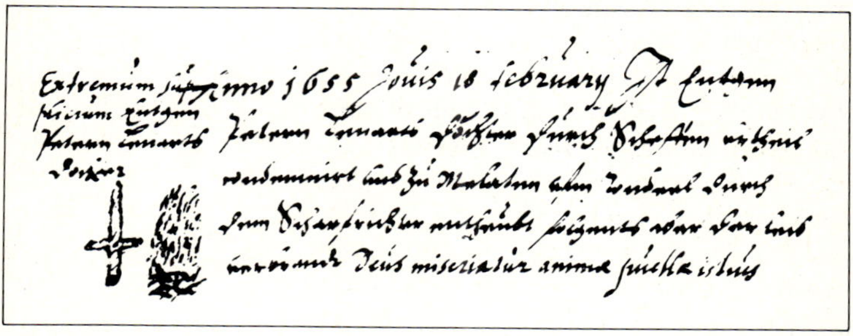

Ecke Marzellenstraße / An den Dominikanern

3

Heute ist in diesem wuchtigen Gebäude mit der Hausnummer 2 das Sozialgericht untergebracht; bis zum Jahre 1945 beherbergte es die Gauleitung der „Deutschen Arbeitsfront“ (DAF), eine Art „Gewerkschaftsersatz“ im Dritten Reich, nachdem die selbständigen Arbeitervertretungen am 2. Mai 1933 aufgelöst worden waren. Die DAF war mit Urlaubsreisen, Erholung und mit der sogenannten „Kraft durch Freude“ für die Verlustierung des Proletariats zuständig und stand unter Führung des wohl prominentesten Nazis aus dem Gau Köln, Robert Ley. Entsprechend der korporativen Ideologie der Faschisten waren nicht nur Arbeitnehmer, sondern auch Arbeitgeber darin vertreten.

Robert Ley, Chef der „Deutschen Arbeitsfront“ bei einer Kundgebung auf dem Neumarkt.

An den Dominikanern 2: DER Handel und ...

Das Gebäude, ursprünglich eine Bank, wurde 1923 gebaut (Architekt C. Moritz). Aus dieser Zeit stammen die Werksteingliederungen an den Seiten und am Sockel und vor allem die Relieffiguren am Portal: links ,,Die" Arbeit, (erstaunlicherweise weiblich dargestellt) mit Hammer und Zahnrad; rechts ,,Der" Handel als Götterbote Hermes. Die heroische Bombastik und Stimmungsarchitektur atmet schon den Geist der späteren NS-Epoche.

Marzellenstraße / Mariä Himmelfahrt

4

Der rosafarbene Anstrich unterscheidet Mariä Himmelfahrt schon rein äußerlich von dem vorherrschenden Kölner Kirchentyp der Romanik mit seinem streng-nüchternen Stil. Die äußere Pracht dieses Baus setzt sich in der farbenreichen Ausstattung, im Marmor, Holz und Stuck des Inneren fort. Mariä Himmelfahrt ist der einzige repräsentative Barockbau Kölns; die wenigen anderen Kirchen aus dieser Zeit, wie die Marienkirchen in der Kupfer- und in der Schnurgasse, die Kirche der Ursulinen in der Machabäerstraße oder die Elendskirche,

...DIE Arbeit. NS-Pathos schon vor der ,,Machtergreifung".

erscheinen dagegen fast als einfache Zweckbauten. In Köln gibt es nur wenige Baudenkmäler dieser Epoche, weil die alte Reichsstadt im 17. Jahrhundert finanziell darnieder lag. Die frühkapitalistischen Bürger oder Mäzene lebten längst in den neuen Handelsmetropolen, es gab auch keinen Fürsten mit Hofstaat und entsprechend luxuriösen Ambitionen, so daß weder Bauherren noch Geld für den neuen Stil vorhanden waren. Diese Tatsache hat — nebenbei bemerkt — auch die alten, romanischen Bauten Kölns erhalten, die andernorts häufig dem barocken Zeitgeist und seinem neuen Stil weichen mußten.

1544, wenige Jahre nach ihrer Gründung, ließen sich die Jesuiten in Köln nieder und übernahmen das schon bestehende städtische Gymnasium „bursa tricoronata" — heute noch als Dreikönigsgymnasium existent — und bauten es zu einem ideologischen Hort der Gegenreformation aus. 1618 begannen sie auf der anderen Straßenseite mit dem Bau einer neuen Kirche, die Geschmack und Geist ihres Programms repräsentieren sollte und der Leitfigur des antiprotestantischen und neoreligiösen Auf-

Das illegal gebaute Obergeschoß der ABC-Bank nimmt der Barockkirche das Licht von Süden.

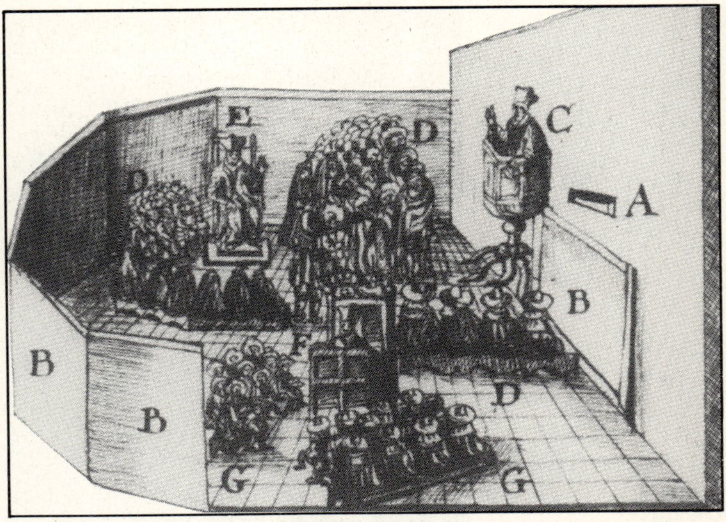

Frontalunterricht der „Societas Jesu" im Dreikönigsgymnasium.

bruchs geweiht wurde, der „Mutter Gottes" Maria. Die Jesuiten griffen in der Architektur bewußt auf romanische und gotische Stilelemente zurück und verschmolzen diese mit den zeitgenössischen Barockformen, um ihr Programm zu illustrieren: Einheit und Kontinuität der katholischen Kirche. Die Pracht der Ausstattung, die Farben, der Schmuck, die Gemälde und Figuren, die ganze barocke Einrichtung sollten die Botschaft vermitteln: gegen den protestantischen Rationalismus ist es eine Lust, katholisch zu sein!

Eine markante Rolle bei der Inszenierung der Farbenpracht des Innenraums spielt das Licht, dessen Wirkung allerdings durch den finsteren Neubau der ABC-Bank direkt neben der Kirche empfindlich eingeschränkt wird. Die Baugenehmigung für die Bank galt eigentlich nur bis zur Höhe der Dachrinne von Mariä Himmelfahrt, doch wurden zwei Etagen darüber hinaus illegal weitergeführt und als „Technikgeschosse" deklariert. Wie so oft bei potenten Schwarzbauern in Köln hat die Bauaufsicht dagegen nichts unternommen.

Die Jesuitenkirche wurde nach dem Einmarsch der Franzosen in Köln, wie alle anderen Klosterkirchen auch, im Zuge der Säkularisation enteignet und

Eine „Göttin der Vernunft“ gelangte für kurze Zeit auf den Altar der Jesuitenkirche.

auf ihrem Altar eine „Göttin der Vernunft“ placiert. Doch dieser atheistische Kult hielt sich nicht lange. 1803 konnten einige Privatleute das Gebäude kaufen und in eine Pfarrkirche umwandeln. Im Dritten Reich predigte von der Kanzel Mariä Himmelfahrts der Jesuit Josef Spieker, der sich schon vor 1933 kritisch mit dem Nationalsozialismus auseinandergesetzt hatte. Er geriet bald mit dem faschistischen Staat in Konflikt, wurde mehrfach verhaftet und verurteilt und kam als erster katholischer Priester in das KZ Börgermoor im Emsland. Später konnte er nach Chile auswandern, wo ihn die nationalgesinnten Chile-Deutschen als Seelsorger allerdings ablehnten.

Unter Fettenhennen

(5)

Ihren merkwürdigen Namen hat diese Straße nach einem Firmenzeichen des frühen 16. Jahrhunderts. Der Buchdrucker und Verleger Franz Birckmann (1513) hatte als Signet eine dicke Henne, die ihre Küken beschützt. Nach dieser „fetten Henne“ wurde erst die Firma, dann das Haus und schließlich die ganze

Straße benannt, die bald zur Hauptadresse der Kölner Drucker avancierte. Sicherlich trugen die Nähe zum Dom und damit zu den kirchlichen Auftraggebern ebenso dazu bei wie die nahe gelegene Universität, an die nicht weit entfernt noch der Straßenname ,,An der Rechtschule" erinnert. Im Laufe des 16. Jahrhunderts zählte man über hundert Verleger und Drucker in Köln. Ähnlich wie die Goldschmiede gehörten sie bald zur städtischen Bürger- und Oberschicht, da sie über reichliches Vermögen für ihre hohen Vorfinanzierungen verfügen mußten. Gedruckt wurden überwiegend lateinische und hier vor allem theologische Schriften, wobei Domkapitel, Rat und Universität genau darauf achteten, daß sich keine humanistischen oder reformatorischen Tendenzen in die Stadt einschlichen. Drucker, die es trotzdem wagten, etwa die Schriften Luthers zu verlegen, wurden unterdrückt und verfolgt, kamen in den Turm oder wurden ins Exil vertrieben, wie Vater und Sohn Gottfried Hirtzhorn, die nach Antwerpen auswanderten. Schon am 12. November 1520 wurden vor der größten Druckerei auf dem Domhof die Werke Luthers öffentlich verbrannt, und drei Jahre später führte der Rat für alle ,,Druckschriften über Papst, Kaiser, Fürsten oder Herren" die Vorzensur ein (siehe Einleitung, S. 38).

Beim Café Reichard an der Ecke zur Burgmauer (schöne Sicht auf die Domtürme bei hohen Preisen) stimmt vor allem die Fassade. Dahinter stecken die Hörfunkstudios des WDR in einem modernen Zweckbau. Die alte Fassade des repräsentativen Gründerzeitbaus wurde in den 70er Jahren in gleichmäßige Stücke zersägt, nummeriert und abgetragen, um später wieder vor den Neubau angeklebt zu werden. Zu verdanken haben wir dieses Meisterstück zur Rettung der historischen ,,Bausubstanz" einer WDR-Morgensendung, in der gegen die Kölner Stadtverwaltung und für irgendwelche Hausbesetzer Partei ergriffen wurde, worauf der Stadtrat, als zufällig am selben Tag ein entsprechender Abrißantrag des Senders auf der Tagesordnung stand, in einer Retourkutsche den WDR zum Erhalt der Fassade verdonnerte.

Burgmauer

Früher lebten an der „Burgmauer" oberhalb der römischen Stadtmauer die einfachen Leute, heute liegt linker Hand eine Art „verbotene Stadt". Hier wohnen die Domherren. Nur von der Straße aus sind hinter Eisengittern ihre Häuschen, Grünanlagen und Garagen zu sehen. Von der Außenwelt hermetisch abgeschlossen und für Normalkölner/innen unerreichbar, wurde eine stille Oase in enger Verknüpfung von Arbeit und Leben mitten in der Stadt geschaffen. Auf den Klingelschildern der Sprechanlage am Portal findet man die Namen von Weihbischof, Generalvikar und diversen Mitgliedern des Metropolitankapitels, wie der fromme Aufsichtsrat heutzutage heißt. Das Kapellchen am Ende der Burgmauer zur Ecke Mariengartengasse ist der letzte Ruheplatz der Herren der „verbotenen Stadt", hier werden die Toten aufgebahrt, bevor man sie beerdigt.

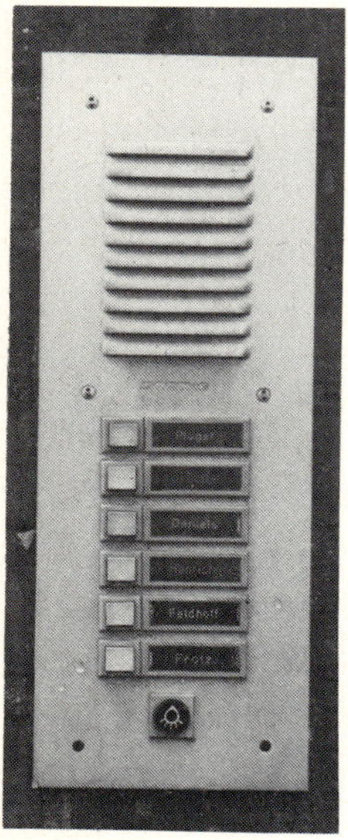

Das Hohe Domkapitel lebt verborgen in der „verbotenen Stadt".

Die Kurve vor der Kapelle markiert die „Spitze" der Stadt, den topografischen Höhepunkt. Mit 56,5 Metern über dem Meeresspiegel war hier zweitausend

Jahre lang der höchste Punkt Kölns, bis nach dem 2. Weltkrieg einige Trümmerberge an der Inneren Kanalstraße noch höher wuchsen. Der Blick die Treppe hinab zur Nord-Süd-Fahrt bis in die ausgegrabenen Fundamente des römischen Mauerturms kann die Höhenunterschiede noch gut verdeutlichen.

(6)

Der höchste Punkt der Stadt: 56,5 m ü.d.M.

Mariengartengasse

Der Weg führt weiter durch die Mariengartengasse, heute eine triste, schmale Straße zwischen den hohen Bauten des WDR: In dieser Zone westlich des Doms hatten sich im 13. und 14. Jahrhundert religiöse, relativ autonom lebende Frauengruppen niedergelassen, die sogenannten „Beginen" (siehe Einleitung, S. 34ff). Ihrem Ursprung nach ist diese Bewegung von Frauen eng mit der Ketzerei verknüpft. Im Unterschied zu den Ketzern wurden die Beginen zeitweise jedoch nicht von der Kirche verfolgt. Sie schlossen sich zu Gemeinschaften — „Konventen" — zusammen, die kollektiv produzierten und zusammen lebten, aber anders als die Nonnen in den Klöstern keine Gelübde ablegten und den Konvent auch jederzeit wieder verlassen konnten. Diese laienreligiöse Bewegung war eine Form zugelassener Selbständigkeit von Frauen, die unverheiratet waren und es auch bleiben wollten. Köln wurde, ausgehend von den Niederlanden und Brabant, eine Hochburg der Be-

(7)

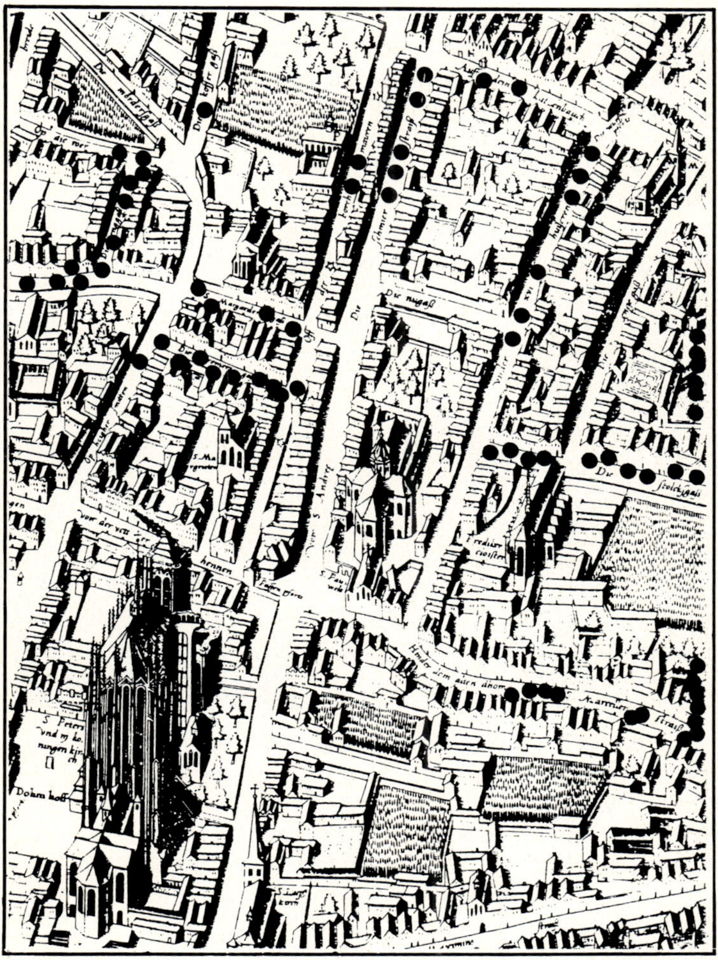

Rund um den Dom lagen die Konvente der Beginen. Im späten Mittelalter lebten zeitweise mehr als tausend in Köln.
Die schwarzen Punkte auf dem Mercator-Plan markieren die Konvente der Beginen.

ginen. Mindestens 170 Gemeinschaften sind über drei Jahrhunderte in der Stadt bekannt. In der Mariengartengasse, der Elstergasse, An der Rechtschule, der Komödienstraße (früher Schmierstraße), aber auch in der Stolkgasse oder Marzellenstraße und Unter Sachsenhausen lagen ihre Standorte. Allein in diesen sieben Straßen kennt man knapp 60 Konvente. Bemerkenswert an den Beginen ist ihre Unabhängigkeit von der kirchlichen Hierarchie. Die Gemeinschaften wurden von gewählten Meisterinnen geleitet, waren halbwegs „demokratisch" organisiert und konnten sich zum Teil ihre zuständigen Kleriker selber auswählen.

Konflikte entstanden in den Städten und auch in Köln im 15. und 16. Jahrhundert mit dem Erstarken der Handwerker und Zünfte, die in den Produktionsgemeinschaften der Frauen zu Recht eine harte Konkurrenz sahen und diese politisch unterdrückten und zurückdrängten, wo immer sie konnten. So wurde ein Teil der Arbeit der Beginen, vor allem die Krankenpflege, in die Frauenklöster überführt; ihre eigenen Konvente wurden nach und nach in Orden umgewandelt und damit unter kirchliche Kuratel gestellt. Andere Beginen, die sich nicht anpaßten, wurden verfolgt und umgebracht, so daß es im 17. Jahrhundert keine Beginenkonvente mehr in Köln gibt.

Das älteste Kölner Frauenkloster der „Augustinerinnen-Celitinnen von St. Elisabeth“ führt heute noch seinen Ursprung auf eine Beginengemeinschaft aus dem Jahre 1312 zurück. (An diese Historie erinnert eine unscheinbare Tafel in der Höhe des 1. Stockwerks am Haus Antonsgasse Nr. 7 in der Nähe der Schildergasse, wo das Kloster bis zum 2. Weltkrieg stand.) Von dem autonomen Geist der alten Frauengruppe will die Klostergeschichtsschreibung indes weniger wissen, als von der Krankenpflege ihrer Vorläuferinnen.

Beginen-Konvent der hl. Dreifaltigkeit in Köln, gegründet 1365 von Ritter Johann von Denandt.

Die Franziskaner verzichteten als armer Bettelorden auf den Schmuck eines großen Turms an ihrer Kirche.

Minoritenstraße / Kolpingplatz

8

Die Minoritenkirche ist die einzige erhaltene Bettelordenkirche Kölns. An ihrem Standort siedelten sich Mitte des 13. Jahrhunderts die Franziskaner an, die auch als „Minderbrüder", lateinisch „Minoriten", bezeichnet werden. Ähnlich wie die Dominikaner war der Franziskanerorden im Mittelalter eingerichtet worden, um die populären Häresien der Ketzer zurückzudrängen. Die neuen Bettelorden lehnten, genauso wie die Ketzer, Reichtum und Prunk der Kirche ab; ihre Anhänger liefen barfuß herum, nur mit einer braunen Kutte aus einfacher Wolle bekleidet und mit einem Strick umgürtet und lebten vom Betteln und von Almosen. Vor allem im städtischen Proletariat genossen die Franziskaner bald große Popularität, weil sie als soziale und praktische Alternative zur verkommenen Machtkirche erschienen. Ihr Radikalismus ließ jedoch schon in der zweiten Generation nach, und nur ein kleiner fundamentalistischer Flügel der sogenannten „Spiritualen" blieb den Gründungsidealen treu, wofür er von den eigenen Ordensbrüdern, den realpolitisch orientierten sogenannten „Konventualen", wie Ketzer verfolgt wurde.

Schon wenige Jahre nach der Ordensgründung 1229 ließen sich die Minoriten in Köln nieder. Symbol ihres Armutsideals ist der fehlende Turm an ihrer Kirche. Sie sollte einfach bleiben. Einer ihrer berühmtesten Theologen, Duns Scotus, theologischer Konkurrent der Kölner Scholastiker Albertus und Thomas, liegt hier beerdigt. Nicht weit von ihm ruht ein jüngerer Kollege, ein sozial engagierter Kleriker, Adolph Kolping. Dieser sogenannte „Gesellenvater vom Rhein" ist auf dem Vorplatz in einer monumentalen Plastik beim Händedruck mit einem

Duns Scotus hatte die attraktivsten Marienbilder in seiner Zelle und schaute sie täglich lange an!

Der Papst am Grab von Adolph Kolping in der Minoritenkirche – Karl Marx hat ausgespielt.

Handwerksburschen dargestellt und wird in der Domstadt gern als „der" Gegenspieler zu Karl Marx hochstilisiert, so auch durch Papst Wojtyla im November 1980 beim Besuch am Kolpinggrab: „Als Adolph Kolping in Köln seine ersten Gesellenvereine gründete, wirkte auch Karl Marx in Köln. Er rief zu Umsturz und Klassenkampf auf, Adolph Kolping wollte die Gesellschaft durch christliches Verhalten wandeln." Ein großes Fürbittenbuch an Kolpings Grab dokumentiert immer noch ganz aktuell, welche Hilfen der christliche Kölner bei Krankheit, Armut, Arbeitslosigkeit, zur Wohnungssuche oder Ausbildung von ihm erwarten kann.

Mit der Säkularisation wurden die Franziskaner vertrieben, und in die Klostergebäude zog die kommunale Armen- und Hospitalverwaltung ein. Hier wurde am Neujahrstag des Jahres 1826 die städtische „Sparkasse" eröffnet, die ursprünglich die Sparpfennige der Unterschichten und Armen Kölns sammeln und so Vorsorge fürs Alter treffen sollte. Im Gegensatz zur späteren Bankpraxis wurden damals noch für die kleineren Guthaben höhere Zinsen gezahlt als für die größeren. Außerdem war die Einlagenhöhe nach oben begrenzt. Die Sparkasse war damit ursprünglich eher eine

Selbsthilfeeinrichtung als ein Kreditinstitut.

Auf der anderen Straßenseite, am Kolpingplatz Nr. 1a, ist der Redaktionssitz der Frauenzeitung „Emma“. Hier residieren von der dritten bis zur fünften Etage die bekannte Feministin Alice Schwarzer und ihre Crew.

Kolumbahof / Ludwigstraße / Brückenstraße

Gegenüber dem Seitenportal der Minoritenkirche führt der Kolumbahof an die ehemalige Kirche St. Kolumba heran. Im Mittelalter war dies eine der ersten Adressen Kölns, eine der reichsten Pfarrkirchen, in deren Bezirk die Spitzen der Stadt lebten. Fast vierzig Bürgermeister ließen sich bei St. Kolumba beerdigen, ein Teil der Gräberanlage hinter der Kirche ist archäologisch erschlossen, aber nicht öffentlich zugänglich. Die Kirche wurde im 2. Weltkrieg bis auf ein paar Mauerstümpfe und einen einzigen Pfeiler zerstört. Weil an diesem eine alte Madonnenfigur unversehrt stehengeblieben war, nannte man die später wieder aufgebaute Kapelle „Madonna in den Trümmern“.

9

Die Kolumbakirche wurde nach den Kriegszerstörungen nicht wieder aufgebaut.

Kolumba wird von der Bärin beschützt – eine Plastik über dem Eingang zur Kapelle.

Der achteckige Neubau wurde nach den Entwürfen Gottfried Böhms auf den Fundamenten des früheren Turms errichtet. Die Trümmerreste an der Brückenstraße blieben als Zeichen und Erinnerung an Krieg und Zerstörung stehen. Über die Kirchenmatronin Kolumba gibt es eine Legende, an die die Plastik einer Bärin auf dem rechten Pfeiler neben der Eingangstür erinnert. Danach sollte Kolumba bei der römischen Christenverfolgung unter Kaiser Aurelian öffentlich vergewaltigt werden. Als sich zu diesem Zwecke ein gewisser Barusas der Gefangenen nähert, kommt plötzlich eine Bärin aus ihrer Gefängsnishöhle, wirft den Kerl zu Boden und beschützt Kolumba. Kolumba bekehrt den Täter, während die Bärin weitere Angriffe der Soldaten auf sie verhindert. In seiner Wut läßt der Kaiser das ganze Verlies samt Kolumba und Bärin in Brand stecken. Aber da erscheint am Himmel wunderbarerweise eine Regenwolke — aus Afrika! — und löscht mit einem Guß das Feuer. Am Ende wird Kolumba allerdings doch enthauptet, denn auf irgendeine Art und Weise mußte sie ja zur „Ehre der Altäre" gelangen, was einer Frau in der christlichen Hagiografie immer noch am besten durch das Martyrium gelingt.

Wie bei so vielen christlichen Heiligenlegenden nimmt auch die Kolumbageschichte ältere, „heidnische" Elemente auf. In der Figur und Legende sind Teile der Aphroditenverehrung ebenso enthalten, wie der Name ,,Kolumba" (Taube) auf ein uraltes Lustsymbol hinweist, das hier, umgedreht ins Martyrium, als Opfer sexueller Gewalt durchscheint.

Brückenstraße / Ludwigstraße / Perlenpfuhl

Ende der 80er Jahre entstanden hinter und seitlich der Kirche eine Reihe neuer Geschäftsbauten. Für das ,,Westdeutsche Werbefernsehen" ein Verwaltungsgebäude, das Geschäftshaus ,,Modeunion" und ein neues Parkhaus namens ,,Brückenstraße". Und obschon es ganz verschiedene Objekte mit unterschiedlichen Finanzierungen und Bauherren waren, tauchten dort merkwürdigerweise immer dieselben Namen auf den Baustellenschildern auf. Als Architekten firmierten stets ,,HPP Hentrich-Petschnigg & Partner KG", während die Abwicklung immer in den Händen der ,,Modernen Stadt" lag. Dieses Unternehmen ist eine zentrale Schaltstelle des Kölner Baugeschehens und gehört der Deutschen Bank, der Colonia-Versicherung und dem Bankhaus Oppenheim. Die Quer- und Geschäftsverbindungen zur öffentlichen Hand werden wiederum über die

(10)

Unter Denkmalschutz: Die Richmodisbrauerei am Perlenpfuhl.

Tochter ,,Modernes Köln" abgewickelt, an welcher gleichzeitig die Stadtsparkasse und die SPD-dominierte städtische Wohnungsbaugesellschaft ,,Grund und Boden" beteiligt sind.

Am Perlenpfuhl ist eines der seltenen Industriedenkmäler der Innenstadt erhalten: die Richmodisbrauerei. Der Ziegelsteinbau stammt aus den 80er Jahren des 19. Jahrhunderts und ist mit einem gelb-roten Seitenflügel noch original erhalten.

Hohe Straße

(11)

Sicherlich gehört die Hohe Straße zu den ältesten Geschäftsstraßen hierzulande. Ihr Ursprung weist bis in die Zeit der Römer zurück, die sie als zentralen Verbindungsweg zwischen dem südlichen und dem nördlichen Stadttor quer durch die Garnison anlegten. Wo einst römische Kohorten marschierten, drängen sich heute Kauf- und vor allem Schaulustige. Bis zu hunderttausend Menschen tummeln sich an manchen Tagen in diesem knappen Kilometer Einkaufsparadies und Fußgängerzone. Die Kölner nennen sie auch die ,,Goldmeile", und das war sie schon immer. Katasterkarten aus dem späten Mittelalter, die das Steueraufkommen der einzelnen Häuser und Grundstücke in der Stadt erfaßten, weisen die Hohe Straße bereits vor mehr als 700 Jahren als Adresse Nr. 1 aus, als Wohn- und Geschäftssitz der ,,besten" Familien.

Der Tip zur Rast: Café Eigel, Brückenstraße 3, nahe der Hohen Straße — berühmt und teuer, aber wie Kenner sagen: der beste Kuchen Kölns, nur sparsam gesüßt — ein schöner Innenhof im Sommer.

In den 70er Jahren hat sie ein wenig von ihrem ehrwürdigen Glanz verloren und umso mehr Glimmer angelegt. Ursache dafür sind die exorbitanten Preisforderungen der Hausbesitzer. ,,Achtzehntausend Mark monatliche Ladenmiete sind dort im Durchschnitt für ganze vierzig qm Verkaufsfläche fällig", verriet der Parfümerie-König Franz Bataille und kehrte der Goldmeile den Rücken. Die großen Läden zahlen sogar bis zu siebzigtausend Mark Monatsmiete. Die Folge: An die Stelle des luxuriösen Einzelhandels traten Filialen von Ladenketten und Massenkonsumgeschäften, die die schnelle Mark machen müssen, um die Miete aufzubringen.

Die neue Stollwerck-Passage ...

Den Eingang in die Hohe Straße am Wallraf-Platz markiert das Stollwerck-Haus, das erst in den letzten Jahren in den postmodernen Dekor der Gründerzeit zurückgestylt wurde. Besitzer ist der Stollwerck-Großaktionär und Vorstandschef Hans Imhoff, der in Köln in der ersten Hälfte der 70er Jahre zu zweifelhaftem Ruhm gelangte, als er mit Unterstützung des Immobiliengroßhändlers Renatus Rüger das alte Stollwerck-Fabrikgrundstück in der Südstadt auf den zehnfachen Wert hochspekulieren konnte. Das Stollwerck-Haus an der Hohe Straße wurde für 11 Millionen Mark luxuriös umgebaut: italienischer Marmor, gläserne Aufzüge, viel Neonpomp nach außen. Wie sehr diese Architektur auf Stimmung aus ist und kaum die Funktion der Büros im Innern berücksichtigt, erkennt man erst, wenn man die völlig krumm geschnittenen Redaktionsräume des WDR in der dritten oder vierten Etage betritt. Fensterbänke in Brusthöhe,

... Musizieren und Betteln nicht gestattet!

Pfeiler mitten im Raum, lange Büroschläuche: Hauptsache, die Fassade stimmt.

An den vier Eingangsecken der seitlichen Passage, in der nur „Weltklassefirmen" (Imhoff) angesiedelt sind, machen kleine Schilder aufmerksam: „Musizieren nicht gestattet". Mit der Veränderung der Hohe Straße zogen nämlich auch Straßenmusiker sowie Pflastermaler, ambulante Schmuckverkäufer und andere alternative Kaufleute in die Goldmeile ein. Geschäftsleute und Stadtverwaltung wollen diese jedoch wieder durch „ordnende und säubernde Eingriffe" hinausdrängen. Dazu zählt einerseits der neue Plattenbelag und andererseits eine Straßensatzung, die den freien Künstlern und Händlern das Geschäft verbietet bzw. erschwert. Hier hat es denn auch schon jahrelange Auseinandersetzungen mit den berühmten „Kölner Straßenmusikern", vor allem mit dem Geigenvirtuosen Klaus von Wrochem (Klaus der Geiger) gegeben, die häufig vor Gericht endeten.

Am Hof / Brauhaus Früh

(12)

In der grauen Werksteinfassade über dem Eingang zum Brauhaus Früh gibt es ein großes, doch wenig auffälliges Relief, das die Geschichte der Ketzer und Mönche fortführt, die man am wenigsten an einem Wirtshaus vermuten würde. Dargestellt ist das Brustbild eines streng blickenden Mannes mit einem Messer in der Brust und einem Schwert über dem Haupt, der offensichtlich ermordet wurde. Das Bildnis stellt den heiligen Petrus Martyr dar, auch Petrus von Mailand oder

Verona genannt. Er lebte im 13. Jahrhundert und entstammte einer italienischen Katharer- (also Ketzer-) Familie. Aber Petrus kehrte in den Schoß der Kirche zurück, wurde Dominikaner und war als Renegat geradezu prädestiniert, seine früheren Glaubensgenossen zu verfolgen: er wurde päpstlicher Inquisitor. Im Jahre 1252 ereilte ihn indes selber das blutig-grausige Schicksal auf der Landstraße zwischen Como und Mailand. Die Täter, angeblich von Katharern bezahlt und gedungen, stießen ihm ein Messer in die Brust und spalteten seinen Schädel. (Einer von ihnen, Pietro aus Balsamo, kam nach Forli, trat dort reuig in den Dominikanerorden ein und wurde — oh Wunder — später selbst ein Heiliger.) Papst Innozenz IV. erkannte schnell die propagandistischen Möglichkeiten des Falles und sprach schon wenige Monate nach der Tat den ermordeten Inquisitor als „Petrus Martyr" heilig. Seitdem wurde diese Figur als ideologische Waffe im Kampf gegen die Ketzer benutzt und Geschichte wie Abbild rasch verbreitet. In

Petrus Martyr, päpstlicher Inquisitor und Schutzpatron der Kölner Bierbrauer über dem Brauhaus Früh.

Köln machte ihn eine der mächtigsten Zünfte, die der Brauer, zu ihrem Schutzpatron, und bis heute gibt es die ,,Petrus-von-Mailand-Bruderschaft", die jährlich zum Patronatsfest am 29. April in der Dominikanerkirche St. Andreas ein Hochamt feiert. Hier findet sich auch auf dem sogenannten ,,Rosenkranzbild" der Inquisitor Petrus mit einer klaffenden roten Kopfwunde dargestellt.

Das Bild in der südlichen Seitenkapelle von St. Andreas ist übrigens noch aus einem weiteren Grund für unsere Wanderung bemerkenswert: Das Gemälde zeigt nämlich auch den Dominikanerpater Jakob Sprenger, jenen Mann, der den ,,Hexenhammer" verfaßt hat (siehe Nr. 2). Dieses Bild, auch ,,Maria mit dem Mantel" genannt, erinnert allerdings nicht an die Frauenverfolgung, sondern an die Marienverehrung des Jakob Sprenger. Er war ein heftiger Bewunderer der Jungfrau Maria und gründete im Jahre 1475 eine ,,Erzbruderschaft des Rosenkranzes", die ausschließlich der Marienverehrung diente. So spiegelt sich in seiner Person und in diesem Bild die ganze Widersprüchlichkeit seines gespaltenen Frauenbildes: hier die vernichtenswerte Hexe, dort die anbetungswürdige Mutter Gottes.

Brügelmannhaus / Bechergasse / Mühlengasse

13

Als ,,Glücksfall", als ,,Anlaß, stolz zu sein" der ,,Grund, zu staunen" gebe, pries Kölns Oberstadtdirektor Kurt Rossa bei der Einweihung den Brügelmannkomplex. Er sprach in der ,,Wir"-Form, aber es lohnt sich, genauer hinzuschauen, wer ,,Wir" sind, die stolz, glücklich und staunend die Gebäude betrachten. Vormals das Stammhaus der Kölner Tuchgroßhändler- und Fabrikantenfamilie Brügelmann, die längst ins Rechtsrheinische nahe der Zoobrücke umgesiedelt war, wurde der alte Komplex im Jahre 1978 den Brügelmanns von der Stadt für 19 Millionen Mark abgekauft. Zwar hatten die städtischen Schätzer das Objekt ein paar Jahre früher nur auf knappe

11 Millionen taxiert, aber bei der Preisgestaltung leistete der damalige Bürgermeister und FDP-Ratsherr Jan Brügelmann, zufällig ein Mitglied der verkaufenden Familie, kräftigen Beistand. Im Jahre 1983 wurde dann der Bau unverändert an die Firma Strabag weiterveräußert, diesmal jedoch nur noch für 15,3 Millionen. Die Baufirma sanierte und bebaute in knapp drei Jahren die frühere Fabrik und schuf 123 neue Luxuswohnungen, die für Preise zwischen 142.000 Mark (1-Zimmer-Appartment) und 1 Million Mark (3 1/2-Zimmer-Wohnung) an den begüterten Mann und seine Gattin gebracht wurden. Die Strabag machte dabei einen Schnitt von wenigstens 3 Millionen Mark, wie die Stadtverwaltung in einem internen Gutachten später vorrechnete. 4 Millionen für Brügelmann, 3 Millionen für Strabag – man kann leicht nachrechnen, daß auch billiges Bauen in der Innenstadt möglich wäre.

Zwei weitere Punkte zur Abrundung der Geschichte: Das ganze wurde zu einer Zeit ausgesonnen, als Rat und Verwaltung beim Thema Umbau der Stollwerckfabrik noch mit Vehemenz behaupteten, man könne alte Fabriken nicht in neue Wohnungen umwandeln. Hier ging es: lichtdurchflutete Innenhöfe in alten Fabrikteilen, breite Treppenhäuser, viel Grün und Zugang bzw. Durchgang von

Der Kindheitstraum des Alfred Neven DuMont: „In der Badewanne die Domtürme sehen".

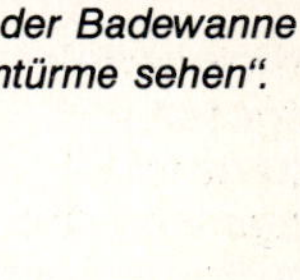

Der Tip zur Rast: Brauhaus Sion, Unter Taschenmacher 5, Tel.: 214203 — Weniger Rummel als in den meisten Brauhäusern des Zentrums — Gutes Kölsch, lokale Spezialitäten vom halven Hahn bis zur ganzen Blotwoosch — zivile Preise.

allen Himmelsrichtungen. Tatsächlich: schöneres Wohnen.

Und weiter: Die Ecke des Komplexes Mühlengasse/Bechergasse war in den 50er Jahren durch den Architekten Wilhelm Riphan qualitätvoll neu gebaut worden. Zum Stil des Jahrzehnts gehört ein überkragendes Flachdach, das mit dem Gesamtbau unter Denkmalschutz stand. Strabag machte sich nichts daraus und setzte ein Penthouse obenauf. Kölns Architekturkritikerpapst Strodthoff vom „Kölner Stadt-Anzeiger" verlor kein Wort der Kritik in seinem Blatt. Wie auch? Hatte sich hier doch sein Chef Alfred Neven DuMont den Kindheitstraum erfüllt, aus der Badewanne die Domtürme zu sehen. Alaaf!

Martinsviertel: Lintgasse / Buttermarkt / Salzgasse / Auf dem Rothenberg

14

Dieser Teil der Altstadt mit den schmalen hochgiebligen Häusern, dem buckeligen Straßenpflaster, den engen Gassen und kleinen Grundstückschnitten gilt als „typisch" für das alte Köln. Der Blick von der anderen Rheinseite oder der Deutzer Brücke auf das Rheinpanorama ist millionenfach reproduziert worden. Hier wähnt man eine Atmosphäre, wie sie in der mittelalterlichen Stadt geherrscht haben könnte.

Nun sind alle Teile Kölns im Laufe ihrer Geschichte dutzendfach verändert und umgebaut und den Bedürfnissen ihrer Zeit und Besitzer angepaßt worden. Dieser Teil der Altstadt nahe des Rheins lag in den letzten 150 Jahren lange abseits dominierender Stadtentwicklungsinteressen und Finanzströme. Hier gab es vom 19. bis weit ins 20. Jahrhundert hin-

Die „Altstadt" wurde weitestgehend zwischen 1936 und Kriegsbeginn gebaut.

Lintgasse 10–12

ein keine großen Spekulanten, und keine Verkehrsachsen mußten Sachzwänge oder Darstellungsgelüste wegen gebrochen werden, so daß die alten Grundstücks- und Straßenschnitte erhalten blieben und der Bestand vor allem des 19. Jahrhunderts langsam vor sich hinschimmelte. Das änderte sich erst in den 30er Jahren, zur Zeit des Nationalsozialismus. Die Nazis waren die ersten, die Stadtentwicklung, Sanierung und Arbeitsbeschaffung kombinierten und dabei gleichzeitig ihre „ästhetischen" Vorstellungen umsetzten. Die Rheinfront sollte in alter Harmonie wiederhergestellt und der schlechte Ruf des Rheingassenviertels zugunsten einer sauberen Wohngegend verändert werden. Das dunkle Viertel wurde „durchlichtet", wie der katholisch-bürgerliche „Neue Tag" im Juni 1935 schrieb. Zahlreiche Häuser wurden abgerissen und im „alten Stil", oder was man dafür hielt, neu erbaut. An einigen Gassen und Häuserfronten ist das noch heute aufzuspüren, wenn man genauer hinschaut.

Typisch für die Restaurierung sind die symmetrischen Hausachsen, die gleichmäßigen hellen Putzfassaden und die mit dunklem Werkstein abgesetzten Fenster- und Türeinrahmungen. „Natürlich und ordentlich" war die Devise. Die südliche Hälfte der Lintgasse, z. B. Nr. 6 – 26, stammt aus den Jahren 1935 bis 1939 (und steht gleichwohl unter Denkmalschutz). Hier ist an den Häusern Nr. 10 – 12 auch die Zahl „1939" verewigt. Ähnlich die westliche Seite des Butter-

Im „teutschen Stil“ – das Haus der Schiffahrtsgesellschaft am Rhein.

St. Siegfried – ein nackter Heiliger der Nazis

marktes. Dazwischen sind nur einige ältere Häuser stehengeblieben, am Buttermarkt z. B. Nr. 1 – 3 und 16 und in der Lintgasse Nr. 4 und 5. Historisch übernommen, aber aus ihrem Zusammenhang gelöst, wurden nur Einzelteile wie Reliefs, Torbögen oder Hausmarken, die man in die neuen Fassaden einputzte. Auffällig ist auch der harmonisch-deutsche Stil am Rheinufer, an der Frankenwerft etwa bei dem Verwaltungsgebäude der „Köln-Düsseldorfer-Schiffahrtsgesellschaft“.

Und trotzdem ist das keine faschistische Ästhetik. Manchmal ist sogar eine ganz unpathetische, funktionale und an die Bauhausstrenge erinnernde Architektur geschaffen worden, wie Beispiele in der Lintgasse belegen. Es ist notwendig, genau hinzusehen und Stile und Details der verschiedenen Bauepochen exakt zu vergleichen.

Ein markanter Hinweis auf die Urheber der Altstadtsanierung findet sich noch in der Figur des „Siegfried“ an der Ecke Salzgasse / Buttermarkt. Heute wird er verschämt als „Heiliger Georg“ ausgegeben, der den Drachen besiegt. Aber wer hat schon einmal einen völlig nackten Heiligen gesehen, mit Penis, Hoden und allem drum und dran? Nein, es ist ein nationaler Body-Building-Körper, in dem der zeitgenössische Künstler „den deutschen Helden im Kampf mit dem Drachen, den Sieg der Ordnung und des guten Elementes über Anarchie und Verbrechen" sah. Voila!

Auf dem Rothenberg / Ecke Lintgasse

Über dem Fenster im ersten Stock schaut eine steinerne Fratze auf die Gasse hinunter, wie sie noch öfter in der Altstadt zu finden ist (Steinweg 3, Salzgasse, Auf dem Rothenberg 11 – 13, Marsplatz 3 – 5 usw.): ein sogenannter „Grinkopf" mit zottigen Haaren, breiten Backen, leeren Augen, wulstigen Lippen und immer ohne Unterkiefer. Diese Köpfe werden auch „Anno-Köpfe" genannt und weisen auf eine alte Legende über den Stadtherren des 11. Jahrhunderts, Erzbischof Anno, hin. Dieser soll zwar ein strenger, aber doch gerechter Herrscher gewesen sein. Als eines Tages ein Kaufmann und sechs Schöffen, die miteinander befreundet waren, eine alte Witwe betrogen und verspotteten und diese sich beim Erzbischof darüber beschwerte, ließ Anno die Beschuldigten rufen und streng befragen. Als sie den Betrug zugeben mußten, befahl er, ihnen die Augen auszustechen. Zur Abschreckung für die Kölner ließ er dann an ihren Häusern die grauslichen Masken mit den ausgestochenen Augäpfeln anbringen.

15

Salzgasse 13: Annokopf am Haus „Im Walfisch" von 1626.

Die ausgestochenen Augen erinnern an einen brutalen Stadtherren und die erste Revolution in Köln.

So weit die obrigkeitstreue Fassung der Legende. In Wirklichkeit verlief die Geschichte ein wenig anders — aber wie so oft wurden auch hier Täter und Opfer vertauscht. Tatsächlich war Anno ein bedeutender Kunstliebhaber und Kirchenbauer, aber auch ein brutaler Machtpolitiker. Den ersten Kölner Bürgeraufstand ließ er blutig niederschlagen und den Anführern die Augen ausstechen (siehe Wanderung 3,13 und Einleitung, S. 20ff). Diese blutige Rache an aufständischen Kölnern drehten die Legendenbildner und Hofschreiber zu einer gerechten und fast verständlichen Strafe um, zur Sühne für das Verbrechen an einer armen und schwachen Frau.

Zum Schluß dann die materialistische Erklärung für die Köpfe: Tatsächlich handelt es sich wohl um Dekor an den Kaufmannshäusern. Die mittelalterlichen Gassen waren so eng, daß die Wirte und Geschäftsleute transportable Hebebalken an die Häuserwände anlehnten, über die mit Hilfe von Flaschenzügen Waren in ihre Kellerlager herabgelassen wurden. Um den Balken einen festen Halt zu geben, mußten Löcher geschlagen werden, die man dann zum Teil mit den Fratzen dekorierte. Der Unterkiefer fehlt ihnen allen, denn hier lag früher einmal der Balken.

Bildnachweis

Axel Krause, Schwarz-Weiß Verlag / Köln: 20, 27, 63, 68 oben u. unten, 71, 77, 78, 83 unten, 89, 98, 101, 105, 109 unten, 111, 113, 116 rechts u. links, 118, 122, 123 unten, 126, 129, 130, 139, 165, 166, 169 oben u. unten, 170, 174 oben u. unten, 175, 178, 183, 185, 186, 187, 189, 190, 191, 192 oben und unten, 193, 246.

Gernot Huber, Schwarz-Weiß Verlag / Köln: 57, 61 unten, 73, 103, 106, 107, 108.

Rheinisches Bildarchiv / Köln: 24, 28, 35, 37, 39, 40, 44, 46, 50, 54, 61 oben, 64, 65, 66, 69, 72, 74 oben, 75 oben, 84, 85 oben u. unten, 86, 90, 100, 102 rechts, 109 oben, 110, 114, 117, 120 unten, 121, 127, 140, 141, 142, 143, 145, 146, 147, 151, 156, 168 unten, 181.

Historisches Archiv der Stadt Köln: 74 unten, 91, 99, 168 oben, 171.

Stadtkonservator Köln: 17.

Römisch-Germanisches-Museum: 10, 23.

Ernst Barlach Haus, Hamburg: 79.

Archivberatungsstelle Rheinland: 53.

Kupferstichkabinett, Berlin: 81.

Bildarchiv Marburg: 154.

Firma Schorn, Köln: 119 oben.

Kölner Stadt-Anzeiger: 70, 119, 128.

Kölner Volksblatt Verlag: 13, 23, 59, 62, 69, 76, 138.

Ferner entnahmen wir Abbildungen aus den folgenden Publikationen:

Monumenta Annonis (Ausstellungskatalog). Köln 1975: 21.

Kurt Weinhold, Die Geschichte eines Zeitungshauses. Köln 1969: 48.

100 Jahre Sozialistengesetz. Katalog zur Ausstellung des SPD-Bezirks Mittelrhein: 82, 83 oben.

A. Reumont, Rheinland Sagen, Geschichten und Legenden (Titelbild). Köln / Aachen 1837: 88.

Leidensgeschichten unter Kreuz und Hakenkreuz. Hrsg. v. Evang. Stadtkirchenverband: 102 links, 104.

Heilen und Vernichten im Nationalsozialismus (Ausstellungskatalog): 123 oben.

Christopher J. Kauffman, Sie haben den Tod vertraut gemacht. Geschichte der Alexianerbrüder. Aachen 1976: 124.

Christa Hinze (Hrsg.), Das alte Köln in Sagen und Bräuchen. Köln 1986: 136.

Mein Kölner Dom 3 (Ausstellungskatalog). Köln 1980: 144.

Arnold Wolff, Gefahr für den Dom. Köln o. J.: 160.

Stichworte

Die Grundkonzeption des *Anderen* Köln-Führers ist die Verortung der Geschichte Kölns in den gebräuchlichen Wegen und Straßen, auf den Plätzen oder in den Gebäuden, wie sie sich uns heute darstellen. Es sind Wanderungen entlang der normalen Verkehrswege – zwar mit zahlreichen Kurven, mit Seiten- und Abwegen aber niemals nach kunstgeschichtlichen Epochen oder politischen Themen à la ,,Barockbauten in Köln" oder ,,Die Preußen im 19. Jahrhundert". Wir erleben die Stadt ja auch in einem unentwirrbaren Amalgam von historischen Epochen, Themen und Ereignissen, die oft in vielen Schichten über-, neben- oder durcheinander lagern.

Trotzdem fragen immer wieder Teilnehmer meiner Stadtführungen (vor allem Lehrer) nach solchen systematischen Überblicken. Ich habe deshalb im folgenden aus den einzelnen Wanderungen und dem geschichtlichen Gesamtüberblick am Anfang des Buches die Einzelpunkte herausgelöst und nach ,,Stichworten" neu geordnet. So ist ein schneller Überblick zu Einzelthemen möglich.

Kirchen

Köln galt wegen seiner mehr als einhundert Kirchen, Klöster und Kapellen einstmals als das ,,Rom des Nordens". Wenn auch durch die Säkularisation viele kirchliche Bauten in den Kreislauf der Spekulation gerieten und heute nicht mehr erhalten sind, gibt es immer noch eine erhebliche Zahl sorgfältig restaurierter Kirchen in Köln. Berühmt sind neben dem Dom vor allem die großen romanischen Bauten, darüber hinaus findet man zahlreiche kunstgeschichtlich interessante Gotteshäuser, die oft weniger bekannt sind. Liebhabern der Vollständigkeit sei als ausgezeichneter Gesamt- und Kurzüberblick der ,,Kunstführer Köln" von Hiltrud Kier (Reclam Verlag) empfohlen, in dem auch auf die moderneren Kirchenbauten der 20er und 50er Jahre Wert gelegt wird.

- Antoniterkirche an der Schildergasse (1,11)
- St. Aposteln (2,11)
- Der Dom (3)
- Kolumba oder Madonna in den Trümmern (4,9)
- Maria im Kapitol (1,15)
- Maria in der Kupfergasse (2,7)
- Mariä Himmelfahrt (4,4)
- Minoritenkirche (4,8)
- (Ehemalige) Synagogen in der Innenstadt (2,6)

Heidentümer

Das junge Christentum hat in grauer Frühgeschichte, wo immer es auftrat und erfolgreich war, die vorhandenen Religionen und Kulte bekämpft und doch zugleich vieles von ihnen übernommen. Was wir gewöhnlich als ,,heidnisch" bezeichnen, sind meist andere, vorchristliche Religionsformen – in unseren Breiten eben römische, keltische, germanische, fränkische, u.U. auch naturreligiöse und mystische Kulte, für die wir überhaupt keine Namen haben. Heute will die abendländische Religions- und Kirchengeschichte nichts mehr davon wissen, obwohl es äußerst interessant ist, solche vorchristlichen Spuren und Kulte aufzustöbern, die bis heute in den Kirchen materiell und ideologisch vorhanden sind. Im folgenden einige Punkte.

- Kampf des Gallus gegen die Kölner Heiden (1,5)
- Reinigungsritual und Wassersymbolik in der jüdischen Mikwe (1,6)
- Maria als Fortsetzung römischer Göttinnen bei ,,Maria im Kapitol" (1,15)
- Fruchtbarkeitsglaube bei ,,Maria in der Kupfergasse" (2,7)
- Aphrodite-Tradition in der Figur der Heiligen Kolumba (4,9)

Legenden

In Köln sind zahlreiche Legenden und Geschichten bekannt, die hier gespielt haben oder von Kölnerinnen und Kölnern erlebt wurden. Kein Platz, kein Bau, keine Kirche und kein Turm, der ohne Legende wäre. Einige sind in diesem Buch kurz und knapp nacherzählt. Wer es gerne ausführlicher haben möchte, sei auf ,,Der Löwe von Köln" von Martin Stankowski verwiesen (Alano Verlag).

- Kampf des Bürgermeisters Gryn mit dem Löwen (1,1 und 2,4)
- Der Schnapper vom Platz (1,2)
- Jan und Griet (1,3)
- Der Apfel des Hermann Joseph (1,15)
- Der Ring der Richmodis (2,13)
- Kolumba und die Bärin (4,9)
- ,,Sankt" Siegfried als nationaler Heiliger (4,14)
- Die Strafe des Erzbischofs Anno und die Grienköpfe (4,15)

Frauen

Mit der neuen Frauenbewegung ist seit den 70er Jahren auch eine Neuinterpretation historischer Prozesse unter dem Stichwort „Frauengeschichte“ verbunden. Das meint weniger die Erweiterung der Liste historischer Männerpersönlichkeiten und ihr Wirken durch herausragende Frauen, sondern eine Neuinterpretation aller überlieferten Ereignisse, Gegenstände oder Orte aus der Sichtweise von Frauen, durch die weibliche Brille sozusagen.

Die Wanderungen dieses Köln-Führers sind von einem Mann geschrieben, der natürlich keine weibliche Sichtweise haben kann. Dennoch habe ich versucht, möglichst viele Orte, Punkte oder Themen aufzunehmen, die für Frauen und ihre Geschichte in Köln wichtig sind. Die Informationen und Anregungen hierzu stammen überwiegend von Irene Franken, einer Freundin und Historikerin, die im Rahmen des Kölner Frauengeschichtsvereins (An den Dominikanern 4, Tel: 24 82 65) spezielle Frauenführungen in Köln veranstaltet. Zusammen mit Ina Hoerner hat Irene Franken ein Buch zu einem besonderen Aspekt Kölner Frauengeschichte verfaßt: Hexen. Die Verfolgung von Frauen in Köln. (Kölner Volksblatt Verlag)

- An den Dominikanern: Hexenverfolgung in Köln (Einleitung, S. 42 und 4,2)
- Mariengartengasse: Beginen im Mittelalter (Einleitung, S. 34ff und 4,7)
- Seidmacherinnengäßchen: Frauenzünfte im Mittelalter (Einleitung, S. 43 und 1,19)
- Prätorium: Agrippina, die Stadtgründerin (Einleitung, S. 9)
- Rathaus: Mikwe, das jüdische Reinigungsbad (1,6)
- An Farina: die erste Kölner Frauenplastik (1,7)
- Krummer Büchel: Anna Maria van Schürmann, das Genie von Köln (1,12)
- Sternengasse: Maria Medici, eine unglückliche Königin im Exil (1,13)
- Maria im Kapitol: Plectrudis, Ida und ein Damenstift (1,15)
- Altengrabengäßchen: Hurengasse im Mittelalter (2,1)
- Auf dem Berlich: das Haus der schönen Frauen (2,7)
- Maria in der Kupfergasse: eine schwarze Göttin als Madonna (2,7)
- Kleine Brinkgasse: Bordelle im Zentrum (2,10)
- St. Pantaleon: Kaiserin Theophanu – Neuer Wind aus Konstantinopel (2,18)
- Dom: der Turmbau, Meister Gerhard und seine listige Frau (3,2)
- Domhof: Hexentanzplatz und Ort der Hexenurteile (3,5)
- Minoritenstraße: Redaktion der „Emma“ (4,8)
- Brückenstraße, Kolumbakirche: eine junge Frau und die Bärin (4,9)

Juden

Köln gilt als eine der ältesten jüdischen Siedlungen Deutschlands. Seit dem 3. Jahrhundert sind jüdische Bürger nachgewiesen, und bis ins 11. Jahrhundert haben christliche, jüdische und andere Kölner ,,normal" nebeneinander und miteinander gelebt. 1424 aber wurden nach mehreren vorausgegangenen Pogromen alle jüdischen Bürger der Stadt verwiesen und ihr Vermögen konfisziert. Bis zum Einmarsch der französischen Revolutionstruppen im Jahre 1794 durften keine Juden in Köln wohnen. Die nächste Welle der Verfolgung, diesmal mit dem Versuch der völligen Vernichtung verbunden, fällt in die Zeit des Nationalsozialismus.

- Unter Sachsenhausen: Straße jüdischer Bankiers im 19. Jahrhundert (Einleitung, S. 46)
- Jüdisches Zentrum um das Rathaus mit Mikwe und Synagoge (1,6)
- Schildergasse: Kaufhaus Tietz, zwangsarisiert, heute Kaufhof (1,10)
- Glockengasse: große Synagoge und ,,Reichskristallnacht" (2,6)
- St.-Apern-Straße: Synagoge und Schule der Adass Jeschurun (2,6)
- Dom: Judenprivileg (3,20) und antisemitische Schnitzereien im Chorgestühl (3,27)
- Zeughausstraße: Stadtmuseum – Vitrine und Stücke über jüdisches Leben in Köln
- Südwestliche Altstadt, Marsilstein und Griechenmarktviertel: vor dem Krieg Geschäfts- und Wohnviertel der kleinbürgerlichen, früheren ostjüdischen Handwerker und Kaufleute
- Josef-Haubrich-Hof: Stadtbibliothek, Bibliothek Germania Judaica – Öffnungszeiten wie die Stadtbibliothek.

Köln zwischen 1933 und 1945

Von allen historischen Spezialthemen ist das Interesse für die Zeit des Nationalsozialismus mit am größten. Obwohl es viel über diese Zeit und ihre Führer zu erzählen gibt, ist nur wenig zu sehen. In den Wanderungen habe ich viele Hinweise auf lokalgeschichtliche Ereignisse und Personen dieser Zeit aufgenommen, die zu verorten waren: die Zeit vor 1933 und die faschistischen Vorboten; Alltag und Verfolgung nach der ,,Machtergreifung"; Zeugnisse in Architektur und Städtebau; Köln im Krieg und die noch sichtbaren Folgen und Spuren.

Einen ausführlichen ,,Antifaschistischen Stadtführer" mit dem Titel ,,Köln unterm Hakenkreuz" gibt es als Karte mit Texterläuterungen von der VVN (Hachenburger Straße 8, Köln 91). Über die

Anfänge der nationalsozialistischen Herrschaft in Köln berichtet präzise und aus eigener Anschauung: Ludwig August Jacobsen, So hat es angefangen. Ein Bericht aus den Tagen der *nationalen Erhebung* in Köln. (Kölner Volksblatt Verlag)

- Nazi-Stadtplanung für Verkehr und Partei (Einleitung, S. 53ff)
- Zwangsarisierung des Kaufhauses Tietz (1,10)
- Antifaschistische Druckerei in der Hohe Straße (1,14)
- Katholische Jugend gegen die Hitlerjugend (1,15)
- Parteileitung am Filzengraben (1,16)
- Göring besucht den Kölner Kardinal Schulte (2,1)
- Bankhaus Stein und Bankier Schröder: die Finanziers der Nazis Unter Sachsenhausen (2,2)
- Erste Berufsverbote im Regierungspräsidium (2,4)
- Gestapo-Zentrale im El-De-Haus (2,5)
- Polizeipräsidium in der Krebsgasse (2,6)
- SA-Kneipen in der Helenen- und in der Zeughausstraße, Straßenschlachten (2,6)
- Bewaffneter Widerstand am Griechenmarkt (2,17)
- Bombentreffer im Domturm (3,11)
- Haus der Deutschen Arbeitsfront (4,3)
- Pater Spieker predigt in Mariä Himmelfahrt (4,4)
- Kriegstrümmer von St. Kolumba (4,9)
- Heilen und Vernichten im Gesundheitsamt (4,14)
- Sanierung der Altstadt und ,,Sankt" Siegfried (4,14)
- National-pathetisches Relief am Haus Klingelpütz 29

REGISTER

KÖLN-SERVICE

von Heinz Marx

Welche Wünsche und Bedürfnisse könnten Besucher/innen haben, die sich anders, jenseits touristischer Massenpfade, in einer Stadt wie Köln aufhalten? Im folgenden Serviceteil werden vielfältige Antworten auf diese Frage gegeben. Dabei wurde nicht auf Vollständigkeit, sondern auf die spezifische Auswahl der Informationen Wert gelegt. Im Zweifelsfalle haben wir uns – im Unterschied zu den gängigen Reiseführern – nach den Bedürfnissen entschieden, die wir selbst in einer fremden Stadt haben.
Als Einstieg in den alphabetisch aufgebauten Serviceteil empfiehlt es sich, zuerst unter den Oberbegriffen **INFORMATION, KARTEN UND PLÄNE, ÖFFNUNGSZEITEN, PRESSE UND RUNDFUNK** und **VERKEHR** nachzuschlagen; ein Beispiel: Das Verkehrsamt, das an verschiedenen Stellen erwähnt wird, findet sich mit Anschrift, Telefon und Öffnungszeiten unter **INFORMATION.**
Eine weitere Orientierungshilfe bieten die im Text auftauchenden Verweise auf andere Stichworte.
Die Adressen in der Innenstadt sind nur mit Straßennamen aufgeführt, die postalische Anschrift lautet: **5000 Köln 1.**
Verkehrsverbindungen sind nur für Ziele außerhalb der Innenstadt und des Universitätsbereichs angegeben. Bei den Linien 1 – 19 handelt es sich um Straßenbahnen, die streckenweise auch als U-Bahnen verkehren; alle höheren Zahlen, 120 – 170, stehen für Buslinien der Kölner Verkehrs-Betriebe AG (KVB).
Am Schluß, nicht alphabetisch eingeordnet, sind **WICHTIGE RUFNUMMERN** und Hinweise auf **JÄHRLICHE FESTE UND VERANSTALTUNGEN** zu finden.
Wer weitergehendes Interesse an dieser Stadt hat, das über einen einmaligen Besuch hinausgeht, sei auf das regelmäßig erscheinende **STADTBUCH** des Kölner Volksblatt Verlages hingewiesen.

INHALT

AN- UND ABREISE

Köln ist mit dem Zug von allen bundesdeutschen und vielen europäischen Großstädten im Direktverkehr zu erreichen; ebenso mit dem Flugzeug (s.a. Flughafen) und natürlich auch aus allen Himmelsrichtungen mit dem Auto.

Mitfahrgelegenheiten vermitteln die folgenden, alle in der Innenstadt gelegenen Mitfahrzentralen:

Mitfahrbüro
Saarstraße 22
☎ 21 99 91

Mitfahr-Treff
Beethovenstraße 16-18
☎ 21 90 67

Mitfahrzentrale
Maximinenstraße 2
☎ 12 20 21

Im Universitätsbereich (s.a.Universität) lohnt es sich ebenso, an den schwarzen Brettern die Angebote zu studieren oder eigene Aushänge zu machen; eine wichtige Adresse dort:

AStA-Haus
Universitätsstraße 16
5000 Köln 41 (Sülz)

Ausgangspunkte zum Trampen sind:

-in Richtung Süden der Verteilerkreis Militärring/Bonner Straße
Bahn/Bus Linie 132, Haltestelle Arnoldshöhe

-in Richtung Westen stadtauswärts die Aachener Straße
Bahn/Bus Linie 1, Haltestelle Stadion

-in Richtung Norden die Autobahnauffahrt am Parkgürtel
Bahn/Bus Linie 13, Haltestelle Parkgürtel

-in Richtung Osten die rechtsrheinisch gelegenen Autobahnauffahrten entlang der Olpener Straße
Bahn/Bus Linie 1, Haltestelle Brück, Mauspfad

ARCHIVE UND BIBLIOTHEKEN

Unserer Einschätzung nach wichtige Archive sind:

Historisches Archiv der Stadt Köln
Severinstraße 222-228
☎ 221 4450
Mo-Fr 9.00-16.30,Sa 9.00-13.00 Uhr
Dokumente und Schriften der Stadt Köln seit dem 12.Jhdt.

Köln-Archiv
Maastrichter Straße 49
☎ 51 81 51
Mo 10.00-18.00,
Di und Fr 13.00-19.00 Uhr
Flugblätter, Zeitungen, Zeitschriften und Plakate der sozialen und politischen Protestbewegungen Kölns seit den 60 er Jahren

Rheinisches Bildarchiv
Kattenbug 18-24
☎ 221 2354
Di-Do 10.00-12.00,13.00-16.30,
Fr 10.00-12.30 Uhr
Ca.300.000 Bildvorlagen und Fotos zur Kunstgeschichte und Architektur mit d. Schwerpunkten Köln und Rheinland

Aus der Vielzahl Kölner Bibliotheken empfehlen wir:

Zentralbibliothek
Josef-Haubrich-Hof 1
☎ 221 3894
Di und Do 11.30-20.00, Mi und Fr 9.00-18.00, Sa 10.00-15.00 Uhr
die zentrale Bibliothek mit großem Lesesaal, Tageszeitungen, Microfiche-Lesegeräten, Kopierern, einer Kinderlese- und Kinderhörabteilung, einem Riesenbuchbestand und freundlichem Personal

Germanica Judaica
Josef-Haubrich-Hof 1
☎ 23 23 49
Öffnungszeiten wie Zentralbibliothek
Sammelschwerpunkt Geschichte des deutschen Judentums

Bibliothek des Kölnischen Stadtmuseums
Zeughausstraße 1-3
☎ 221 3729
Mo-Do 10.00-17.00 Uhr
Präsenzbibliothek, Benutzung nach Voranmeldung, alle wichtigen Bücher zur Geschichte Kölns und zur Rheinischen Landesgeschichte, wenig Publikum

Wer gerne und lange Zeitungen und Zeitschriften lesen will, in ruhiger Atmosphäre mit einer Tasse Kaffee oder Tee, geht ins:

Cafe im City-Treff
Habsburger Ring 2-12
☎ 23 68 40
täglich außer Sa 10.00-23.30 Uhr

Vorwiegend in ausländischen Zeitschriften blättern kann man/frau im:

Cafe Le Journal
Hohenzollernring 88
☎ 13 47 28
täglich 11.00-3.00 Uhr nachts

BAHNHOF

Der Kölner Hauptbahnhof, zentral am Rheinufer neben dem Kölner Dom gelegen, ist die Drehscheibe für den gesamten Zugverkehr. Die ***Fahrkartenausgabe*** in der Eingangshalle ist rund um die Uhr geöffnet, ebenso die Kundendienststelle auf Gleis 1, die jedoch ausschließlich Reiseauskünfte erteilt.
Telefonisch ist die (ständig besetzte) ***Reiseauskunft*** unter ☎ 19419 zu erreichen; die automatische Fahrplanauskunft hat die Rufnummern:

☎ 11531 für Abfahrten ab Köln Hbf von 22.00- 7.00 Uhr
☎ 11532 für Abfahrten ab Köln Hbf von 7.00-10.00 Uhr
☎ 11533 für Abfahrten ab Köln Hbf von 10.00-14.00 Uhr
☎ 11534 für Abfahrten ab Köln Hbf von 14.00-17.00 Uhr
☎ 11535 für Abfahrten ab Köln Hbf von 17.00-22.00 Uhr

Die Gebühren für ***Gepäckaufbewahrung*** in Schließfächern betragen 2.— DM für 24 Stunden Lagerdauer, maximal 72 Stunden. Gepäckaufbewahrung ist auch in U-Bahn-Stationen der KVB möglich (s.a.Verkehr).

Wie in jedem Bahnhof, so ist auch im Kölner Hauptbahnhof noch vieles außerhalb der normalen Öffnungszeiten möglich; der ***Service im Hauptbahnhof*** umfaßt:

-die ***Bahnhofsbuchhandlung*** Ludwig: umfangreiches Taschenbuchsortiment, Reiseliteratur zu Köln, deutsche und ausländische Presse, aktuelle Fachzeitschriften, täglich von 7.00-22.00 Uhr geöffnet

-die ***Wechselstube*** der DVKB: Umtausch, Reiseschecks, Eurocheques und Überweisungen, täglich von 7.00-21.00 Uhr geöffnet

-die ***Poststelle***: Einzahlungen, Telegramme, Postsparkassendienst, Einschreiben und Briefmarken, täglich von 7.00-22.00 Uhr geöffnet; danach – von 18.00-8.00 Uhr – bietet den gleichen Service der Nachtschalter im Hauptpostamt in unmittelbarer Bahnhofsnähe,

Wer zu ungünstigen Zeiten in Köln ankommt, kann sich in den ***Geschäften im Hauptbahnhof*** - Lebensmittel, Bäckerei, Drogerie u.v.m. – mit dem Nötigsten eindecken. Die Öffnungszeiten sind unterschiedlich, generell von 7.00-21.00 Uhr – die Preise allerdings höher als in normalen Läden.

Wer in Schwierigkeiten ist, kann sich auf Gleis 1 an das ***Deutsche Rote Kreuz***, geöffnet von 6.00-22.00 Uhr, oder die ***Bahnhofsmission*** wenden; letztgenannte steht Reisenden in akuten Notsituationen rund um die Uhr zur Seite.

Hinter dem Hauptbahnhof, am Breslauer Platz, liegt der ***Busbahnhof.*** Hier verkehren die Busse im Regionalverkehr, unter anderen auch der Flughafenbus (s.a.Flughafen). Der Infoschalter für Busse, mit den Dienstleistungen Reiseauskunft und Fahrkartenverkauf, ist unter ☎ 12 44 12 zu erreichen und Mo-Fr 7.15-18.45, Sa 7.30-13.00, So 8.30-17.30 Uhr geöffnet.

Etwas unterhalb des Busbahnhofs ist das Büro der Deutschen Touring GmbH. Hier gibts Auskünfte und Karten für den ***Europabus***, einer preiswerten Alternative zur Bahn: täglicher, europaweiter Linienverkehr mit Bussen – zum Beispiel Köln-Paris Hin/Rückfahrt 80.-DM. Das Büro ist Mo-Fr 9.00-13.00 und 14.30-17.00, Sa 9.00-12.00 Uhr geöffnet und telefonisch unter ☎ 12 48 03/04 erreichbar.

BEHINDERTE

Die Stadt Köln gibt seit 1977 den „Ratgeber für Behinderte" heraus; er ist kostenlos bei den Bezirksstellen und dem Presse- und Informationsamt erhältlich und aufgrund der vielen Informationen unbedingt zu empfehlen. Dem Führer ist ein Innenstadtplan, Maßstab 1 : 10.000, mit Hinweisen zur behindertengerechten Gestaltung der Umwelt beigefügt.
Wichtig ist auch der regelmäßige Mittwochstreff ab 18.00 Uhr im:

Club 68
Hohenstaufenring 48-54
☎ 21 89 90

Empfehlenswert ist auch die in Köln herausgegebene Zeitschrift „Die Randschau" mit Berichten aus der emanzipatorischen Behindertenbewegung, Hinweisen und Informationen. Da sie schwer erhältlich ist, hier die Anschrift der Redaktion:

Die Randschau
Pohlmannstraße 13
5000 Köln 60 (Niehl)
☎ 712 1300

Der Behinderten-Fahrtendienst verkehrt täglich von 6.00-23.00 Uhr; Auskünfte erteilt das Sozialamt unter ☎ 221 7423/25/28 zu den normalen Öffnungszeiten.

CAMPING

Besucher/innen können unter vier Campingplätzen, davon drei in unmittelbarer Rheinnähe, auswählen:

Bootshaus Berger
Uferstraße 53 a
5000 Köln 50 (Rodenkirchen)
☎ 39 24 21
1.März – 31.Okt.geöffnet
Bahn/Bus Linie 130, Endhaltestelle Uferstraße

Campingplatz Waldbad
Peter-Baum-Weg 9
5000 Köln 80 (Dünnwald)
☎ 60 33 15
ganzjährig geöffnet
Bahn/Bus Linie 4, Haltestelle Leuchterstraße

Städtischer Familienzeltplatz
Weidenweg 46
5000 Köln 91 (Poll)
☎ 83 69 21
1.Mai – 30.Sept.geöffnet
Bahn/Bus Linie 7, Haltestelle Salmstraße

Städtischer Jugendzeltplatz
Alfred-Schütte-Allee 131
5000 Köln 91 (Poll)
☎ 83 59 89
während der Sommerferien geöffnet
Bahn/Bus Linie 7, Haltestelle Salmstraße

Die beiden letztgenannten Plätze können wir nur mit Einschränkungen

zapf
umzüge
mit Belegschaftsbeteiligung
Hamburg/Köln/Münster/Bremen/Berlin/Frankfurt/Freiburg
5000 Köln 1
Eifelstraße 33
Kartonverkauf 4,– DM
Rückkauf 2,– DM
Bürozeit: 8.00 bis 19.00 Uhr
samstags, sonn- und feiertags:
10.00 bis 15.00 Uhr
32 19 33 / 32 10 55
32 10 55
Wir machen Euren Möbeln Beine
Umzüge, Nah und Fern, Ausland, Klavier- und Flugeltransporte, Kleintransporte. Jederzeit Beiladungen an alle Standorte. Einlagerungen, auf Wunsch Pack- und Montagearbeiten. Auf Wunsch alle Arbeiten zum Festpreis inklusive Mehrwertsteuer. Umzugs- und Kleiderkartons. Transportversicherung und Betriebshaftpflicht. Direktabrechnung mit Ämtern und Arbeitgebern.

empfehlen – befinden sie sich doch in unmittelbarer Nähe der stark befahrenen Autobahnbrücke Rodenkirchen!

Die Gebühren pro Nacht betragen auf allen Plätzen im Schnitt:
3.50-5.00 DM Zelt oder Caravan
2.00-5.00 DM Auto
3.50-4.00 DM Erwachsene
2.00-3.00 DM Kinder

Wenn etwas kaputtgehen sollte oder irgendetwas Wichtiges vergessen worden ist, dann gibt es die ***Ausrüsterläden,*** von denen wir aufgrund ihres Angebots und ihrer fachlichen Beratung empfehlen:

Trans Globe
Zülpicher Straße 38
☎ 23 93 98

Tuareg
Luxemburger Straße 185
5000 Köln 41 (Sülz)
☎ 41 03 04

Horst Voigt
Lungengasse 31
☎ 240 1004

EINKAUFEN

Das Haupteinkaufsgebiet von Köln liegt im Zentrum zwischen Rhein und Ringen. In den beiden klassischen Geschäftsstraßen, der Hohe Straße und der Schildergasse, befinden sich auch die großen Kaufhäuser. Die „edlere“ Geschäftsszene hat sich in den letzten Jahren nach Westen in die Breite Straße und Mittelstraße und in das Gebiet nördlich des Neumarkts verschoben (s.a. Wanderung 2).
Wer sich auf den „Einkaufsrummel“ dort nicht einlassen will, wird sich eher in den Einkaufsstraßen oder auf den Plätzen und Märkten in Kölner Vierteln wohlfühlen – der Severinstraße in der Kölner Südstadt, der Neusser Straße in Nippes oder im Rechtsrheinischen der Frankfurter Straße in Mülheim. In der Innenstadt noch einigermaßen erträglich ist die Ehrenstraße, von den Preisen her erschwinglich ist es am Eigelstein und in der Weidengasse.

Zu empfehlen ist ein Besuch der Kölner ***Wochenmärkte,*** die an unterschiedlichen Tagen von 7.00-13.00 Uhr stattfinden:

dienstags und freitags:

Altstadt, Apostelnkloster und Sudermanplatz
Deutz, Unter der Severinsbrücke
Ehrenfeld, Neptunplatz
Lindenthal, Gleueler Straße/Lindenthalgürtel
Mülheim, Schützenplatz/Berliner Str.
Sülz, Auerbachplatz und Hermeskeiler Platz

mittwochs und samstags:

Bickendorf, Venloer Straße/Vitalisstraße
Klettenberg, Siebengebirgsallee/Klettenberggürtel
Mülheim, Stegerwaldsiedlung/An St. Urban

Freitags von 8.00-18.30 ist Markttag am Alter Markt; der bunteste und auch der vielseitigste Markt wird täglich außer sonntags von 7.00-13.00 Uhr auf dem Wilhelmplatz in Nippes veranstaltet.

Bio- und Naturkostläden sind mittlerweile fast in jedem Stadtteil zu finden, vier davon in der Innenstadt. Neben dem nützlichen Angebot für eine gesunde Ernährung sind sie oft auch Szenetreffpunkt mit Tips und Informationen. Das umfangreichste Sortiment an Naturkosmetik für Haut und Haar gibt es in den Filialen des Body-Shop in Lindenthal auf der Dürener Str. 138 und auf der Ehrenstraße 15-17 in der Innenstadt.

Wer Bummeln und Einkaufen, Kurioses und Schnäppchen in dieser spezifischen Verbindung schätzt, sollte einen der Kölner ***Flohmärkte*** besuchen. Sie werden an Wochenenden

veranstaltet – entweder samstags von 9.00-18.00 oder sonntags von 11.00-18.00 Uhr. Hier nur eine kurze Auswahl:

1.Sonntag im Monat: Südstadt, Stadion Süd
2.Sonntag im Monat: Kölner Ladenstadt, Breite Straße
3.Sonntag im Monat: Weidenpesch Rennbahn, Scheibenstraße
4.Sonntag im Monat: Nippes, Wilhelmplatz

Eine Attraktion ist auch der Blumenmarkt auf dem Alter Markt, der von Mitte April bis Mitte Mai täglich von 9.00-18.00 Uhr stattfindet. Kaum zu empfehlen ist ein Besuch der Weihnachtsmärkte und des Mai- und Herbst-Trödelmarkts auf dem Neumarkt – zu viel Rummel, Nepp und überhöhte Preise!

Köln kennt übrigens eine Fülle von guten, speziellen, absurden, geheimnisvollen oder einfach gemütlichen ***Geschäften*** für Pferdefleisch, Honig und Kaffee, Sekt, Zigarren und selbstgebrannten Weinbrand, Postkarten, Glühbirnen, Eisenwaren, Filz oder Gummi, Übergrößen und Luftballons und - sehr viele Second-Hand-Läden für Kleidung, Hausrat und Möbel. Man/frau muß sie selber suchen und wird einige auch sicherlich finden; z.B. in den Seitenstraßen der mittleren Ringe, in der Südstadt, in Sülz oder hinter dem Neumarkt und am Eigelstein.
Wer gleichwohl nicht fündig wird, sei auf das im Emons Verlag erschienene Buch „Zwischen Himmel und Ääd" hingewiesen, das einige dieser Geschäfte aufführt und beschreibt.

ESSEN UND TRINKEN

Angesichts hunderter Wirtschaften, Bistros, Restaurants, Kölsch-Abfüllstationen, Pizzerias, Cafes oder Imbißstuben wäre es vermessen, einzelne besonders herauszuheben. Unter Umständen wird mit dem „Besonderen Tip" auch der „Neckermann-Effekt" eintreten, nach dem das Besondere nur so lange die Ausnahme von der Regel bleibt, wie es nicht durch Propaganda zum Gewöhnlichen abfällt; gleichwohl einige Hinweise, zunächst für die Fleischesser und Liebhaber der mediterranen Küche.
Die italienischen „Vorreiter" in Köln sind inzwischen oft sehr teuer und nicht mehr zwangsläufig als gut zu bezeichnen; die zweite Generation, die griechischen Restaurants, haben sich mittlerweile auch auf ein Durchschnittslevel eingependelt, während die türkische Küche – die jüngste in Köln – häufig billiger, besser und in Verbindung mit Gemüsen auch bunter ist. Hier sind insbesondere die Restaurants auf dem Eigelstein, in der Weidengasse und am Rudolfplatz zu erwähnen.
Ist man/frau neugierig und sucht selber in Köln, dann ist auf jeden Fall eher die Neustadt, die Region rechts und links der Ringe, als die Altstadt zu empfehlen, in der überwiegend der Touristennepp regiert. Und – es lohnt eher im „Süden" als im „Norden"; vielleicht gibt es auch ein kulinarisches Nord-Süd-Gefälle.

Wer billig – und doch gut – essen möchte, vielleicht in einer Pause zwischen den Touren, sei auf die folgenden ***Kantinen*** in der Innenstadt verwiesen, die auch für fremde Gäste offen sind:

Kantine beim Regierungspräsidenten Köln
Zeughausstraße
Mittagstisch von 11.00-14.00 Uhr, Stammgericht 3.50 DM, Auswahlgerichte zwischen 4.- und 7.- DM

Kantine des Finanzamtes Köln
Am Weidenbach
Mittagstisch von 12.00-13.45 Uhr, drei Menüs zur Auswahl zwischen 4.30 und 7.- DM

Kantine des Westdeutschen Rundfunks
Elstergasse
Mittagstisch von 11.30-15.15 Uhr, Gerichte ca. 5.- DM (für Betriebsfremde wird ein Aufschlag von 1.50 DM erhoben)

Naturkost Köln e.V.

Arbeitsgemeinschaft Kölner Bio- und Naturkostläden

Naturkostläden, Vollkornbäckereien, Vollwertrestaurants und Marktstände in Köln und Umland

KRAUT & RÜBEN
Balthasarstraße 52
AGNESVIERTEL
(02 21) 72 87 80

BIOQUELLE
Aachener Straße 362
BRAUNSFELD
(02 21) 54 33 33

WAS DIE BÄUME SAGEN - UWZ
Kattowitzer Straße 41
BUCHHEIM
(02 21) 69 88 38

SONNENBLUME
Berg. Gladbacher Str. 970
DELLBRÜCK
(02 21) 6 80 25 22

BIOBAZAR
Dellbrücker Hauptstr. 177
DELLBRÜCK
(02 21) 6 80 32 37

MELISSE
Vegetarisches Restaurant
Dellbrücker Mauspfad 305
DELLBRÜCK
(02 21) 68 74 38

SOJA
Adolphstr./Helenenwallstr.
DEUTZ
(02 21) 81 08 17

RINGELBLUME
Venloer Straße 204
EHRENFELD
(02 21) 56 24 51

KRAUT UND RÜBEN
Naturkostladen & Café
Eintrachtstraße 10
AM EIGELSTEIN
(02 21) 12 23 22

NATURKOST AM FRIESENPLATZ
Friesenstraße 83
AM FRIESENPLATZ
(02 21) 24 16 46

MIKE'S BIOLADEN
Königsdorfer Straße 11
HORREM
(0 22 73) 43 11

BRUNO FISCHER
Naturkost-Fleischerei
Taunusstraße 13 + 14
KALK
(02 21) 83 10 61

LEBENSBAUM
Münzstraße 14
LEVERKUSEN-OPLADEN
(0 21 71) 4 86 96

GESUND LEBEN
Sauerbruchstraße 112
LEVERKUSEN-SCHLEBUSCH
(02 14) 7 49 00

LINDENBLÜTE
Lindenthalgürtel 75
LINDENTHAL
(02 21) 4 30 15 22

KORNBLUME
Dr.-Johannes-Honnef-Straße 6
LÖVENICH
(0 22 34) 7 94 63

OTTO'S VOLLWERT-STUBE
Berliner Straße 42
MÜLHEIM
(02 21) 62 60 47

NIPPESER BIOLADEN
Baudriplatz 2
NIPPES
(02 21) 73 53 71

DIETER KRUMBEIN
Neusser Straße 521
NIPPES
(02 21) 74 60 07 o. 74 69 85

KORNSTUBE
Vollkornbäckerei
Neusser Straße 319
NIPPES
(02 21) 76 36 91

BIOLÄDCHEN
Gärtnerstraße 9
OVERATH-HEILIGENHAUS
(0 22 06) 8 11 98

NATURKOST RATH
Rösrather Straße 635
RATH
(02 21) 86 59 00

BUCHWEIZEN
Julweg 3
RÖSRATH-HOFFNUNGSTHAL
(0 22 05) 8 27 87

BITTERSÜSS
Händelstraße 35
AM RUDOLFPLATZ
(02 21) 21 55 33

SPRÖSSLING
Vegetarisches Restaurant
Mozartstraße 9
AM RUDOLFPLATZ
(02 21) 23 21 24

CARDAMON
Merowingerstraße 55
SÜDSTADT
(02 21) 32 95 49

NATURATA
Luxemburger Straße 210
SÜLZ
(02 21) 42 69 90

WAS DIE BÄUME SAGEN
Weyertal 30-32
SÜLZ
(02 21) 42 61 11

HEIDELAND
Heidestraße 235
WAHN-HEIDE
(0 22 03) 6 13 08

NATURMARKT
Bunzlauerstraße 2
WEIDEN
(0 22 34) 44 58

PUR
Naturküche
Jahnstraße 26
ZÜLPICHER PLATZ
(02 21) 24 72 20

Naturkost auf Wochenmärkten:

CRAMER/ALERS
KLETTENBERGGÜRTEL

WOELK/PAREIK
SÜLZ Auerbachplatz
RIEHL
BERG.-GLADBACH
LANGENFELD

KLETTENWURZEL
SÜLZ Auerbachplatz
KLETTENBERGGÜRTEL
BRAUWEILER
WEIDEN

Zentral im Universitätsbereich gelegen und nur für Kölner Studenten bestimmt ist die:

Universitäts-Mensa
Zülpicher Straße
Mittagstisch von 11.45-14.15 Uhr, während des Semesters abends von 18.15-19.45 Uhr, Gerichte zwischen 1.20 und 2.60 DM

Auch die Kölner ***Brauhäuser*** sind einen Besuch wert. Sie haben im Schnitt von 11.00-24.00 Uhr geöffnet und bieten kölsche und andere Gerichte zwischen 7.- und 25.- DM an. Besonders zu empfehlen sind die preiswerten Gerichte der Tageskarte und am Abend die Speisen der Kleinen Karte – oft unter 10.- DM.
In diesem Zusammenhang erwähnenswert ist auch die Broschüre „Es schmeckt in Köln", beim Verkehrsamt für 1.- DM erhältlich, die kölsche Gerichte für auswärtige Besucher/innen „übersetzt" und in die Rheinische Küche einführt.

In den Sommermonaten empfiehlt sich ein Besuch der ***Gartenlokale*** - allerdings ist hier immer mit starkem Andrang zu rechnen:

Stadtgarten-Restaurant
Venloer Straße 40
☎ 51 60 37/38
täglich 12.00-1.00 Uhr
insgesamt 690 Plätze, davon 600 draußen im Biergarten

Volksgarten-Restaurant
Im Volksgarten
☎ 38 26 26
täglich 11.00-1.00 Uhr
insgesamt 500 Plätze

Rennbahn
Scheibenstraße 40
5000 Köln 60 (Weidenpesch)
☎ 740 8300
täglich 11.00-1.00 Uhr
insgesamt 3.000 Plätze, davon 1.400 im Freien
Bahn/Bus Linien 6,9,10,12 und 19, Haltestelle Scheibenstraße

Zu erwähnen sind auch die Gartenlokale im innenstadtnahen Stadtwald – vom Charakter her eher als ***Ausflugslokale*** zu bezeichnen. Wer beim Spaziergang im Stadtwald eine Kaffee- oder Teepause einlegen will, sollte dort einkehren. Sie haben im Schnitt von 11.00-1.00 Uhr geöffnet und sind mit Bahn/Bus Linie 136, Haltestelle Kitschburger Straße, zu erreichen.

Vegetarische Restaurants, meist auch in Verbindung mit Biokost, gibt es vier in der Innenstadt und eines außerhalb:

Grünlilie
Weyertal 15
5000 Köln 41 (Sülz)
☎ 42 88 59
täglich 12.00-15.00, 18.00-24.00 Uhr

Misfit City
Venloer Straße 30
☎ 56 17 08
täglich 11.00-1.00 Uhr, Di Ruhetag

Sprößling
Mozartstraße 9
☎ 23 21 24
täglich 12.00-14.30, 18.00-22.00 Uhr, So Ruhetag

Zorba the Buddha
Brüsseler Straße 54
☎ 56 12 63
Mo-Fr 12.00-24.00,
Sa,So 10.00-24.00 Uhr

Melisse
Dellbrücker Mauspfad 305
5000 Köln 80 (Dellbrück)
☎ 680 2522
täglich 12.00-15.00, 18.00-23.00 Uhr, Mo Ruhetag
Bahn/Bus Linien 3,15, Haltestelle Dellbrücker Mauspfad

Zur Orientierung: Ein warmes Hauptgericht mit Suppe und Salat kostet in diesen Restaurants zwischen 10.- und 18.- DM.

FILM UND VIDEO

Neben den vielen Kinos an den mittleren Ringen gibt es die folgenden ***Programmkinos:***

Broadway
Ehrenstraße 12
☎ 21 13 32

Cinemathek
Wallraf-Richartz-Museum/Museum Ludwig
Bischofsgartenstraße 1
☎ 21 11 36

Filmpalette
Lübecker Straße 15
☎ 12 21 12

Lupe 2
Mauritiussteinweg 102
☎ 21 59 33

Metropolis
Am Ebertplatz
☎ 739 1245

Odeon-Theater
Severinstraße 81
☎ 31 31 10

Off Broadway
Zülpicher Straße 23
☎ 23 24 18

Weisshaus
Luxemburger Straße 255
5000 Köln 41 (Sülz)
☎ 41 84 88

Besondere Beachtung als Abspielstätte mit laufendem Programm im Film- und Videobereich verdient das:

Film- und Videokino im Stadtgarten
Venloer Straße 40
☎ 51 60 39

Im Universitätsbereich finden regelmäßige Aufführungen in der Studiobühne (s.a.Theater) und in der Aula im Hauptgebäude statt – meist zu geringen Eintrittspreisen nach Vorankündigung über Aushänge und Plakate.

Eine wichtige Adresse für Filminteressierte:

Kölner Filmhaus e.V.
Luxemburger Straße 72
☎ 41 73 44
regionaler Zusammenschluß von über 150 Film- und Videomachern/innen

Aufführungen und Termine der Kölner Kinos sind den Programmheften und der Tagespresse zu entnehmen; über das komplette Wochenprogramm informiert ausführlich die Donnerstagsausgabe der Tagespresse.

FLUGHAFEN

Der Flughafen Köln-Bonn liegt ca.15 km südöstlich von Köln in der Wahner Heide und ist mit dem ***Flughafenbus*** der KVB, Bahn/Bus Linie 170, schnell und preisgünstig zu erreichen. Er verkehrt täglich von 6.00-23.00 Uhr jede halbe Stunde, von 7.00-20.00 Uhr sogar alle 20 Minuten. Die Fahrzeit beträgt 20 Minuten, der Fahrpreis 3.60 DM. Die (einzigen) Haltestellen befinden sich am Busbahnhof und am Bahnhof Deutz.
Das Serviceangebot des Flughafens ist vergleichbar dem des Hauptbahnhofs, nur wesentlich kleiner. Informationen können unter ☎ 02203/40 40 01 erfragt werden.
Neben Linien- und Charterflügen starten hier auch die ***Rundflüge*** über Köln, die von zwei Gesellschaften angeboten werden:

A.S.T.
☎ 02203/40 24 53

F.T.G.
☎ 02203/40 23 67

Die Kosten für einen viertelstündigen Rundflug betragen zwischen 100.- und und 120.- DM für maximal drei Personen; die Rundflüge finden ganzjährig nach telefonischer Absprache und Wetterabhängigkeit statt, meistens an Sonntagen.
Wer zum Selbstkostenpreis von 25.- DM pro Person einen Rundflug machen will, kann sich nach einer Mitfluggelegenheit unter ☎ 38 86 61 von 15.00-21.00 Uhr erkundigen.

FRAUEN

Die Frauenszene bietet der Touristin nicht sehr viele Anlaufpunkte. Für aktuelle Termine – z.B.um zu erfahren, wo frau gerade hingeht – und zum Bücherkauf gibt es eine wichtige Adresse:

Frauenbuchladen
Moltkestraße 66
☎ 52 31 20

Hier gibt es – neben Büchern, Flugblättern, Zeitschriften u.v.m. – ab und zu „Geheimtips"; z.B., ob eine Discothek mal gerade wieder Frauennächte eingeführt hat. In der Sitzecke kann frau auch Kaffee oder Sekt bekommen.
Es gibt zur Zeit kein Frauenlokal, das frau wirklich empfehlen könnte - geschweige denn eine Discothek, ein Restaurant oder ähnliches.
Ein wichtiger Anlaufpunkt für Lesben ist das SCHULZ:

Schwulen- und Lesbenzentrum
SCHULZ
Bismarckstraße 17
☎ 52 02 06/07
Mo-Fr 16.00-1.00,
Sa,So 11.00-1.00 Uhr
der erste Sa im Monat ist Lesben(Frauen)-Disco

Reichhaltiges Informationsmaterial diverser Frauengruppen, mit dem der Einstieg in die Kölner Frauenszene leichter fällt, hält bereit:

Frauen-Gleichstellungsstelle
Markmannsgasse 7, 3.Etage
☎ 221 6472/73
Di-Fr 9.00-13.00 Uhr

Adressen und Termine erfährt frau aus der „Stadt-Revue" (s.a.Presse) in der Rubrik „Frauen" unter „Regelmäßige Termine" und aus der Bonner Frauenzeitung „Lila Lotta", die auch Kölner Adressen und Termine mitaufführt.
Studentinnen können sich, um Informationen oder Kontakte zu bekommen, an die Frauenreferate des AStA in den jeweiligen Hochschulbereichen wenden (s.a.Universität).
Ein Treffpunkt für Frauen mit Kindern ist:

Müttercafe
Zugweg 22
☎ 32 16 65
Mo-Do 10.00-12.30,15.00-18.00 Uhr

Ein weiterer Treffpunkt, mit regelmäßigen Veranstaltungen zum Thema Frauenspiritualität und Frauengesundheit ist:

Hagazussa e.V.
Zülpicher Straße 177
5000 Köln 41 (Sülz)
☎ 42 71 76
Mo-Do 10.00-12.00,16.00-19.00 Uhr

Wer länger in Köln bleiben möchte, die Stadt besser kennenlernen will, wende sich an:

Frauengeschichtsverein
Marienplatz 4
☎ 24 82 65

Der Verein organisiert „Historische Stadtrundfahrten für Frauen" - allerdings sind Anmeldezeiten von bis zu einem Jahr keine Seltenheit. Geduld und frühes Vormerken sind daher angesagt. Die Sprechzeiten sind nur dienstags und donnerstags im Büro.
Wenn frau von der Stadt Abwechslung sucht, fährt sie am besten aufs Land:

Frauenferienhaus
Prälat-Franken-Straße 13
5352 Zülpich-Lövenich
☎ 02252/6577
im Regionalverkehr mit Bahn/Bus Linie 979 erreichbar

Dort bieten sich gute Möglichkeiten für Spaziergänge, zum Radfahren sowie zur Teilnahme an Workshops und Kursen. Die Unterkunft beträgt 25.- bis 35.- DM pro Tag; Ermäßigungen und kostenloser Aufenthalt bei Mitarbeit im Haus im Haus sind möglich.

FÜHRUNGEN

Neben den konventionellen Führungen gibt es in Köln außer der schon erwähnten Stadtrundfahrt für Frauen (s.a.Frauen) die folgenden alternativen Angebote:

Köln von unten
c/o Martin Stankowski
An der Bottmühle 6
☎ 32 99 56
alternative Stadtführungen für jede/n, vom Kindergarten bis zu Betriebsausflügen

Stadtwanderung
c/o Claudia und Bruno Fischer
Eisheiligenstraße 52
5000 Köln 30 (Ehrenfeld)
☎ 55 24 11
z.B. antimilitaristische Stadtrundfahrt, Kölner Südstadt, Juden in Köln

Stadtführungen beim Bildungswerk MASCH
c/o Marxistische Abendschule Köln/ August-Bebel-Gesellschaft e.V.
Palanterstraße 5 b
5000 Köln 41 (Sülz)
☎ 550 3098
z.B.Romanische Kirchen von links betrachtet

Vereinigung der Verfolgten des Naziregimes/
Bund der Antifaschisten (VVN/BdA)
Hachenburgstraße 8
5000 Köln 91 (Kalk)
☎ 830 3314
z.B.antifaschistische Stadtrundfahrt

Stadtteilarchiv Nippes e.V.
Neusser Straße 363-365
5000 Köln 60 (Nippes)
☎ 76 44 15
Sozialgeschichte – 100 Jahre Nippes

Mundartliche Führungen werden von der „Akademie för uns kölsche Sproch" durchgeführt; Informationen dazu:

City-Treff
Habsburger Ring 2-12
☎ 226 2430

Das Stadtmuseum veranstaltet zweimal im Jahr mundartliche Busrundfahrten; Informationen sind unter ☎ 221 2352 erhältlich.

Das Verkehrsamt der Stadt Köln veranstaltet Führungen und Rundfahrten, die sich mehr an typische Touristen/innen richten und der Vollständigkeit halber erwähnt werden; außerdem vermittelt es Fremdenführer in allen Sprachen (s.a.Information):
-Stadtführungen zu Fuß, täglich 16.30 Uhr von Mai bis September, 7.- DM pro Person, Dauer etwa zwei Stunden, Treffpunkt am Verkehrsamt
-Stadtrundfahrten, täglich 10.00, 11.00, 13.00, 14.00 und 15.00 Uhr von Mai bis Mitte Oktober, Erwachsene 17.-, Kinder 8.- DM, Dauer etwa zwei Stunden, Abfahrt neben dem Verkehrsamt – von Mitte Oktober bis April nur noch zwei Rundfahrten um 14.00 und 15.00 Uhr
-Kölner Abend, Fr,Sa 20.00 Uhr, 35.- DM pro Person, Busfahrt, Panoramafahrt auf dem Rhein u.v.m.

Ein interessanter Versuch wurde mit der Herausgabe von stadtteilbezogenen Broschüren mit dem Titel „Kulturpfade" gestartet – es blieb aus Geldmangel jedoch nur bei zweien: einem (ausverkauften) zu Mülheim, einem (noch erhältlichen) zu Lindenthal.

GALERIEN UND AUSSTELLUNGEN

Für regelmäßige, größere Ausstellungen gibt es in Köln neben dem Museum Ludwig (s.a.Museen) zwei wichtige Adressen:

Kölner Kunsthalle
Josef-Haubrich-Hof 1
☎ 221 2335
täglich 10.00-17.00, Di,Fr 10.00-20.00 Uhr

Kölnischer Kunstverein
Josef-Haubrich-Hof 1
☎ 21 70 21
Di-So 10.00-17.00 Uhr

Daneben gibt es zahllose kleinere Ausstellungen in über einhundert Galerien und Kunsträumen. Titel, Themen und Termine finden sich in den Stadtmagazinen; besonders umfassend und übersichtlich ist der Galerienspiegel im Monatsjournal „Köln im" und in der Vierteljahreszeitschrift „Kunst Köln".
Nach der Zerstörung des über Köln hinaus bekannten, fast schon legendären Maschinensaals im Stollwerck sind drei größere Ausstellungshallen erwähnenswert:

Kunsthaus Rhenania
Bayenstraße 28
☎ 322978/326094

Kunstzentrum Wachsfabrik
Industriestraße 170
5000 Köln 50 (Rodenkirchen)
☎ 02236/67360
Bahn/Bus Linie 16, Haltestelle Godorf

Simultanhalle
Volkhovener Weg 209
5000 Köln 71 (Volkhoven)
Bahn/Bus S-Bahn, Haltestelle Volkhovener Weg

Ein ganzjähriges Ausstellungsprogramm in der Hahnentorburg in der Innenstadt bietet:

Berufsverband Bildender Künstler e.V. (BBK)
Hahnentorburg/Rudolfplatz
☎ 24 48 30

INFORMATION

Erste Anlaufstelle, zentral gegenüber dem Domportal:

Fremdenverkehrsamt der Stadt Köln
Unter Fettenhennen 19
☎ 221 3345
Mo-Sa 8.00-21.00,So 9.30-19.00 Uhr (November bis April),
Mo-Sa 8.00-22.30,So 9.00-22.30 Uhr (Mai bis Oktober)

Von den zahlreichen Broschüren und Informationsheften, die dort erhältlich sind, empfehlen wir zum Einstieg:
-„Informationsprospekt Köln", 1.- DM, übersichtliche Einführung
-„Köln-Monatsvorschau",1.- DM, Überblick über kulturelle Veranstaltungen, Messen und Sportereignisse – auch über längere Zeiträume hinweg
-„Zwischen Rhein und Ring", 1.- DM, Tips und Touren mit einem kleinen (nützlichen) Anhang mit Adressen und Informationen
Dies ist nur ein kleiner Ausschnitt – interessant sind auch die preiswerten Bildbände, z.B. „August Sander – Kölner Jahre bis 1938", „Köln-Ansichtssachen", jeweils 4.- DM.
Im Verkehrsamt liegen auch Broschüren anderer Institutionen aus, ein Verkauf von Fremdbroschüren findet aber nicht statt. Bei der Planung von Kongressen, Tagungen und Veranstaltungen hilft die Kongreßabteilung des Verkehrsamtes, **☎ 221 3325/26.**

Von seiner Bestimmung her hauptsächlich Informationsstelle für Kölner Bürger/innen, Zuzugsinteressierte und Neukölner/innen ist ein weiteres Amt:

Presse – und Informationsamt der Stadt Köln
Laurenzplatz 1-3
☎ 221 6484
Mo-Do 8.00-16.45, Fr 8.00-12.30 Uhr

Unter anderem sind dort erhältlich:
-„Zu Hause in Köln" – das kostenlose Infobuch der Stadt Köln, übersichtlich gestaltet, Adressen, Daten und Fakten in handlichem Taschenbuchformat
-„Köln-Chronik" – jährlich erscheinende Chronik zur Arbeit von Rat und Verwaltung (kostenlos)
Nachfragen sollte man/frau auch nach der Reihe „Kölner Biographien", 3.- DM, der Plakatserie „Unser Köln", 2.- DM und dem (kostenlosen) Faltblatt „Rathaus".

Informationen erteilen auch die ***Bezirksstellen*** in den jeweiligen Stadtbezirken, Mo-Fr von 8.00-12.00 Uhr Sprechzeiten, Mi geschlossen.
Wer ein spezielles Interesse an einem Viertel hat, dort zeitweise wohnen will, kann sich bei zuständigen Bezirksstelle den (kostenlosen) „Bezirksstadtplan" aushändigen lassen. Neben einem übersichtlichen Kartenwerk, Maßstab 1 : 19.000, bieten die Pläne weitere umfangreiche Informationen zum Stadtbezirk. Erwähnenswert sind schließlich noch die Faltblätter der Reihe „Zahlen-Daten-Fakten", für jeden einzelnen der neun Stadtbezirke kostenlos erhältlich.

KARTEN UND PLÄNE

Präzise und übersichtlich, daher empfehlenswert, sind die folgenden Karten:
-Fußgängerplan, näherer Innenstadtbereich, Maßstab 1 : 10.000, 4.80 DM, Verlag W.Kühn, Fürstenfeldbruch
-Falk-Plan, Maßstab 1 : 19.000 – 1 : 33.000, Citybereich 1 : 12.000, ungefaltet 6.90 DM, patentgefaltet 7.50 DM, Falk-Verlag, Hamburg
-RV-Plan, Maßstab 1 : 20.000, Citybereich 1 : 10.000, 6.80 DM, RV Reise- und Verkehrsverlag, Stuttgart
Wer seinen Aufenthalt auch auf Bonn und das Umland ausdehnen möchte, sollte sich einen Stadtatlanten zulegen:
-Städteatlas Köln-Bonn, Maßstab 1 : 20.000, Citybereiche 1:10.000, 16.80 DM
Fahrradkarten sind zur Zeit folgende erhältlich:
-Fahrradplan Köln, Maßstab 1:20.000, 9.80 DM, hrg.vom ADFC Köln
-Schleichwegeplan, näheres Stadtgebiet, Maßstab 1 : 12.500, 4.- DM, hrg. von der Fahrradinitiative Köln
In diesem Zusammenhang möchten wir auch auf einen Fahrradführer hinweisen:
-Marx/Pardey, Fahrradführer durch Köln und drumherum, 16.80 DM, Societäts-Verlag, Frankfurt.

Die Pläne sind in gut sortierten Kölner Buchhandlungen erhältlich. Als Buchhandlung, die sich auf Karten, Reiseliteratur und Köln-Bücher spezialisiert hat, ist hervorzuheben:

Buchhandlung
Gleumes & Co.
Hohenstaufenring 47
☎ 21 15 50

Noch zwei Anmerkungen: In manchen Hotels liegt kostenlos ein brauchbarer Innenstadtplan aus. Und: Beim Verkehrsamt gibt es für 0.50 DM einen – allerdings begrenzt tauglichen – Billigstadtplan.

KARTENVORVERKAUF

Vorverkaufsstellen in der Kölner Innenstadt:

Theater-und Konzertkasse am Neumarkt
Neumarkt/U-Bahn-Station
☎ 21 42 32

Theater-und Konzertkasse am Rudolfplatz
An d'r Hahnepooz 8
☎ 24 69 45

Theater- und Konzertkasse im Kaufhof
Hohe Straße/Schildergasse
☎ 21 66 92 und 21 76 92

Theater-und Konzertkasse im Saturn
Hansaring 97
☎ 12 19 12

Mitfahr-Treff
Beethovenstraße 16-18
☎ 21 90 67

Karten für Konzerte in der Philharmonie:

Köln-Ticket
Bischofsgartenstraße 1
☎ 23 38 54

Karten für Rock – und Popkonzerte:

WOM World of Music
Neumarkt 4 (im Hertie-Haus)
☎ 21 95 55

Kartenvorverkauf der Städtischen Bühnen:

Oper der Stadt Köln
Offenbachplatz
☎ 21 25 81 und 21 26 51
Mo-Fr 11.00-14.00, 16.00-18.00, Sa 11.00-14.00 Uhr

Karten für Konzerte des WDR:

Konzertkasse des WDR
Reichardhaus/Unter Fettenhennen
Mo-Fr 11.00-13.00, 15.00-17.30 Uhr

Noch ein wichtiger Hinweis: Ermäßigungen gibt es in der Regel nicht an den Vorverkaufsstellen, sondern direkt an der Abendkasse.

KINDER

In den Sommerferien können Tips unter ☎ 221 5555, dem Kölner Ferientelefon, erfragt werden; auf Wunsch wird Interessenten auch die Ferienzeitung zugeschickt.

Kulturprogramme für Kinder bieten:

Comedia Colonia
Löwengasse 7-9
☎ 24 76 70
tägliches Theaterprogramm, auch für Kinder und Jugendliche

Kinderkino
Bürgerzentrum Alte Feuerwache
Melchiorstraße 3
☎ 739 1073
Di 15.00-17.00 Uhr Programm für Kinder von 6-12 Jahren, Eintritt 1.- DM

Hänneschen-Theater
Puppenspiele der Stadt Köln
Eisenmarkt 2-4
☎ 207 6236
Vorführungen der über Köln hinaus bekannten Stockpuppenbühne – nicht nur für Kinder

Zu erwähnen sind auch noch die ausgewählten Kindervorstellungen zu niedrigen Eintrittspreisen in den Programmkinos Broadway, Metropolis und Weisshaus (s.a.Film und Video).

In Kölner Parks gibt es natürlich zu wenig Kinderspielplätze; eine Ausnahme bildet der innenstadtnahe Hindenburgpark (alias Friedenspark) in der Südstadt mit seinem (pädagogisch betreuten) Abenteuerspielplatz, werktags von 13.30-17.30 Uhr geöffnet. Für Besucher/innen mit Kindern besonders zu empfehlen ist ein Besuch des Kölner Zoos und Aquariums und des Wildparks im Stadtwald (s.a.Wildparks und Gärten). Eine Attraktion ist auch der im rechtsheinischen Messegelände gelegene Rheinpark; unter anderm mit einer Miniaturbahn für Rundfahrten und einem Sessellift ausgestattet.

Eine wichtige Adresse für die Vermittlung von Babysitting:

Studentenservice des Arbeitsamtes Köln
Universitätsstraße 16
5000 Köln 41 (Sülz)
☎ 470 2354 und 475 2800

KIRCHEN

Zu den Kölner Kirchen, einschließlich des Kölner Doms, ist beim Verkehrsamt die Broschüre „Kölner Kirchen laden ein" kostenlos erhältlich; speziell zum Kölner Dom eine weitere Broschüre zum Preis von 0.50 DM und zu den Romanischen Kirchen eine Großbroschüre für 4.- DM.

Kurzführungen im ***Kölner Dom*** finden ganzjährig zu folgenden Terminen statt:
Mo-Fr 10.00,11.00,14.30,15.30,16.30 Uhr
Sa 10.00,11.00 und So 14.30,15.30 Uhr

Tägliche Kurzführungen finden montags bis freitags in den folgenden ***Romanischen Kirchen*** statt:
10.00 Uhr St.Gereon
11.00 Uhr St.Ursula
14.30 Uhr Groß St.Martin
15.30 Uhr St.Maria im Kapitol
16.30 Uhr St.Maria in Lyskirchen (Mo,Fr)
16.30 Uhr St.Georg (Di,Mi,Do)

Die Kurzführungen kosten für Erwachsene 1.50 DM, Kinder 0.50 DM und dauern etwa 35 Minuten.
Über weitere Führungen – allerdings nur in den katholischen Kirchen Kölns - informiert:

Katholisches Bildungswerk
Gilbachstraße 23
☎ 57909-50

Aus der Fülle der – meist immer gleichen – Bücher zu den Romanischen Kirchen empfehlen wir den spannenden Band der Kölner Stadtkonservatorin Hiltrud Kier, der aus der Praxis öffentlicher Führungen und Kinderbesichtigungen in den Kirchen entstanden ist: „Die großen Romanischen Kirchen", Wienand Verlag, Köln, 32.- DM.

LITERATUR

Regelmäßige Lesungen finden im City-Treff und in der Zentralbibliothek (s.a.Archive und Bibliotheken) statt; Anfragen können auch an das LiK (Literatur in Köln) – Archiv, ☎ 221 3903, gerichtet werden.
Lesungen osteuropäischer Literatur, oft auch zweisprachig, werden montags, dienstags und donnerstags im Literarischen Cafe veranstaltet:

Osteuropäisches Kultur- und Bildungszentrum
Elsa-Brandström-Straße 6
☎ 72 51 05
täglich 12.00-24.00 Uhr
Bahn/Bus Linien 5,15,16,18, Haltestelle Zoo

Einen literarischen Schwerpunkt setzt auch:

Theater am Sachsenring
Sachsenring 3
☎ 31 32 65

Über weitere Lesungen in Buchhandlungen, Kulturinstituten u.ä. informieren die Tageszeitungen und Stadtmagazine.

MUSEEN

Zu den Kölner Museen ist im Verkehrsamt und in den städtischen Museen die Broschüre ,,Museumsstadt Köln" für 0.50 DM erhältlich, die einen ersten Überblick verschaffen kann.

KIRCHENKUNST

Domschatzkammer
Roncalliplatz 2
☎ 24 45 46
Mo-Sa 9.00-17.00, So 12.30-16.00 Uhr
Kirchliche Schätze vom frühen Mittelalter bis zum 20.Jhdt.

Erzbischöfliches Diözesanmuseum
Roncalliplatz 2
☎ 24 45 46
Mo,Mi,Fr,Sa 10.00-17.00,
So 10.00-13.00 Uhr
Mittelalterliche sakrale Kunst

Schnütgen-Museum
Cäcilienstraße 29
☎ 221 2310 Di-So 10.00-17.00 Uhr
Sakrale Kunst vom frühen Mittelalter bis zum Barock

MALEREI UND WELTLICHE KUNST

Wallraf-Richartz-Museum/Museum Ludwig
Bischofsgartenstraße 1
☎ 221 2379
Di-Do 10.00-20.00, Fr-So 10.00-18.00 Uhr
Zeugnisse abendländischer Malerei vom 13. bis zum 19.Jhdt., Schwerpunkt Kölner Schule, Skulpturen ab 1800, Kunst von 1900 bis zur Gegenwart 1800

Museum für Angewandte Kunst
An der Rechtschule
☎ 221 3860
Eröffnung im Herbst 1988
Angewandte Kunst und Kunstgewerbe vom Mittelalter bis zur Gegenwart

Käthe-Kollwitz-Museum der Kreissparkasse Köln
Neumarkt 18-24
☎ 2085 899
Mo-Mi 9.00-16.30, Do 9.00-18.00,
Fr 9.00-15.30 Uhr
Handzeichnungen, Druckgraphiken und Bronzen

Theaterwissenschaftliches Institut der Universität
Burg Wahn
5000 Köln 90
☎ 02203/64185
Besuch nach Voranmeldung
Bahn/Bus Linie 7 bis Endhaltestelle Zündorf, umsteigen in Bahn/Bus Linie 162, Haltestelle Wahn,Ort
Bilddokumente und Schriften zur Theatergeschichte, Programmhefte, Aufführungskritiken und diverse Objekte

GESCHICHTE

Römisch-Germanisches Museum
Roncalliplatz 4
☎ 221 4438
Di-So 10.00-17.00, Mi,Do 10.00-20.00 Uhr
Römische Kunst-, Kultur- und Stadtgeschichte, Vor- und Frühgeschichte des Rheinlandes

Kölnisches Stadtmuseum
Zeughausstraße 1-3
☎ 221 23 52
Di-So 10.00-17.00, Mi,Do 10.00-20.00 Uhr
Geschichte, Wirtschaft und Politik der Stadt Köln vom 10. bis zum 20.Jhdt.

EL-DE-Haus
Appellhofplatz 23/25
☎ 221 4340
Di-So 10.00-17.00 Uhr
Gedenkstätte im ehemaligen Kölner Gestapohaus, der Zellentrakt im Keller umfaßt 10 Zellen mit über 1.200 Wandinschriften von Gestapogefangenen aus den Jahren 1943 bis 1945 sowie eine Dokumentenausstellung zur Geschichte der Kölner Gestapostelle (s.a.Wanderung 2)

Münzkabinett der Stadtsparkasse Köln
Habsburger Ring 2-12
☎ 226 2857/58
Mo-Fr 8.30-16.00, Do 8.30-18.00 Uhr
Geschichte des Kölner Geldes von den Anfängen in keltischer und römischer Zeit bis in die Gegenwart

Museum des Geologischen Instituts der Universität Köln
Zülpicher Straße 49
☎ 470 2261
Mi 10.00-18.00 Uhr während des Semesters
Klima der Vorzeit

Museum des Mineralogisch-Petrographischen Instituts der Universität Köln
Zülpicher Straße 49
☎ 470 3368
Mi 14.00-20.00 Uhr während des Semesters
Minerale aus Köln und Umgebung, synthetische Kristalle und Meteorite

FERNE LÄNDER

Museum für Ostasiatische Kunst
Universitätsstraße 100
5000 Köln 41 (Sülz)
☎ 40 50 38
Di-So 10.00-17.00 Uhr
Kunst aus China, Japan und Korea

Rautenstrauch-Joest-Museum für Völkerkunde
Ubierring 45
☎ 31 10 65/66
Di-So 10.00-17.00 Uhr
Kultur und Kunst außereuropäischer Völker

MEDIEN

Agfa-Foto-Historama im Wallraf-Richartz-Museum/Museum Ludwig
Bischofsgartenstraße 1
☎ 221 2379
Di-Do 10.00-20.00, Fr-So 10.00-18.00 Uhr
Fotografien aus dem 19.und 20.Jhdt., Exponate zur Geschichte der Fotografie (Fotoapparate der Fa.Agfa)

Museum für Holographie & neue visuelle Medien
Pletschmühlenweg 7
5024 Pulheim
☎ 02238/51054
Fr 14.00-20.00, Sa,So und an Feiertagen 11.00-18.00 Uhr
nur mit Regionalverkehrsbussen zu erreichen, Bahn/Bus Linie 970, Haltestelle Pulheim-Rathaus
Sammlung holographischer (dreidimensionaler) Foto-Aufnahmen

HEIMAT

Heimatmuseum Köln e.V. im Hause des Kölner Karnevals
Antwerpener Straße 55
☎ 57 40 00
Besichtigung nach tel.Vereinbarung
Ständige Ausstellung zur Geschichte des Kölner Karnevals

Waldmuseum „Haus des Waldes“
Gut Leidenhausen
5000 Köln 90 (Wahn)
☎ 02203/39986-7
Bahn/Bus Linie 7, Haltestelle Porz Markt
So und an Feiertagen 10.00-17.00 (Okt.-März), 10.00-18.00 Uhr (April-Sept.)
Waldboden und Waldzonen der Erde, Waldentwicklung aus vorgeschichtlicher Zeit, Anatomie und Physiologie des Baumes, Pilze und Tiere des Waldes

TECHNIK

Automuseum
Kleiberweg 1
5000 Köln 30 (Vogelsang)
☎ 221 6470/71
Bahn/Bus Linie 3,4 bis Haltestelle Rochusstraße, umsteigen in Bahn/Bus Linie 138, Haltestelle Goldammerweg
Der SPD-Fraktionsführer Toni Kleefisch, Promoter eines geplanten Automobilmuseums im Rheinauhafen, hat seit Jahren eine Anzahl Volvos gesammelt, die er Parteigenossen gerne vorführt – nach telefonischer Voranmeldung, SPD-Ausweis erforderlich.

Motoren-Museum der Klöckner-Humboldt-Deutz AG
Deutz-Mülheimer-Straße 11
5000 Köln 80 (Mülheim)
☎ 822 2915-18
Mo-Fr 9.00-16.00 Uhr
Bahn/Bus Linien 1,2, Haltestelle Bahnhof Deutz-Messe
Entwicklungsgeschichte der Verbrennungsmotoren, der erste Viertaktmotor und die älteste Grubenlokomotive der Welt

Lackmuseum
BASF Lacke und Farben AG
Vitalisstraße 198-226
5000 Köln 30 (Bickendorf)
☎ 5881-248
Mo-Do 10.00-16.00, Fr 10.00-15.00 Uhr nach vorheriger telefonischer Voranmeldung
Bahn/Bus Linien 3,4, Haltestelle Äußere Kanalstraße
Ostasiatische und europäische Lackkunst aus zwei Jahrtausenden

Luftfahrtmuseum Köln
Butzweiler Hof e.V.
Kaserne Butzweiler Hof
Butzweiler Straße
5000 Köln 30 (Ossendorf)
☎ 59 19 09
Sa 14.00-16.00, So 10.00-12.00 Uhr, Personalausweis erforderlich
Bahn/Bus Linie 5, Endhaltestelle Ossendorf
Geschichte der Luftfahrt

STAATSGEWALT

Polizeimuseum
Hermann Kipnowski
Kriminalpolizeilicher Erkennungsdienst
Waidmarkt 1
☎ 229 3017/20
Besichtigung nach vorheriger Vereinbarung
Ausstellung von Polizeiuniformen und Polizeimützen aus aller Welt in einer ehemaligen Kegelbahn in Friesenplatznähe, Schwerpunkt: Internationaler Kfz-Verkehr – Kennzeichen- und Führerscheinfälschungen

Zollmuseum
Neuköllner Straße 1
☎ 2060 1
Mo-Fr 9.00-15.00 Uhr nur nach vorheriger Vereinbarung
Sammlung zur Geschichte des Zollwesens und des Schmuggelns

ESSEN, TRINKEN UND DIE FOLGEN

Besteckmuseum Bodo Glaub
Burgmauer 68
☎ 13 41 36
Di-Fr 15.00-18.00, Sa 11.00-14.00 Uhr
Historisches Besteck mit Schwerpunkt Eßgeräte vom 16.-18.Jhdt.

Historische Braustätte der Küppers Kölsch-Brauerei
Alteburger Straße 157
5000 Köln 51 (Bayenthal)
☎ 3779-1
Sa 11.00-16.00 Uhr
Bahn/Bus Linie 6,
Haltestelle Schönhauser Straße
Komplett eingerichtete, über hundert Jahre alte Hausbrauerei

Schokomuseum
Stollwerck AG
Prof.V.Hepner
Industriestraße 27
5000 Köln 90 (Porz)
☎ 02203/4333-1
Besichtigung für Gruppen ab 5 Personen nach vorheriger schriftlicher Voranmeldung
Bahn/Bus Linie 7, Haltestelle Westhoven/Berliner Straße
Kakao, Süßwaren, Automaten und vieles mehr

Zahnärztehaus
Sammlung Proskauer-Witt
Universitätsstraße 71
5000 Köln 41 (Sülz)
☎ 40010
Mo-Fr 8.00-16.30 Uhr
Zahnarztwerkzeug und ein altes Behandlungszimmer

Zwei wichtige Adressen am Schluß:

Museumsdienst Köln
Richartzstraße 2-4
☎ 221 4076
zuständig für Führungen von auswärtigen Gruppen, Kurse und museumspädagogische Veranstaltungen; der automatische Informationsdienst der Kölner Museen ist unter ☎ 221 4343 erreichbar.

Museumspädagogische Gesellschaft
c/o Museumsdienst Köln
Richartzstraße 2-4
☎ 221 4077
Führungen, speziell für Schulklassen und Jugendgruppen.

Die städtischen Museen – erkennbar am Telefonanschluß 221 – sind montags geschlossen.
Die Eintrittspreise liegen zwischen 2.- und 3.- DM, öffentliche Führungen sind kostenlos, Gruppenführungen werden gegen Entgelt durchgeführt.

MUSIK

Aufführungsstätten für ***Klassische und Neue Musik*** sind vor allem:

Gürzenich
Martinstraße 29-37
☎ 221 2385

Kölner Philharmonie
Bischofsgartenstraße 1
☎ 23 38 54

Oper der Stadt Köln
Offenbachplatz
☎ 2076-1

Musikhochschule Köln
Dagobertstraße 38
☎ 12 40 33

WDR Großer Sendesaal
Wallrafplatz
☎ 220-1

Den besten Überblick, z.B.über Konzerte in Kölner Kirchen, gibt die „Köln-Monatsvorschau", beim Verkehrsamt für 1.- DM erhältlich.

Im Bereich des ***Rock*** sind drei Adressen zu nennen, wenn es nicht um „Mammutkonzerte" geht, die in der Kölner Sporthalle und im Müngersdorfer Stadion stattfinden (s.a.Sport):

Juke-Box
Luxemburger Straße 83
☎ 41 78 65

Luxor
Luxemburger Straße 40
☎ 21 95 06

Rose Club
Luxemburger Straße 37
☎ 23 36 64

Für den Bereich des ***Blues*** gibt es – voraussichtlich ab Herbst 1988 – eine wichtige Adresse:

Popocatepetl
Severinstraße 68-70
☎ 31 56 73

Größte Beachtung im Bereich des ***Jazz*** verdient:

Stadtgarten
Venloer Straße 40
☎ 51 60 39

Hier ist auch der Sitz der regen Jazz-Haus-Initiative, **☎ 51 60 30**. Weitere Live-Konzerte veranstaltet:

Subway
Aachener Straße 82-84
☎ 51 76 69

Ein „gemischtes Programm" zwischen populärer Musik und Disco bietet im Kölner Norden:

Kölner Empire
Wilhelm-Mauser-Straße 21-25
5000 Köln 30 (Bickendorf)
☎ 58 25 34
Bahn/Bus Linien 3,4, Haltestelle Rochusstraße

Regelmäßig Live-Konzerte aller Stilrichtungen veranstalten auch die Sendeanstalten Deutschlandfunk, Deutsche Welle und der WDR (s.a.Presse und Rundfunk); der WDR z.B. samstags am Abend „Nachtmusik im WDR" und sonntags vormittags die „Matinee der Liedersänger".

ÖFFNUNGSZEITEN

Ämter und vergleichbare Institutionen haben montags bis freitags meist von 8.00-12.00 und von 14.00-16.00 Uhr geöffnet; für den Publikumsverkehr sind sie oft nur vormittags offen. Freitags nachmittags sind manche von ihnen – die städtischen Behörden alle – geschlossen.

Die Geschäftszeiten der meisten ***Banken und Sparkassen*** sind in der Regel montags bis freitags von 8.30-16.00 Uhr; an Donnerstagen sind sie oft noch ein bis anderthalb Stunden länger offen.

Postämter haben montags bis freitags von 8.00-18.00 Uhr und samstags von 8.00-12.00 Uhr geöffnet; die kleineren Poststellen in den Vororten sind oft über Mittag geschlossen.

Geschäfte sind in der Regel montags bis freitags von 9.00-18.30, samstags von 9.00-14.00 Uhr geöffnet. Viele, vor allem kleinere Läden, schließen über Mittag zwischen 13.00 und 15.00 Uhr. Der erste Samstag im Monat ist langer Samstag – in den Geschäften und Kaufhäusern der Innenstadt ist dann bis 16.00 oder 18.00 Uhr offen.

POLITIK

Einen Einblick in die politische Szenerie in Köln vermitteln die Veranstaltungen und Vorträge, Gruppen- und Initiativentreffen in den ***Bürgerzenren und Bildungswerken***; an dieser Stelle nur eine begrenzte Auswahl:

Bildungswerk für Soziale Bildungsarbeit
Boissereestraße 3
☎ 21 91 99

Bürgerhaus Stollwerck
Dreikönigenstraße 23
☎ 31 80 53

Bürgerzentrum Alte Feuerwache
Melchiorstraße 3
☎ 739 1073
umfangreiches sozialpolitisches und kulturelles Programm in Selbstverwaltung

Bürgerzentrum Ehrenfeld
Venloer Straße 417
5000 Köln 30 (Ehrenfeld)
☎ 54 21 11
Bahn/Bus Linien 3,4,5, Haltestelle Subbelrather Straße/Gürtel

Friedensbildungswerk Köln e.V.
Roonstraße 71
☎ 24 57 57

Öko-Bildungswerk
Herwarthstraße 22
☎ 51 40 20/29

Weiterhin sind zu nennen:

Allerweltshaus
Wahlenstraße 22
5000 Köln 30 (Ehrenfeld)
☎ 51 56 21
Bahn/Bus Linien 3,4,5, Haltestelle Gutenbergstraße
Vorträge und Veranstaltung zu Minderheiten und der Dritten Welt

Kölner Arbeitslosenzentrum KALZ
Philipstraße 23
5000 Köln 30 (Ehrenfeld)
☎ 51 81 11
Bahn/Bus Linien 3,4,5, Haltestelle Liebigstraße

Liberales Zentrum
Roonstraße 69
☎ 24 19 65
Veranstaltungen zu kommunalen Fragen und zur Hochschulpolitik

Volkshochschule
Josef-Haubrich-Hof 1
☎ 221 3601/02
regelmäßige Vorträge und Veranstaltungen zu verschiedenen Themen laut Verzeichnis

Wer weitere Fragen hat, einen tieferen Einblick gewinnen will, was politisch in Köln läuft oder auch nicht läuft, kann sich an die folgenden Adressen wenden:

Der Andere Buchladen
Zülpicher Straße 197
5000 Köln 41 (Sülz)
☎ 41 63 25

Kölner Illustrierte
Zülpicher Str. 85
5000 Köln 41 (Sülz)
☎ 44 50 13-15

Kölner Volksblatt
Melchiorstraße 15
☎ 73 17 98

Stadt-Revue
Maastrichter Straße 49
☎ 51 80 31-33

PRESSE UND RUNDFUNK

In Köln erscheinen zwei ***Tageszeitungen*** mit ausgedehntem Lokalteil: der ehemals liberale, heute eher stadtamtliche „Kölner Stadt-Anzeiger" und die christlich-konservative, verwaltungsoppositionelle „Kölnische Rundschau"; daneben gibt es noch das bisweilen freche Boulevardblatt „Express", das neuerdings auch einen täglichen Veranstaltungskalender aufweist.

Stadtmagazine mit politisch-kulturellem Anspruch sind die monatlich erscheinende „Stadt-Revue" und die „Kölner Illustrierte" sowie die älteste Zeitung der Kölner Initiativen, das „Kölner Volksblatt".
Für Besucher/innen ist auf jeden Fall ein Blick in den Tageskalender dieser Magazine von Nutzen; „Stadt-Revue" und „Kölner Illustrierte" geben in ihren Frühjahrs- und Sommernummern oft umfangreiche Serviceteile zu Themen wie Reisen, Grün in Köln, Gartenlokale u.v.m. heraus.
Neben diesen erscheint noch das Kölner Monatsjournal „Köln im", das wegen seines Kultur- und Galerienüberblicks sowie regelmäßigen Rezensionen von Köln-Büchern zu empfehlen ist.

Anzeigenblätter sind der „Marktplatz", der zweimal wöchentlich erscheint, und die „Annonce", die es auf drei Ausgaben pro Woche bringt.

Fünf ***Sendeanstalten*** haben ihren Sitz in Köln:

British Forces Broadcasting Service BFBS
Parkstraße 61
5000 Köln 51 (Marienburg)
☎ 38 40 01

Deutsche Welle DW
Raderberggürtel 40
5000 Köln 51 (Bayenthal)
☎ 3890

Deutschlandfunk Dlf
Raderberggürtel 40
5000 Köln 51 (Bayenthal)
☎ 3707-1

Radio Luxemburg rtl
Aachener Straße 1036
5000 Köln 40 (Junkersdorf)
☎ 48950

Westdeutscher Rundfunk WDR
Appellhofplatz 1
☎ 2201

Besichtigungen und Führungen sind bei allen Sendeanstalten nur nach vorheriger Anmeldung oder Vereinbarung möglich.

RHEINSCHIFFAHRT

Nähere Informationen zu den Rheinfähren finden sich unter „Verkehr".
Regelmäßige ***Rundfahrten*** veranstalten zwei Schiffahrtsgesellschaften, deren Anlegestellen sich am Rheinufer unter bzw.neben der Hohenzollernbrücke befinden; Karten und Informationen sind dort erhältlich.
Während die „Rhein-Mosel Schiffahrtsgesellschaft" Runden zwischen dem Kölner Dom und Rodenkirchen fährt, pendelt das Schiff der „Colonia-Schiffahrtsgesellschaft" zwischen dem Kölner Dom, der Severinsbrücke und Zoo/Mülheim.
Beide Rundfahrten dauern etwa eine Stunde, Abfahrten von 10.00-17.30 Uhr alle 45 Minuten, Erwachsene 6.-, Kinder 3.- DM, kostenlose Fahrradbeförderung.
Ein Tip von uns: Die Rundfahrten können auch als schnelle Verkehrsverbindungen benutzt werden – die Strecke nach Rodenkirchen, für die das Schiff eine knappe halbe Stunde benötigt, ist mit anderen Verkehrsmitteln in kaum kürzerer Zeit zurückzulegen! Beide Gesellschaften veranstalten auch Sonderfahrten für Betriebe und Vereine; deshalb an dieser Stelle hier die Adressen:

Colonia Dampfschiffahrt
Lintgasse 18-20
☎ 21 13 25 und 38 16 64

Rhein-Mosel Personenschiffahrt
Konrad-Adenauer-Ufer
☎ 12 16 00

Ausflugsfahrten nach Fahrplan veranstaltet eine Gesellschaft:

Köln-Düsseldorfer Deutsche Rheinschiffahrt AG
Frankenwerft 15
☎ 2088-0

Ihre Schiffe fahren den Rhein entlang von Basel bis zur Nordsee. Karten und Informationen gibt es in ihrem Büro am Rheinufer; interessant für Besucher/innen ist die Möglichkeit, gegen geringe Übergangsgebühren Bahn- und Schiffsreise zu kombinieren.
Fahrräder werden für 4.-, Roller, Mofas und Mopeds für 8.- DM mitbefördert.

Die Saison aller drei Schiffahrtslinien ist April bis Oktober.

SCHWULE

Köln gehört neben West-Berlin, Frankfurt, Hamburg und München zu den schwulen Zentren in der Bundesrepublik.
Einen umfassenden Überblick über die schwule Szene gibt das Lese- und Reisebuch für Schwule „Köln von hinten", erschienen im Bruno Gmünder Verlag, Berlin, 12.80 DM.

Dachorganisation, politische Interessenvertretung und zugleich Zentrum:

Schwulen- und Lesbenzentrum SCHULZ
Bismarckstraße 17
☎ 52 02 06/07
Mo-Fr 16.00-1.00,
Sa,So 11.00-1.00 Uhr

Als selbstständiger Teil der Schwulenbewegung, mit Kaffee- und Klönecke, Info-Wänden u.v.m. versteht sich:

Männerbuchladen Lavendelschwert
Bayardsgasse 3
☎ 23 26 26
Hier gibt es u.a.auch das Mitteilungsblatt „Raus in Köln" mit Nachrichten aus der schwul/lesbischen Szene und Freizeittips.

Im Universitätsbereich existiert seit langem:

Die Andere Fakultät
Schwulen- und Lesbenreferat im AStA der Universität Köln
Universitätsstraße 16
5000 Köln 41 (Sülz)
☎ 470 2995
Mo-Fr 10.30-21.00 Uhr

Die bekanntesten Treffpunkte in Kölner Parks sind der Aachener Weiher in der Innenstadt und der Herkulesberg, hinter dem Güterbahnhof Gereon gelegen.

SPORT

Größere ***Sportstätten*** in Köln:

Stadion Müngersdorf
Aachener Straße 703
5000 Köln 41 (Müngersdorf)
Bahn/Bus Linie 1, Haltestelle Stadion
z.B.Spiele des 1.FC Köln

Stadion Süd
Am Vorgebirgstor
5000 Köln 51 (Zollstock)
Bahn/Bus Linien 10,12, Haltestelle Pohligstraße
z.B.Spiele der Fortuna Köln

Eis- und Schwimmstadion
Lentstraße 30
Bahn/Bus Linien 5,15,16,18, Haltestelle Reichensperger Platz
z.B.Eishockeyspiele des KEC „Die Haie"

Sporthalle
Messegelände
5000 Köln 21 (Deutz)
Bahn/Bus Linien 3,4, Haltestelle Bahnhof Deutz/Messe
z.B.Sechstagerennen

Pferderennbahn
Scheibenstraße
5000 Köln 60 (Weidenpesch)
Bahn/Bus Linien 6,9,10,12,19, Haltestelle Scheibenstraße
z.B.Galopprennen „Preis von Europa"

Fühlinger See
Stallagsbergweg
5000 Köln 71 (Fühlingen)
Bahn/Bus Linien 6,9,10,12,19 bis Haltestelle Wilhelm-Sollmann-Straße, umsteigen in Bahn/Bus Linie 120, Haltestelle Fühlingen
z.B.Kanu- und Ruderwettkämpfe – übrigens der (im Sommer hoffnungslos überfüllte) Ausflugssee in Köln

Wichtige Adressen für Sportinteressierte:

Sport- und Bäderamt
Stadion
5000 Köln 41 (Müngersdorf)
☎ 4983 218

Stadtsportbund Köln e.V.
Schaevenstraße 1 b
☎ 240 1214

Ein alternativer und sehr reger Zusammenschluß von Sportlern/innen ist noch zu nennen:

Verein für Sport & Körperkultur e.V.
Maastrichter Straße 49
☎ 51 81 37
Di-Do 16.00-18.00 Uhr

Empfehlenswerte Broschüren sind „Sport in Köln" und „Kölner Sportvereine" - beide beim Sport- und Bäderamt oder dem Stadtsportbund erhältlich.

Über ***Schwimmen und Saunen*** in Köln informiert ein in jedem Schwimmbad erhältliches Faltblatt, das alle städtischen Schwimmbäder und Saunen übersichtlich und mit Preisangaben auflistet. Zu empfehlen sind davon die Saunen im Deutz-Kalker-Bad und im Neptunbad. Zentrale Lage und Ausstattung machen das Agrippabad in der Innenstadt zum meistbesuchten Hallenbad. Im Sommer lohnt sich ein Besuch des Müngerdorfer Stadions; während der Saison von Mai bis September Mo-Fr von 11.00-20.00, Sa,So von 9.00-20.00 Uhr geöffnet, Erwachsene 3.50, Kinder- und Ermäßigungsberechtigte 1.80 DM.
Ein weiteres Freibad ist das Waldbad in Dünnwald (s.a.Camping), das aus einem Selbsthilfeprojekt der Arbeiterbewegung entstanden und heute noch selbstständig ist. Es ist in der Saison von Mai bis September ebenfalls täglich von 9.00-19.00 Uhr geöffnet. Die Eintrittspreise sind wie im Müngersdorfer Stadion. In beiden Stadien befinden sich übrigens Minigolfanlagen.

In und um Köln gibt es noch zahlreiche Seen, hier noch ein Tip zu ***Baggerlöchern*** im Umland:

Escher See
Am Baggerfeld
5000 Köln 71 (Esch)
Bahn/Bus Linien 3,4 bis Endhaltestelle Bocklemünd, umsteigen in Bahn/Bus Linien 126,127, Haltestelle Gewerbegebiet Pesch

Es handelt sich hierbei um drei Seen mit sauberem Wasser und kleineren Sandstränden, die nie so überfüllt sind wie der eingangs erwähnte Fühlinger See.

TANZEN

Kölns Discotheken konzentrieren sich im Zentrum und an den Ringen. Von Publikum, Musik und Eintritt aus betrachtet sind unter vielen anderen die folgenden interessant:

Alter Wartesaal
Hauptbahnhof
☎ 13 30 61/62
Mo,Fr,Sa 22.00-5.00 Uhr
Eintritt 5.- DM, Fr,Sa 15.- DM incl. 10.- DM Verzehr

Zorba the Buddha
Hohenzollernring 90
☎ 12 22 09
täglich außer Mo 21.00-3.00 Uhr
Eintritt 5.- DM, Fr,Sa 8.- DM incl. 3.- DM Verzehr

42 dp
Hohenstaufenring 25
☎ 24 77 13
Mi-So 22.00-4.30 Uhr
Mi,Do,So 5.- DM, Fr,Sa 10.- DM Mindestverzehr

Viele Kneipen veranstalten abends an bestimmten Tagen Disco oder Schwoof - das kostet dann meistens keinen Eintritt:

Popocatepetl
Severinstraße 68-70
☎ 31 56 73
Fr,Sa 20.00-1.00 Uhr Schwoof

Souterrain
Hansaring 78
☎ 13 51 65
Mo,Mi,Fr 21.00-1.00 Uhr Schwoof, Sa Oldie-Schwoof, So African-Salsa-Schwoof

Unikum
Universitätsstraße 16
5000 Köln 41 (Sülz)
☎ 470 3513
Do ab 22.00 Uhr Disco

Eine Attraktion über Köln hinaus:

Filmdancing Alt Berlin
Im Weidenbruch 4
5000 Köln 80 (Höhenhaus)
☎ 64 10 10
Mi,Do,So 19.30-3.00,
Fr,Sa 19.30-4.00 Uhr
Bahn/Bus Linien 4,5, Haltestelle Neurather Weg
Eintritt 3.50 DM – die neuesten Kinofilme und Tanz in wechselnder Folge

THEATER

Städtische Bühnen in Köln:

Kammerspiele
Ubierring 45
☎ 21 26 51

Oper der Stadt Köln
Offenbachplatz
☎ 21 25 81

Schauspielhaus
Offenbachplatz
☎ 21 26 51

Schlosserei im Schauspielhaus
Krebsgasse
☎ 21 26 51

Von den ***Freien Theatern*** verdienen die folgenden aufgrund ihres anspruchsvollen Programms besondere Beachtung:

Comedia Colonia
Löwengasse 7-9
☎ 24 76 70

Freies Werkstatt Theater e.V.
Zugweg 10
☎ 32 78 17

Piccolo-Theater
Zülpicher Straße 28
☎ 23 27 04

Severins-Burg-Theater
Eifelstraße 33
☎ 32 17 92

Studio-Bühne
Universitätsstraße 16
5000 Köln 41 (Sülz)
☎ 470 4513

Theater Der Keller
Kleingedankstraße 6
☎ 31 80 59

Theater im Bauturm
Aachener Straße 24
☎ 52 42 42

Urania-Theater
Venloer Straße 265
5000 Köln 30 (Ehrenfeld)
☎ 56 15 96
Bahn/Bus Linien 3,4, Haltestelle Gutenbergstraße

Als ***Boulevard- und Mundarttheater*** beliebt und bekannt:

Volkstheater Millowitsch
Aachener Straße 5
☎ 25 17 47

Nach der Schließung des Theater Kefka (Milan Sladek) wird ***Pantomime*** nur noch in einem Theater zu sehen sein:

atelier-theater
Roonstraße 78
☎ 24 24 85

Kabarett und Kleinkunst finden Besucher/innen in zwei Theatern:

Kabarett-Theater Machtwächter
Gertrudenstraße 24
☎ 24 21 01

Theater am Sachsenring
Sachsenring 3
☎ 31 32 65

Am Schluß Kölns kleinstes Theater:

Figurentheater im Kabuff
Palmstraße 19
☎ 21 79 53

Die telefonische Spielplandurchsage ist unter ☎ 11517 zu erreichen; über Spielplan und Termine informieren auch ausführlich Tagespresse und Stadtmagazine.

Zwei wichtige Adressen für alle, die an ***Tanz*** interessiert sind:

Institut für Bühnentanz
Ballettakademie Köln
Vogelsanger Straße 28-32
5000 Köln 30
☎ 52 70 31
Ausrichter der alljährlichen „Sommerakademie des Tanzes"

Deutsche Ballett-Bühne e.V.
Richard-Wagner-Straße 33
☎ 23 66 36
Träger der Initiative „kölntanz"

UNIVERSITÄT

Der Universitätsbereich liegt an der halbringförmigen Universitätsstraße im Stadtteil Sülz; dort, wo Luxemburger Straße, Zülpicher Straße und Lindenstraße auf die Universitässtraße treffen, befinden sich fast alle wichtigen Gebäude.
Zu erreichen ist die Universität mit Bahn/Bus Linie 7, Haltestelle Universität; weiterhin auch mit Bahn/Bus Linien 17,18,19, Haltestelle Weißhausstraße und Bahn/Bus Linien 136,146, Haltestelle Hildegardis-Krankenhaus.
Der AStA mit seinen verschiedenen Referaten befindet sich im Studentenhaus:

AStA-Haus
Universitätsstraße 16
5000 Köln 41 (Sülz)
☎ 470 2993
Mo-Fr 9.00-16.00 Uhr

Die Stadtmagazine geben jeweils zu Semesterbeginn kostenlose Hochschulnummern mit umfangreichen Serviceteilen heraus, die eine Orientierung in und an der Universität erleichtern.

UNTERKUNFT

Da die Kosten für Unterkunft doch „arg ins Geld gehen", Entscheidungen sich nicht zuletzt nach den Preisen richten, zunächst einmal einige Tips, preiswert unterzukommen:

Jugendgästehaus
An der Schanz 14
5000 Köln 60 (Riehl)
☎ 76 70 81
Bahn/Bus Linien 5,15,16,18, Haltestelle Boltensternstraße
Übernachtung/Frühstück ca. 22.- DM

Jugendherberge
Siegesstraße 5 a
5000 Köln 21 (Deutz)
☎ 81 47 11
Bahn/Bus Linien 1,2, Haltestelle Bahnhof Deutz/Messe
Übernachtung/Frühstück zwischen 14.- und 16.- DM

Für beide Häuser ist ein gültiger Jugendherbergsausweis erforderlich.

Zu empfehlen sind auch die vier Tagungshäuser der Naturfreundejugend; Informationen erteilt:

Naturfreundejugend
Honschaftsstraße 330
5000 Köln 80
☎ 63 99 36

Die Kosten betragen für Halbpension ca. 10.-, für Vollpension ca. 20.- DM, keine Alters- oder sonstige Aufnahmebeschränkungen.

Schön gelegen, am Rande der Südstadt, und relativ preiswert:

St.Georg Gästehaus
Rolandstraße 61
☎ 38 30 46/47
z.B.Einzelzimmer mit Frühstück 35.- DM

Zwei weitere Adressen, bei der sich ein Anruf oder Vorbeischauen lohnen kann:

Mit-Wohn-Büro
Marzellenstraße 51
☎ 12 21 98

Mitwohnzentrale
Rolandstraße 83
☎ 34 24 21

Das Fremdenverkehrsamt hält für Besucher/innen eine Liste mit Hotels und Pensionen incl. Stadtplanverzeichnis bereit; zur Orientierung sind die Preise für drei Zimmerkategorien angegeben, für Gruppenreisen ist eine Sonderpreisliste erhältlich. Die Zimmervermittlung ist unter ☎ 221 3311 zu erreichen, die zu Messezeiten auch Privatunterkünfte zu Preisen der unteren Kategorie vermittelt.

Wer länger in Köln bleiben möchte, sei – neben der eingangs erwähnten Mitwohnzentrale – auch auf den Anzeigenmarkt der Stadtmagazine und der Anzeigenblätter (s.a.Presse und Rundfunk) verwiesen. Dort finden sich, speziell in der Urlaubszeit, oft Angebote, für ein oder zwei Monate Wohnungen zu mieten. Ein weiterer Tip: Die Wohnheimverwaltung im AStA-Haus (s.a.Universität), unter ☎ 4729 152 erreichbar, vermietet auch kurzfristig Zimmer in Wohnheimen; Kosten ca. 200.- DM monatlich incl. Nebenkosten.

VERKEHR

ZU FUSS

Wer sich in Köln unabhängig von Verkehrsmitteln bewegen möchte, orientiert sich am besten am alten Aufbau der Stadt.
Vom unmittelbaren Zentrum um den Kölner Dom und Hauptbahnhof aus gelangt man/frau auf die halbringförmig angelegten Ringe, die die Begrenzung des Innenstadtbereichs bilden. An den Knotenpunkten der Ringe mit den wichtigen Ausfallsstraßen, z.B. Bonner Straße, Luxemburger Straße, Aachener Straße, Venloer Straße und Neusser Straße, befinden

sich markante Plätze wie z.B. der Chlodwigplatz, Barbarossaplatz, Rudolfplatz, Friesenplatz und Ebertplatz. Nützlich ist auf jeden Fall der schon erwähnte Fußgängerplan (s.a.Karten und Pläne).

MIT DEM FAHRRAD

Köln verfügt über ein – nur in Ansätzen verwirklichtes – Fahrradnetz. Nützlich zur Orientierung sind spezielle Radwegekarten (s.a.Karten und Pläne). Ein wichtiger Hinweis: Alle acht Rheinbrücken können auch mit dem Fahrrad befahren werden, auch die Autobahnbrücken. Ein Fahrradverleih ist uns nicht mehr bekannt, seit die KVB ihren eingestellt hat. Wenn das Rad nicht mehr läuft, gibt es neben vielen Fahrradgeschäften noch eine wichtige Adresse:

Nippeser Radlager
Siebachstraße 57
5000 Köln 60 (Nippes)
☎ 73 46 40

Das Radlager bietet, alternativ zu anderen Geschäften, seit acht Jahren neben einem gut sortierten Ersatzteillager ausführliche Beratung, einen Selbsthilfetag jeden Mittwoch und ist auf der überbetrieblichen Ebene verkehrspolitisch aktiv.
Eine weitere wichtige Adresse in Köln:

Allgemeiner Deutscher Fahrrad-Club e.V. (ADFC)
Im Sionstal 8
☎ 32 39 19
Di 16.00-18.00, Fr 14.00-18.00,
Sa 10.00-13.00 Uhr

Ein Tip: Als Fahrradfahrer/in kann man/frau auch den Sonderservice der KVB beanspruchen, die auf den Bahn/Bus Linien 1-12 kostenlose Fahrradmitnahme während der Sommerferien zuläßt.

MIT DEM AUTO

Wer mit dem Auto nach Köln kommt und es nicht stehenlassen will, ist im innerstädtischen Bereich hinsichtlich Verkehrsdichte und Parkplatznot relativ „aufgeschmissen".
Autoverleihe gibt es unzählige in Köln – wer Touren in entferntere Stadtgebiete oder die Region machen will, kann sich an die in den Branchenbüchern aufgelisteten Verleihe wenden und selbst eine Auswahl treffen.

INNERSTÄDTISCH MIT BAHNEN UND BUSSEN

Kölner Nahverkehr – das sind 17 Bahn- und 30 Buslinien der KVB, die in Abständen von 10 bis 15 Minuten bis 1.00 Uhr nachts verkehren. Danach fährt nichts mehr! Die Straßenbahnen verkehren teils überirdisch, teils als U- Bahnen in dem im Ausbau befindlichen U-Bahn-Netz.
Fahrkarten, auch Mehrfachkarten, gibt es an Haltestellen aus Automaten und bei den Vorverkaufsstellen der KVB, die an allen wichtigen Plätzen und in den U-Bahn-Stationen eingerichtet sind. Die Fahrkarten sind in den Bahnen und Bussen in den Entwertern abzustempeln – ausgenommen Einzelfahrscheine, die in einigen Bahnen aus Automaten, in Bussen bei den Fahrern/innen gekauft werden können. Schwarzfahren kostet 40.- DM und den Eintrag in eine gesetzeswidrige Datei!
Das Tarifsystem der KVB ist für Besucher/innen wie für Einheimische schwer verständlich. Am günstigsten ist der Kurzstreckentarif, 1.50 DM – an jeder Haltestelle ist vermerkt, wie weit er von diesem Punkt aus gilt; ansonsten gilt im Stadtgebiet der Zwei-Zonen-Tarif, 2.40 DM. Interessant für Besucher/innen sind darüberhinaus die 24-Stunden-Karte, 6.50 DM, die 3-Tages-Karte, 11.50 DM und die Familienkarte, 6.50 DM – alle Preisangaben beziehen sich auf den Zwei-Zonen-Tarif. Fahrtunterbrechungen sind nach der neuen Regelung bis zu 90 Minuten erlaubt. Weitere Informationen erteilt:

Kundendienstzentrum
Neumarkt 25
☎ 547 3360
Mo-Fr 9.00-18.00, Sa 9.00-12.30 Uhr

Dort gibt es auch die Broschüren „Freizeit mit Bahnen und Bussen", 1.- DM, und den Fahrplan, 3.50 DM (incl. des sehr guten, übersichtlichen Stadtplans mit Streckenverzeichnis aller Linien).
Wer sich im Zentrum bewegt, sollte die Bahn/Bus Linien 6,15 benutzen, die halbringförmig auf den Kölner Ringen das Zentrum umfahren. Am Barbarossaplatz, Friesenplatz und Ebertplatz ist ein Umsteigen auf das

zentrale U-Bahn-Netz möglich. In größeren U-Bahn-Stationen sind Gepäckschließfächer eingerichtet; die Gepäckaufbewahrung kostet 1.50 DM für 24 Stunden Lagerdauer, maximal 72 Stunden Aufbewahrungsdauer. Wichtig in diesem Zusammenhang: Die U-Bahn-Stationen sind von 1.30-4.30 Uhr nachts geschlossen!

MIT BAHNEN UND BUSSEN IM REGIONALVERKEHR

Zu erwähnen sind vor allem die Bahn/Bus Linien 16,18, die zwischen Köln und Bonn im Abstand von 15 bis 30 Minuten verkehren; weiterhin die S-Bahn zwischen Worringen und Bergisch Gladbach, die auf dieser Strecke in Intervallen von 20 bis 30 Minuten fährt. Vom Regionalverkehr mit Bussen ist abzuraten – lange Wartezeiten und schier endlos erscheinende Fahrten verderben die gute Laune sehr bald. Und: Nicht umsonst sind auf vielen Strecken im Umland so viele Tramper/innen zu sehen!

MIT SCHIFFEN

Von Mai bis Oktober und zu Messezeiten, täglich von 9.00-18.00 Uhr alle 10 Minuten, fährt eine Personenfähre von der Hohenzollernbrücke aus nach Köln-Deutz/Messe. Die einfache Fahrt kostet 1.50, Hin/Rückfahrt 2.50 DM, Fahrräder werden zum gleichen Preis befördert. Da die Schiffahrtsgesellschaft auch Sonderfahrten veranstaltet, hier die Adresse:

H.Linden
Personenschiffahrt und Fährbetrieb
Oberländer Ufer 168
5000 Köln 51 (Bayenthal)
☎ 38 47 38

Neu in Köln ist die Fähre Zündorf – Weiß, ganztägig an Wochenenden verkehrend, werktags nur morgens und abends im Berufsverkehr; kaum bekannt ist die Autofähre im Kölner Norden, die zwischen Langel und Leverkusen-Hitorf pendelt, ganzjährig werktags von 6.00-20.00, So von 9.00-20.00 Uhr alle 15 Minuten. Die Anlegestellen besinden sich in den Stadtteilen am Rheinufer und sind in jedem Stadtplan deutlich markiert.

MIT DER RHEINSEILBAHN

Seit dreißig Jahren verkehrt zwischen Zoo und Rheinpark die Rheinseilbahn; eine – allerdings unverhältnismäßig teure – Fahrt damit lohnt sich vor allem wegen des weiten Blicks auf das Rheinpanorama. Die Rheinseilbahn fährt Mitte März bis Ende Oktober täglich von 10.30-18.00 Uhr, einfache Fahrt 4.- DM, Hin/Rückfahrt 7.- DM, Kinder zahlen die Hälfte.

MIT DEM TAXI

Taxifahren in Köln kann unumgänglich werden – vor allem nach ein Uhr nachts, wenn keine Bahnen und Busse mehr verkehren. Die Standplätze befinden sich an allen wichtigen Plätzen und Straßen. Die Grundgebühr beträgt 3.- DM, für den lfd.Kilometer werden 1.80 berechnet und für telefonische Bestellung zusätzlich 1.- DM. Der Taxiruf ist rund um die Uhr unter ☎ 2882 zu erreichen. Nach 20.00 Uhr können in Bahnen und Bussen der KVB Taxis zu einigen festgelegten Haltestellen telefonisch bestellt werden.

WILDPARKS UND GÄRTEN

Eine Attraktion, auch für den Besuch mit Kindern, ist der Kölner ***Zoo***:

Zoologischer Garten Köln
Riehler Straße 173
5000 Köln 60 (Riehl)
☎ 76 30 66
Bahn/Bus Linien 5,15,16,18, Haltestelle Zoo

Der Zoo ist täglich von 9.00-17.00, im Sommer von 9.00-18.00 Uhr geöffnet, das Aquarium, mit Insektarium und Terrarium, täglich von 9.30-18.00 Uhr. Die Fütterungszeiten an den Gehegen liegen zwischen 9.30 und 16.30 Uhr und werden durch Aushänge bekanntgemacht. Der Eintritt im Zoo beträgt für Erwachsene 6.- DM, für Kinder 2.50 DM. Das Aquarium kostet für Erwachsene 5.50 DM und für Kinder 2.50 DM. Zoo und Aquarium in (lohnenswerter) Kombination kosten für Erwachsene 7.50 DM und für Kinder 3.- DM.

Unmittelbar am Zoo gelegen und ebenso attraktiv ist die ***Flora***:

Botanischer Garten
Am Botanischen Garten
5000 Köln 60 (Riehl)
☎ 76 43 35

Die Flora ist von 8.00 Uhr bis Einbruch der Dunkelheit geöffnet, Mo-Fr von 12.00-13.00 Uhr geschlossen, der Eintritt ist frei. Besonders zu empfehlen ist ein Besuch der Gewächshäuser mit subtropischen Pflanzen und Kakteen.

Daneben gibt es noch drei weitere sehenswerte Wildparks:

Tierpark im Stadtwald
Kitschburger Straße
5000 Köln 41 (Müngersdorf)
Bahn/Bus Linie 1, Haltestelle Stadion

Wildpark Köln-Dünnwald
Dünnwalder Mauspfad
5000 Köln 80 (Dünnwald)
Bahn/Bus Linie 4, Haltestelle Leuchterstraße

Wildgehege Brück
Brücker Mauspfad
5000 Köln 91 (Brück)
Bahn/Bus Linie 1, Haltestelle Brück, Mauspfad oder Bahn/Bus Linie 9 bis Endstation Königsforst

Die Wild- und Tierparks sind täglich bis zum Eintritt der Dämmerung geöffnet, der Eintritt ist kostenlos.

JÄHRLICHE FESTE UND VERANSTALTUNGEN

Dezember/Januar	**Sechstagerennen** zwischen dem 26.Dezember und dem 2.Januar mit rasender Silvesternacht (Sporthalle)
Februar	**Kölner Karneval** Donnerstag: Wieverfastelovend, 11.11 Uhr Eröffnung am Alter Markt, 14.00 Uhr Jan und Griet-Spiel am Severinstor Samstag: die ersten Stadtteilumzüge Sonntag: Schull- und Veedelszöch in der Innenstadt Montag: Rosenmontagszug in der Innenstadt Dienstag: Stadtteilumzüge, in der Südstadt und in der Altstadt vor diversen Kneipen Nubbelverbrennen Mittwoch: Aschermittwoch und Fischessen
März	**Westdeutsche Kunstmesse** (in ungeraden Jahren)
April	**Patronatsfest** des Inquisitors und Ketzerverfolgers Petrus Martyr - Patron der Brauerzunft, am 29.April in St.Andreas
Mai	**Mülheimer Schiffer-Prozession** an Fronleichnam – eine Jahrhunderte alte, farbenprächtige Prozession auf zahllosen Schiffen und Booten auf dem Rhein zwischen 11.00 und 13.00 Uhr; den besten Blick hat man/frau am linken Rheinufer zwischen Zoobrücke und Mülheimer Brücke
Juni	**Internationale Computerausstellung**
Juli	**Kappesrollen** rund um den Vogelsanger Markt im Stadtteil Vogelsang am Anfang des Monats **Internationale Sommerakademie des Tanzes** (verschiedene Spielstätten)

August	**Internationales Leichtathletik Sportfest** (Müngersdorfer Stadion) **Feier der Marinekameradschaften** unter dem Rettungsboot an der Eigelsteintorburg am 28.August; aus Anlaß des Untergangs des Kreuzers „Köln“ im Jahre 1914
September	**Internationales Pantomimenfest „Gaukler“** (verschiedene Spielstätten) **SPOGA Sportartikel-Messe** **Grafenbegängnis im Kölner Dom,** Kranzniederlegung am Grab Gottfrieds IV von Arnsberg; am Sonntag vor dem Fest des Heiligen Michael
September/Oktober	**IFMA Internationale Fahrrad-und Motorradausstellung** (in geraden Jahren) **ANUGA Weltmarkt der Ernährung** (in ungeraden Jahren) **Photokina-Fachmesse** (in geraden Jahren)
Oktober	**Patronatsfest der Kölner NATO-Verbände** in der St. Gereons-Basilika am 14.Oktober **Ursula-Festwoche** zur Erinnerung an die Stadtpatronin und ihre 11.000 Freundinnen mit Reliquienprozession in St.Ursula **Weltmusiktage** der Internationalen Gesellschaft für Neue Musik (verschiedene Spielstätten)
November	**Kölner Jazzhaus-Festival** im Stadtgarten (s.a.Musik) **Art Cologne** Internationaler Kunstmarkt (in ungeraden Jahren)

Sofern keine weiteren Angaben vermerkt sind, finden die Veranstaltungen im rechtsrheinischen Messegelände statt; Auskünfte erteilt auch der Messe- und Ausstellungsdienst ☎ 21 07 60.

WICHTIGE RUFNUMMERN

Aids-Beratung der Aids-Hilfe Köln e.V.	**1 94 11**
Aids-Telefon der Bundeszentrale	**89 20 31**
Apotheken-Notdienstansage	**21 15 00**
Arztrufzentrale	**72 07 72**
Auskunft	**1188**
Autoversicherer Zentralruf	**12 30 91**
Bundesbahn-Reiseauskunft	**2761**
Drogenhilfe Kölne.V.	**12 01 33/34**
Fernamt	**010**
Flughafen	**02203/40 40 01**
Fremdenverkehrsamt	**221 3345**
Feuerwehr	**112**
Fundbüro der KVB	**547 3672**
Fundbüro der Stadt Köln	**221 6312**
Fundstelle Hauptbahnhof	**1415 177**
Fundstelle Bahnhof Deutz	**1415 565**
Jugend-Notdienst	**221 4078**
Krankenwagenleitstelle	**74 54 54**
KVB-Fahrplanauskunft	**547 3333**
Messen und Ausstellungen	**1 15 16**
Notruf für vergewaltigte Frauen	**56 20 35**
Pannendienst des ADAC	**1 92 11**
Polizei-Notruf	**110**
Reisewettervorhersage	**1 16 00**
Straßenzustandsbericht	**1169**
Telegrammaufnahme	**0010**
Umwelttelefon	**221 2020**
Verwahrungsstellen für sichergestellte Fahrzeuge	**21 96 08/59 10 09**
Wettervorhersage	**1164**
Zeitansage	**1191**

Der Autor

Martin Stankowski (*1944) – auf unserem Bild bei dem Versuch, sich und anderen den ,,Kölschen Klüngel“ zu erklären – ist Journalist, Geschichtenerzähler und Fremdenführer. Seine Stadtwanderungen für Einheimische und Fremde, für Erwachsene und Kinder, die ein interessantes Kontrastprogramm zu Führungen herkömmlicher Art bilden, macht er seit 1984. Im Jahr 1968 gehörte er zu den Mitbegründern der Zeitschrift ,,Kritischer Katholizismus“, studierte Germanistik und Theologie und arbeitete während der 70er Jahre in einer selbstverwalteten Druckerei, später bei einer der ersten Alternativzeitungen der Bundesrepublik, dem ,,Kölner Volksblatt“. Seit Beginn der 80er Jahre verdient er sein Geld vornehmlich als Rundfunkautor. 1987 erschien sein Buch: Der Löwe von Köln. Martin Stankowski erzählt Kölner Legenden und Geschichten (Alano Verlag, DM 24,-).

Band 2 in Stichworten

Wanderung 5: vom Bayenturm zur Bastei
Hafen, Brücken, Schiffe, Malakoffturm und Maria Lyskirchen, Irene-Ludwig-Tunnel, Franziska Anneke und ein heidnischer Geburtsbrunnen.

Wanderung 6: rund um den Ebertplatz
Eigelstein und Weidengasse, Seitenstraßen von Istanbul, Prostitution, Spekulation auf den Kappesfeldern, die Alte Feuerwache, Bauplatzbesetzung gegen die Stadtautobahn, Preußisches Fort X und das nördliche Villenviertel am Rhein.

Wanderung 7: die nördlichen Ringe
Zwangsarbeiter im Hansa-Hochhaus, Mediapark-Visionen, Gereon – der erste Kriegsdienstverweigerer, Frauennachttaxi, Gerlings Reichsparteitagsarchitektur, die neue Friesenstraße, das Jazzhaus.

Wanderung 8: die südlichen Ringe
Friesenplatz, Aachener Weiher – das Eldorado der Schwulen, Jüdische Volksschule Lützowstraße, Architektur der Gründerzeit, Kaiserin Theophanu, die Sozialistische Selbsthilfe Köln (SSK), Frauenzentrum und die Kölner Loge im Villenviertel.

Wanderung 9: rund um den Chlodwigplatz
Der halbe Bischof Severin, Kartäuserkloster, Frühindustrialisierung, Marinegefängnis, Straßenschlacht mit der SA in der Elsaßstraße, Spekulation und Besetzung: Stollwerck, Liebe an der Kirche, das Volkshaus.

Wanderung 10: Deutz – Die „schäl Sick"
August Bebel und die preußischen Soldaten, Hyatt-Hotel und Kölscher Klüngel, Deutzer Bock und römisches Kastell, Landschaftsverband, KZ-Lager Köln-Messe, Frauenplastiken im Rheinpark.

Dazu ausführliche **Themenregister** zur „Frauengeschichte", „Juden in Köln", „Bauen und Planen in der Nazi-Zeit", „Alltag und Widerstand im Dritten Reich", „Verfolgung und Krieg bis 1945".
Außerdem wieder der Anhang **„Köln-Service"** auf aktuellem Stand.